广东省教育厅 2020 年广东高校特色创新类项目“后新冠时代广东省基层社会治理创新思考”(项目编号:2020WTSCX095)的阶段性成果
惠州市社会科学研究基地——惠州市社会治理研究与评估中心研究成果之一
惠州学院学术出版专项资助

惠州市基层社会治理模式的探索与实践

周 巍 李 开 著

中国矿业大学出版社
· 徐州 ·

图书在版编目(CIP)数据

惠州市基层社会治理模式的探索与实践 / 周巍，李开著. —徐州：中国矿业大学出版社，2022.11
ISBN 978-7-5646-5662-1

Ⅰ. ①惠… Ⅱ. ①周… ②李… Ⅲ. ①社会管理—研究—惠州 Ⅳ. ①D676.5

中国版本图书馆CIP数据核字(2022)第222178号

书　　名　惠州市基层社会治理模式的探索与实践
著　　者　周　巍　李　开
责任编辑　徐　玮
出版发行　中国矿业大学出版社有限责任公司
（江苏省徐州市解放南路　邮编221008）
营销热线　(0516)83885370　83884103
出版服务　(0516)83995789　83884920
网　　址　http://www.cumtp.com　**E-mail**:cumtpvip@cumtp.com
印　　刷　湖南省众鑫印务有限公司
开　　本　710 mm×1000 mm　1/16　**印张**　13.75　**字数**　269千字
版次印次　2022年11月第1版　2022年11月第1次印刷
定　　价　79.00元
（图书出现印装质量问题，本社负责调换）

序　言

近年来,在党和国家的高度重视下,各省(市、区)积极探索基层治理的模式,满足人民日益增长的美好生活需要。在习近平新时代中国特色社会主义思想指导下,惠州市通过不断探索和创新,逐渐走出了一条具有自身特色的基层社会治理道路,以其独特的文化底蕴以及治理模式在广东省乃至全国产生了显著的影响。2021 年,惠州市成功获评"平安中国建设示范市",继 2017 年后再次捧回"长安杯",群众幸福感、安全感、获得感不断提升,经济社会协调发展。因此,对惠州市经验和做法进行总结和研究,既符合时代发展的主旋律,也是提炼经验做法以供政府和学界参考的应有之义。

为了更好、更快地推动市域社会治理现代化,构建政府和学校合作新模式,惠州市委政法委和惠州学院签订共建惠州市社会治理研究与评估中心的协议。惠州市社会治理研究与评估中心专门以社会治理为研究重点,构建跨学科、跨领域、开放性的研究平台和科研机构。中心将有效整合惠州学院强大的学科和人才资源,始终坚持"科学、公正、客观"的原则,深入研究当前社会治理重大理论和实践问题,为惠州市基层社会治理提供理论支持和决策咨询、监测评价、示范创建指导,力争通过几年的努力,将中心建设成为在惠州市和广东省内有一定影响力的"研究型智库"。本书的出版是中心团队前期研究的成果,体现了政校共建的重要意义。

基层是社会治理的基础,国家治理现代化离不开基层治理现代化。基层治理涉及面广、量大、事多,直接面对群众,在整个国家治理体系中占有重要位置。基层治理是否有效,直接决定了经济社会是否能持续发展、繁荣和稳定。基层治理具有两个特性。一是市域的共同体性质。惠州市基层治理体现了从全国到省、到市、到县区、到村落的整体一致性,具有许多共同的做法和经验。中国作为一个快速发展中的经济体,许多社会政策采取的都是举国体制,这就给每个治理政策的实施提供了共性,可以相互借鉴。惠州市基层治理的经验可以从优秀地区中汲取营养,其自身的经验也能为惠州市的治理智慧作出贡献。二是治理的复杂多样化。从横向来看,惠州市不同地区的人文地理、社会结构、市场发展、资源禀赋、文化素质、治理技术等不同,各自所面临的治理形势、问题和困难亦不同,必须结合自身的实际,采取有针对性、个性化、多样化的治理模式,这也为惠州市各县区基层社会治理创造了异质性空间,呈现出丰富多彩、百花齐放的治理局面。在基层治理中既要看到治理的共同性又要关注其异质性，不能为了创新而创新，导致“打乱战”“折腾式治理”等现象的出现。基层治理要有活力，关键要给予基层治理以自主空间。县、乡、村要有各自的定位和目标，且需要不同性质的自主空间。周巍博士对此也做出了很好的总结和提炼，将每个县区的情况予以个性鲜明的介绍。他坚持每年驻村调研，对市、县、乡、村四级运转的逻辑与机制有深刻把握。由于有对基层治理的经验研究和通透思考，他在基层治理有一些独到见解。本书是这些思考的系统性总结，展示了惠州市基层社会治理正在经历的大变局，并有针对性地提出了一些观点和建议。这些研究自成体系、经验鲜活，为推进惠州市基层社会治理体系和治理能力现代化提供了较好的参考和借鉴。

陈裕瑾

惠州市政法委常务副书记

前　言

本书以惠州市社会治理实践为研究对象，基于笔者多年扎根田野得出的经验，尝试回答了“惠州市在新的社会背景之下如何加强基层社会治理创新，如何为全国社会治理模式提供惠州经验”这一重大问题。为了全方位了解惠州市基层社会治理情况，近年来，在惠州市委政法委、市民政局和市农业农村局的支持下，惠州学院社会治理研究与评估中心利用寒暑假，组织骨干科研教师和学生党员骨干，分组赴村（社区）驻点调研，坚持同吃同住同劳动，尽可能多触及社会普遍关注的热点、难点问题，获取真实可靠的第一手资料；同时克服新冠肺炎疫情的影响，有针对性地到广州、深圳、东莞、中山等有先进基层治理经验的地区和单位进行学习考察，拓宽了视野，增长了见识，努力使所提意见和建议更具有科学性和可操作性。

本书主要围绕三大部分展开。本书第一部分是“整体篇：基层治理探索与实践的宏观把握”，聚焦于国家、市域层面，从总体上先把握好基层社会治理的大方向，主要包含三个重要论述：一是“习近平社会治理理论：发展历程、核心思想及实施路径”，理清我国特别是习近平总书记有关社会治理的理论和政策发展沿革；二是“我国基层社会治理模式的探索与实践”，着眼于当前我国基层治理所面临的挑战以及思考；三是“多层多中心视角下的惠州市基层社会治理模式探索”，重点分析惠州市基层社会治理的历程、成功经验、挑战及建议；着重从多层多中心视角探讨惠州市的基层治理格局如何构建的问题。本书第二部分是“主体篇：惠州市基层治理参与主体的经验总结和模式提炼”，聚焦于政府部门、群团组织、社会组织三大主体，主要包括三个方面的经验总结：一是“惠州市社会治安综合治理综治中心发展现状及对策”，二是“共青团参与社会治理现状及对策研究”，三是“惠州市社会组织参与社会治理现状及对策研究”。本书第三部分是“案例篇：惠州市各县区基层社会治理典型案例”，在基层治理案例的选择上，选取惠州市七个观察点进行调研，其中既有基本完成城市化的城市样本（惠城区水北社区、仲恺区陈江街道），也有城市化进程中的城镇样本（大亚湾区塘尾村、博罗县观背村），也有传统的农村样本（惠阳区霞角村、龙门县大坑村、惠东县范和村），这几个观察点在惠州市基层社会治理模式探索与实践中非常具有代表性，各具特色。另外，考虑到惠州市是国家旅游城市，本书探讨了乡村旅游对基层社会治理的影响以及山区基层治理实践探索。

总体而言，本书尝试系统总结市域、县域、村落层面的基层社会治理模式，从整体上把握住纵向上的社会治理发展脉络，又从微观上深入分析村落具体个案的基层社会治理实践经验，对惠州市基层社会治理的重点和难点进行了较全面深入的剖析，希望能为打造惠州市共建共治共享格局提供宝贵的学术研究经验。

成果的转化与落实是科研工作的出发点和最终目标，也是检验科研成果的试金石。惠州学院社会治理研究与评估中心注重加强与各级政府的联系和信息沟通，积极提高调研成果的转化利用。本书得到惠州市委政法委、惠州市农业农村局、惠州市民政局的大力支持，希望本书相关研究成果能为各县区党委和政府部门提供参考，以推进基层社会治理体系和治理能力现代化。

周　巍

2022 年 7 月于惠州学院

目　录

整 体 篇

基层治理探索与实践的宏观把握

第一章　习近平社会治理理论：发展历程、核心思想及实施路径

1989年，世界银行发布《撒哈拉以南非洲：从危机到可持续增长》研究报告，首次使用“治理危机”一词来表示国家正式制度因素的缺失对非洲发展的影响。1992年，世界银行在主题为《治理与发展》的年度报告中，将治理定义为：治理是运用权力对国家或地区的经济和社会资源进行管理的一种方式，这种权力运用方式包含多种主体，不仅包括各种政府组织，还包括各种非政府组织以及私人企业和社会公众等各种利益相关者①。2013年，习近平总书记首次将治理提升到党和国家的重大政策方针，提出全面深化改革总目标是完善和发展中国特色社会主义制度，推进国家治理体系和治理能力现代化。作为社会方面核心目标和内容，中国社会主义社会治理体系和能力经过近几年的发展和实践，已初见成效。本章分析了习近平社会治理理论的发展历程，总结归纳其核心思想，并就更好地实施习近平社会治理理论提出建议。

一、习近平社会治理理论的发展历程

社会治理是指通过党和政府主导、社会多方参与，管理社会事务、解决社会问题、满足居民需要的活动。自2013年中共十八届三中全会习近平总书记首次提出创新社会治理以来，习近平社会治理理论经过几次发展，日益完善和全面。

（一）中共十八届三中全会：首次提出要创新社会治理

《中共中央关于全面深化改革若干重大问题的决定》明确提出，“全面深化改革的总目标是完善和发展中国特色社会主义制度，推进国家治理体系和治理能力现代化。……创新社会治理，必须着眼于维护最广大人民根本利益，最大限度增加和谐因素，增强社会发展活力，提高社会治理水平”。这是“社会治理”思想首次进入党和国家的高层文件，成为引领中华民族伟大复兴、实现中国梦的总方针和行动纲领之一，意义十分重大。《中共中央关于全面深化改革若干重大问题的决定》从“改进社会治理方式、激发社会组织活力、创新有效预防和化解社会矛盾体制、健全公共安全体系”四个方面对社会治理进行了详细阐述。

① 俞可平. 治理与善治[M]. 北京：社会科学文献出版社，2000：2.

（二）中共十八届四中全会：提高社会治理法治化水平

《中共中央关于全面推进依法治国若干重大问题的决定》提出，“加快保障和改善民生、推进社会治理体制，创新法律制度建设。加强社会组织立法，规范和引导各类社会组织健康发展”“坚持系统治理、依法治理、综合治理、源头治理，提高社会治理法治化水平”。这次会议的贡献在于强调社会治理的法治化水平，提出社会组织在社会治理中的重要作用。

（三）中共十八届五中全会：加快推进社会治理精细化，构建全民共建共享的社会治理格局

党的十八届五中全会强调，“加快推进社会治理精细化，构建全民共建共享的社会治理格局”。这个会议的重要贡献在于提出要将社会治理精细化以满足人民群众日益增长的物质文化需求，提出要发挥人民群众在构建全民共建共享社会治理格局的主体作用。

（四）中共十九届一中全会：打造共建共治共享的社会治理格局

习近平总书记在党的十九大报告中指出，“加强社会治理制度建设，完善党委领导、政府负责、社会协同、公众参与、法治保障的社会治理体制，提高社会治理社会化、法治化、智能化、专业化水平”。党的十九大报告全面总结了过去五年，党和国家在社会治理理论和实践探索中的经验教训，明确提出了要打造共建共治共享的社会治理格局，与中共十八届五中全会的决议相比，更加突出“共治”色彩。党的十九大报告进一步明确社会治理体制的核心要素和社会治理方法，基本上完善了习近平社会治理理论。

（五）党的十九届四中全会：建设社会治理共同体

党的十九届四中全会聚焦于国家治理体系和治理能力建设，系统地总结了“中国之治”的13项制度原则，审议通过了《中共中央关于坚持和完善中国特色社会主义制度、推进国家治理体系和治理能力现代化若干重大问题的决定》。全会提出，“必须加强和创新社会治理，完善党委领导、政府负责、民主协商、社会协同、公众参与、法治保障、科技支撑的社会治理体系，建设人人有责、人人尽责、人人享有的社会治理共同体，确保人民安居乐业、社会安定有序，建设更高水平的平安中国”。在构建基层社会治理新格局中，要求“健全党组织领导的自治、法治、德治相结合的城乡基层治理体系，健全社区管理和服务机制，推行网格化管理和服务，发挥群团组织、社会组织作用，发挥行业协会商会自律功能，实现政府治理和社会调节、居民自治良性互动，夯实基层社会治理基础”。与中共十九届一中全会的决议相比，党的十九届四中全会系统地归纳了习近平总书记社会治理理论，提出了构建社会治理共同体的重要性及路径。

二、习近平社会治理理论的核心思想

从创新社会治理到打造共建共治共享的社会治理格局，十年来，中国共产党对社会治理的理解和实践在一步步深入，也日益构建了完善的理论体系。

（一）社会治理的目标：为人民服务

“为人民服务是我们党的根本宗旨，也是各级政府的根本宗旨”①。“新时代我国社会主要矛盾是人民日益增长的美好生活需要和不平衡不充分的发展之间的矛盾”②。中国特色社会主义社会治理建立在爱国主义与集体主义基础上，努力消除贫困，改善民生，致力于实现共同富裕，满足人民日益增长的美好生活需要，使发展成果惠及全体人民。“坚持以人民为中心，必须把增进人民福祉、促进人的全面发展作为一切工作的出发点和落脚点”③。社会治理旨在发挥人民群众的积极性主动性创造性，让人民群众当家作主，实现人的全面发展。

（二）社会治理的价值观：社会主义核心价值观

习近平总书记指出，“国家治理体系和治理能力的一个重要方面体现在培育和弘扬核心价值观方面”④。“核心价值观，承载着一个民族、一个国家的精神追求，是最持久、最深层的力量”⑤。只有解决了价值体系问题，才能有效整合社会意识，推进社会治理体系和治理能力现代化。

2014 年 2 月 24 日，习近平总书记在中共中央政治局第十三次集体学习时指出，“把培育和弘扬社会主义核心价值观作为中国特色社会主义的思想道德基础”实际上回答了我们要建设什么样的国家、建设什么样的社会、培育什么样的公民的重大问题⑥。社会主义核心价值观是社会治理的思想道德基础、精神支柱和行动向导，能够丰富人民的精神世界、整合社会思潮、凝聚社会共识，确保社会和谐稳定、国家长治久安。

（三）社会治理的体制：党委领导、政府负责、民主协商、社会协同、公众参与、法治保障、科技支撑

习近平总书记指出，“治理和管理一字之差，体现的是系统治理、依法治理、

---

① 习近平. 论群众路线：重要论述摘编[M]. 北京：中央文献出版社，2013：137.

② 习近平在中国共产党第十九次全国代表大会上的报告[N]. 人民日报，2017-10-19(1).

③ 中共中央文献研究室. 习近平关于社会主义社会建设论述摘编[M]. 北京：中央文献出版社，2017.

④ 习近平. 习近平谈治国理政[M]. 北京：外文出版社，2014.

⑤ 习近平. 习近平考察北大时纵论青年价值取向，人生扣子从一开始就要扣好[N]. 人民日报(海外版)，2014-05-05(1).

⑥ 习近平在全国宣传思想工作会议上强调：胸怀大局把握大势着眼大事　努力把宣传思想工作做得更好[N]. 人民日报，2013-08-21(1).

源头治理、综合施策”①。“有了健全完善的社会治理体系才能提高社会治理能力;提高社会治理能力才能充分发挥社会治理体系的效能”②。

加强中国特色社会主义社会治理体制要发挥各级党委的领导核心作用,要“提高党科学执政、民主执政、依法执政水平,实现党、国家、社会各项事务治理制度化、规范化、程序化”③。加强中国特色社会主义社会治理体制要发挥各级政府的主导作用。“转变政府职能是深化行政体制改革的核心”。加强中国特色社会主义社会治理体制要发挥社会主体的协同作用。“要正确处理政府和社会关系,加快实施政社分开,推进社会组织明确权责、依法自治、发挥作用。”④加强中国特色社会主义社会治理体制要发挥公众参与的基础作用。习近平总书记指出,必须坚持以人为本,尊重人民主体地位,发挥群众首创精神。加强中国特色社会主义社会治理体制就要发挥法治的保障作用。“法律是治国之重器,法治是国家治理体系和治理能力的重要依托”⑤。“要深入推进公正司法,深化司法体制改革,加快建设公正高效权威的司法制度”⑥。

(四)社会治理的重心:城乡社区

2017年6月12日,《中共中央国务院关于加强和完善城乡社区治理的实施意见》指出,“城乡社区是社会治理的基本单元”“基层是一切工作的落脚点,社会治理的重心必须落实到城乡社区,社区服务和管理能力强了,社会治理的基础就实了”。城乡社区是社会治理一切工作的落脚点。当前社会治理面临一些新挑战矛盾,如社会流动日益加剧、贫富差距日益增大,人民利益日趋多元,社会发展活力不足,城乡社区管理职能分散,体制改革仍显滞后等,这些挑战和矛盾都在城乡社区集中显现。社会治理重点在城乡社区,难点也在城乡社区,加强社会治理就要始终抓好城乡社区这个重点和难点。

三、习近平社会治理理论的实施路径

习近平总书记指出,加强和创新社会治理,关键在体制创新,核心是人,只有人与人和谐相处,社会才安定有序。因此,加强和创新社会治理,需要巩固社会治理的领导核心,塑造社会治理的价值体系,完善社会治理的组织体系,改进

① 中共中央关于全面推进依法治国若干重大问题的决定[N].人民日报,2014-10-29(3).

② 中共中央宣传部.习近平总书记系列重要讲话读本[M].北京:学习出版社、人民出版社,2014:47.

③ 习近平.在省部级主要领导干部贯彻十八届三中全会精神全面深化改革专题研讨班上的讲话[N].人民日报,2014-02-18(1).

④ 中共中央关于全面深化改革若干重大问题的决定[N].人民日报,2013-11-16(1).

⑤ 中共中央文献研究室.习近平关于全面依法治国论述摘编[M].北京:中央文献出版社,2015:6.

⑥ 习近平在庆祝全国人民代表大会成立60周年大会上发表重要讲话强调:毫不动摇坚持和完善人民代表大会制度,坚持走中国特色社会主义政治发展道路[N].人民日报,2014-09-06(1).

社会治理方式。

（一）始终坚持从严治党，巩固社会治理的领导核心

1. 加强领导干部的培养

要加强党员干部的培养，首先要挑选社会治理理论水平高、社会治理能力强的优秀人才进入各级领导班子，夯实社会治理的人才支撑。其次要加强领导干部的作风建设，树立正确的政绩观和政治品格。习近平总书记指出，领导干部要有“功成不必在我”的思想境界。“领导干部要严以修身、严以用权、严以律己，谋事要实、创业要实、做人要实”①。要多措并举加强党员干部队伍素质建设，通过多渠道、多形式、多类别、多模式的培训制度来巩固基层服务理念、改进基层工作作风、保证服务质量，提升社会治理水平，造就一支政治忠诚、廉洁自律、业务精晓、勤政高效、人民满意的高素质干部队伍。

2. 加强党组织建设

党组织建设是推动基层社会治理体系和能力现代化的关键所在。要进一步加强党组织在社会治理中的领导核心作用，扩大发挥战斗堡垒。党组织建设要突出政治功能，充分发挥在党、政府、企业、社会组织等党组织的政治引领、思想引领、组织引领，形成多元共治格局。

3. 要推进反腐倡廉

必须从源头探寻腐败根源，了解腐败发生原理，通过制度设计和安排对权力进行监督控制。要加强对权力运行的制约和监督，把权力关进制度的笼子里，形成不敢腐的惩戒机制、不能腐的防范机制、不易腐的保障机制。要着力健全党内监督制度，改革党的纪律机制，丰富纪委派驻监督方式和巡视制度；要不断提高党员干部拒腐防变和抵御风险能力。重点监控腐败领域、腐败问题、腐败人员、腐败行为，特别是要加强对领导班子的权力监督，充分发挥权力清单制度作用，净化政治生态。

（二）弘扬社会主义核心价值观，塑造社会治理的价值体系

1. 坚持掌握意识形态主导权

习近平总书记指出：“培育和弘扬核心价值观，有效整合社会意识，是社会系统得以正常运转、社会秩序得以有效维护的重要途径，也是国家治理体系和治理能力的重要方面。”②要牢牢把握社会主义意识形态的主导权，需坚持马克思主义在社会主义意识形态中的主导地位，坚持文化建设始终以社会主义为发

① 中共中央宣传部. 习近平总书记系列重要讲话读本[M]. 北京：人民出版社，2016：78.

② 习近平在中共中央政治局第十三次集体学习时强调：把培育和弘扬社会主义核心价值观作为凝魂聚气强基固体的基础工程[N]. 人民日报，2014-02-26(1).

展方向，坚持社会主义核心价值体系作为主流导向。要加大宣传力度，逐渐牢固社会主义意识形态的主导权，增加国家与民族的凝聚力和向心力，为中国特色社会主义社会治理奠定坚强的思想保证。

2. 坚持民生建设

民生建设是国家社会治理的基础工程，民心关系着国运。坚持民生建设需要完善制度建设。要通过制度建设来保障人民平等参与、平等发展权利，从制度上解决社会公平公正公义的问题。习近平总书记指出，全面深化改革必须以促进社会公平正义、增进人民福祉为出发点和落脚点。

坚持民生建设需坚持群众路线。要想尽办法为人民排忧解难，想群众所想、解群众所急。要坚决守住民生底线，扎扎实实服务人民，尤其特别关注那些经济上有困难、能力不足或被边缘化、受到社会排斥的弱势群体，织密织牢“保基本”“兜底”的社会保障安全网，切实保证民生政策的贯彻施行。

3. 坚持推进精准扶贫战略

帮助贫困人民脱去贫困“帽子”，走向小康生活，是解决民生问题的最直接方式。改革开放四十多年来，中国发展仍处于不平衡状态，贫富差距较大，习近平总书记提出精准扶贫战略，吹响了“脱贫攻坚战”的号角。在实施精准扶贫战略方面，强调要抓“六个精准”，即扶持对象精准、项目安排精准、资金使用精准、措施到户精准、因村派人精准、脱贫成效精准[①]。要统筹各类帮扶力量，整合单位对单位、产业对产业等对口帮扶机制，并且落实工作责任与推进合作共建机制，突出目标导向、结果导向，量化细化分解工作，强化考核督查，落实到具体责任部分与责任人。

（三）打造共建共治共享的社会治理格局，完善社会治理的组织体系

要打造共建共治共享的社会治理格局，就必须发挥政府的主导作用，发挥群团组织的枢纽作用，提高社会组织的社会协同作用。

1. 加大政府职能转变力度

要把转变政府职能作为刀刃向内的自我革命，在“放管服”上不断创新，努力做好政府服务的“减法”“加法”“乘法”。要制定政府职能转移名录，把政府公共服务依法转移给第三方社会力量承接。建立政府购买服务的长效配套机制，发挥市场在基层社会治理中资源配置的主体作用，梳理、厘清政府、市场和社会三者的角色定位和功能发挥，建构基层社会治理网络体系，各司其职、各尽其责，形成全方位、多层次、宽领域的服务体系。

① 坚决打好扶贫开发攻坚战　加快民族地区经济社会发展[N]. 人民日报，2015-01-22(1).

2. 发展社会组织

社会组织是加强和创新社会治理的重要力量。要加强推进社会组织党的建设,充分实现社会组织与党组织的结对共建,优势互补,共治共享,将社会组织作为社会治理能力现代化体现的重要力量和党群工作的重要阵地,充分发挥其在社会治理中协同纽带作用。要加强对社会组织的孵化、培育、引导和监督,完善社会组织内部治理结构和管理制度,落实国家对社会组织税收优惠政策,建立健全社会组织等级评估制度,进一步推动社会组织内部管理高效、权责统一、运转协调、合法规范、自治自律,引导社会组织参与介入到社会治理和社会服务中。

3. 深化群团组织改革

群团组织是党和群众的纽带和桥梁,是党社会治理的重要助手。探索和创新党的群团工作,既是时代发展的必然要求,也是群团组织发展的内在动力。要切实保持和增强党对群团组织的统一领导,始终保持党的群团工作的政治性、先进性和群众性。要探索创新党的群团工作的组织结构,提高群团组织枢纽型作用,切实解决群团组织脱离群众的问题,确保基层服务网络覆盖到社会的各个领域与阶层。

(四) 改进治理方式,提高社会治理能力和水平

1. 进一步推进电子政务

习近平总书记提出,“要加快运用网络信息技术,推进社会治理”①。在互联网络时代,电子政务已成为解决公共服务短缺、行政效率低下的有效路径。利用网络手段以提升政府的治理水平,突破信息壁垒的阻碍,创新信息共享机制;要通过电子政务创新公众参与机制,强化党和政府的整体协调能力,及时、有效地将服务诉求传达给党和政府,精准高效地为公众解决难题。

2. 进一步完善网格化治理

网格化治理是根据属地管理,以某一区域为单元网格,运用数字信息化手段对每一网格实施动态、全方位治理,实现政社联动、资源共享的一种社会治理新模式。网格化治理是社会治理创新的一大举措,广泛采用大数据与云计算等先进技术,不仅能强化社会联动,调动全民参与的积极性,提升人民的满意度与获得感,还能推进社区治理体系和治理能力现代化,提高政府服务能力。政府要通过职能转移和政府购买的形式,整合协同企业、社会组织、社会工作者和志愿者队伍、居民群众等各种资源,以形成全方位、宽领域、多层次的服务体系,以

① 习近平在中共中央政治局第三十六次集体学习时强调:加快推进网络信息技术为主创新　朝着建设网络强国目标不懈努力[N].人民日报,2016-10-10(1).

提供服务全民化、精准化、精细化、集约化、个性化服务，进一步拓宽社会力量参与社会治理的空间。

3. 进一步优化公共安全和应急机制

习近平总书记指出，公共安全是国家安全的重要体现，是最基本的民生。要进一步优化公共安全和应急机制，就要树立社会风险意识，居安思危、未雨绸缪，加强社会防控、生产安全、防灾减灾救灾等重点领域的预防机制。要深化扫黑除恶专项斗争，依法严惩违法犯罪行为，保护人民人身财产及人格权，优化公共安全环境；要完善预防与社会矛盾调节机制，建全公众诉求机制、协调机制、权益保障机制等，力保从源头上预防与化解社会矛盾；要加强公众安全意识，加强安全宣传，增大公共安全教育的资源投入，健全监测、预防、应急、自救的安全管理机制与社会心理干预体系。

第二章　我国基层社会治理模式的探索与实践

2019 年 10 月 31 日，党的十九届四中全会提出："必须加强和创新社会治理，完善党委领导、政府负责、民主协商、社会协同、公众参与、法治保障、科技支撑的社会治理体系，建设人人有责、人人尽责、人人享有的社会治理共同体，构建基层社会治理新格局。"改革开放以来，我国经济社会发展速度较快但不平衡，城镇化不平衡，既有高度发达的城市社区，也有广阔的发展较慢的农村地区。近年来，各省市贯彻落实中央关于加强和完善基层社会治理的决策部署，走出一条具有中国特色的基层治理创新之路，基层社会治理体系基本完善，治理能力得到有效提升。本书结合惠州市基层社会治理的实践，分析了我国基层社会治理的探索历程，归纳面临的挑战，并就更好地推进基层社会治理现代化提出建议。

一、我国基层社会治理的探索历程

我国基层社会治理探索与实践同党中央创新和加强社会治理的历程高度契合且内在一致。在创新基层社会治理着力点和动力上，我国是经济发展和社会矛盾倒逼基层社会治理创新，而基层社会治理创新进一步推动经济发展和社会进步。习近平总书记指出，抗击新冠肺炎疫情是对国家治理体系和治理能力的一次大考。我国能够在较好地控制新冠肺炎疫情的同时，保持较快的经济增长、较优的生态环境、较高的惠民水平、较好的社会秩序，离不开有力、有序、有效的基层社会治理。新中国成立以来，我国基层社会治理呈现出三个阶段，并逐步探索出一条具有中国特色的社会治理创新之路。

（一）2002 年之前，以维护政权稳定为目标，以社会治安综合治理为主导的社会管理模式

改革开放前，维护政权稳定我国基层社会治理首要目标。国家实行计划经济体制，包办社会事业，控制绝大多数社会资源。社会治理以行政手段为主，实行严格的户籍制度限制人口的流动，取得了相对稳定的政治社会秩序。改革开放后，全国以经济建设为中心，经济转轨和社会转型促使社会利益关系日趋复杂，社会矛盾日益突显。城乡贫富差距问题、征地拆迁农民上访问题、下岗工人福利待遇问题、流动人口诱发的治安问题、国外敌对势力的渗透问题等社会消极因素大量存在，严重影响经济发展，使得社会治安综合治理成为当时我国基层社会管理的

主流模式。1994 年 9 月，惠州市率先提出“抓治安就是抓经济”的思想，建立社会治安综合治理领导责任制，明确党政第一把手为治安第一责任人。

（二）2002 年至 2012 年，以改善民生为重点，以建设服务型政府为目标的社会建设模式

2002 年，党的十六大提出要全面建设小康社会，将社会更加和谐作为现代化建设的重要目标，并作出构建社会主义和谐社会的战略部署。2007 年，党的十七大要求加快推进以改善民生为重点的社会建设，深化社会体制改革，建设服务型政府。2002 年至 2012 年，我国积极推进政府职能转变，放松社会管制，注重激活市场和社会活力，让社会力量特别是社会组织承担起更多的社会管理功能。2007 年，惠州市建立“复退军人之家”，由复退军人组建自助组织，成立战友间互帮互助的平台，构建“横到边、纵到底”的复退军人服务管理网络；成立“流动商户之家”，建立流动商户帮扶救助机制，实现了管理变粗放为精细、变被动为主动，摆卖变流动为固定、变无序为有序，关系变对抗为配合支持。

（三）2013 年至今，以推进社会治理体系和能力现代化为重点，着重打造“共建共治共享”的社会治理格局的新模式

2013 年 11 月 9 日，习近平总书记在党的十八届三中全会首次提出“创新社会治理，必须着眼于维护最广大人民根本利益，最大限度增加和谐因素，增强社会发展活力，提高社会治理水平”。这是“社会治理”思想首次写入党和国家的文献。2017 年 10 月 28 日，习近平总书记在党的十九大报告中指出，加强社会治理制度建设，完善党委领导、政府负责、社会协同、公众参与、法治保障的社会治理体制，提高社会治理社会化、法治化、智能化、专业化水平。2019 年 10 月 31 日，习近平总书记在党的十九届四中全会提出，必须加强和创新社会治理，完善党委领导、政府负责、民主协商、社会协同、公众参与、法治保障、科技支撑的社会治理体系，建设人人有责、人人尽责、人人享有的社会治理共同体，构建基层社会治理新格局。

惠州市认真贯彻落实中央、省的关于社会治理的决策部署，2013 年，惠州市提出推进民共建、民共富、民共享、民共乐、民共治“五个民共”社会建设新模式。民共建强调尊重人民主体地位；民共富强调精准扶贫，建设惠民之州；民共享强调发展成果全民共享；民共乐强调培育开放包容的社会心态；民共治强调推进基层民主建设。2013 年，惠州市推行“法制副主任”制度，聘请律师担任村（居）委法制副主任，为村（居）民提供公益性法律服务。这一举措满足了基层法律诉求，化解了社会矛盾，推进了全市村居依法治理。同时，设立社会工作委员会，组织社会治理创新十大项目评选活动，致力于推动惠州市社会组织和专业社会工作的发展。惠州市积极推进“网络问政”，搭建“惠民在线”，构建群众积极参

与经济社会建设的“网上议政厅”。2018 年，惠州市在惠城区、博罗县试点基础上，探索政治、法治、德治、自治、智治、美治“六治”协同基层治理模式。突出政治统领作用，夯实基层党组织引领治理的基础；发挥“法治”保障作用，推进基层依法治理；发挥“德治”先导作用，促进基层和谐稳定；发挥“自治”基础作用，激发基层社会活力；发挥“智治”支撑作用，提高基层治理效率；发挥“美治”提升作用，培育建设乡愁文化。惠州市在农村地区以“村规民约、家规族训”为依托；以“党员联系困难户、乡贤联系创业户、律师联系法律需求户”为工作方法；通过“民主提事、民主决事、民主理事、民主监事”四个步骤，以“四民主工作法”为自治手段，创新探索“两规三联一法”基层治理模式。惠州市还注重系统构建、协同融合和资源整合，以全科网格为实体抓手，加快推进基层社会治理体系和能力现代化。

二、我国基层社会治理面临的挑战分析

我国基层治理探索能够取得较好成效，主要有 3 点成功的经验：坚持继承和发展，重视社会治理理念的创新；坚持党建引领，将党的政治优势转变为社会治理优势；坚持民生导向和问题导向，根据实际创新基层社会治理。虽然我国基层治理取得巨大的成就，但也面临一些现实的挑战。

（一）社会治理理念仍需树立

基层部分领导社会治理理念相对滞后。基层部分领导对社会治理缺乏科学认识，仍然偏重于自上而下的管理，“官本位”惯性思维下仍然希望用“管理”替代“治理”，没有意愿和动力去发动人民群众更好地参与社会治理。没有树立系统治理、依法治理、综合治理、源头治理理念，出现社会矛盾和公共问题时，危机处理能力较弱，处理方式较为简单，不能有效化解社会矛盾。受传统封建主义思想影响，一些群众和社会组织依赖政府的思想仍然根深蒂固，主动参与社会治理的意愿和能力不强。

（二）基层治理体系仍需完善

“有了健全完善的社会治理体系才能提高社会治理能力；提高社会治理能力才能充分发挥社会治理体系的效能。”[①]当前基层治理体系尚未完善，资源整理能力仍需加强，社会活力未被充分激活。在社区治理层面，民政部门长期关注村（社区）自治和社区建设，党的组织部门负责社区党建，政法系统牵头推进社会治安综合治理，由于多部门参与但又缺乏整体规划和协调，具体落实到村社区时往往各行其是，没有有效形成合力。而且由于各部门统计口径和工作要

① 中共中央宣传部. 习近平总书记系列重要讲话读本[M]. 北京：学习出版社、人民出版社，2014:47.

求不同，造成基层社会治理的压力较大。个别基层政府机构设置内容重叠、职能交叉，社区工作人员不足，普遍年龄偏大，文化程度偏低，缺乏社区工作专业知识和技能培训；而受过专门训练的高学历人才下基层意愿不高，期望加入基层工作者队伍的专业对口毕业生又缺乏进入渠道。

网格化管理有待完善。网格化管理是近年来我国基层治理创新的一大亮点，但网格划分并不合理，网格员队伍建设亟待加强。基层社区负担过重，配套改革还不到位，网格员多头指挥、重复劳动的问题仍然存在，大部分基层的网格化工作仍由村（居）委会的工作人员兼任，造成基层社区负担过重，影响了网格化服务管理的效能提升。

（三）社会治理法治化进程仍需加快

社会领域立法尚不完善。随着经济社会加速转型，社会矛盾和利益纠纷变得更加复杂，急需法律去规范和引导。目前，涉房产领域问题、涉众型金融问题、涉土地征用问题、涉劳资矛盾问题、涉生态环境问题等社会问题呈现出主体多元、成因多样、容易激化、处理难度增大等特点，社会组织、社会工作、社会信用、网络安全和志愿服务等方面的法规仍未健全，亟待完善。

基层法治建设仍需加强。一些基层开展基层社会治理大多是依据上级文件或领导指示，法律法规支撑力度不足，法律宣传未能深入人心。基于城乡二元结构的户籍制度给基层社会治理带来很多的负面影响，“一城两制”“一村两制”“一家两制”等不合理现象严重阻碍基层法治进程，扩大了城乡贫富差距，限制了外来人口社会融入，激发大量社会矛盾，给基层社会治理带来巨大困难。

（四）社会治理社会化仍需增强

我国社会组织发展尚不成熟，结构不够合理，基金会发展严重不足。社会组织覆盖范围不广，行政色彩较强，自我造血功能不强，社会服务能力不强，参与基层社会治理的意愿和能力不强，效果不佳。农村社会组织规模较小，社会服务能力不强，群众活动参与度不高。志愿服务活动异化，志愿服务的专业性不强，独立生存能力较弱，需要依赖政府支持，承担了大量的行政工作，志愿服务组织行政化严重。

（五）传统乡村治理日趋解体

“基层是一切工作的落脚点，社会治理的重心必须落实到城乡社区，社区服务和管理能力强了，社会治理的基础就实了。”[①]改革开放以来，农村人口流动加剧，精英人群大量流入经济发展地区和城市。近年来，投入农村民生事业的经

① 中共中央文献研究室.习近平关于社会主义社会建设论述摘编[M].北京：中央文献出版社，2017:127.

费远远满足不了需求，农村基础设施建设与城市差距越发明显。大量外来人口涌入城市，但社会融入不够，人际关系日渐疏离，社会凝聚力减弱，农村空心化问题日益严重。农村人才短缺，在少数党基层组织软弱涣散的农村，不良宗族与宗教势力利用贿赂、威吓、暴力等手段，通过参与竞选等方式介入或操控基层选举，严重影响基层社会治理，传统乡村治理趋向瓦解。

（六）社会治理信息化建设仍需改革

经过多年的建设，基层电子政务有效提高了各级政府和部门的行政效率和公共服务水平，但信息系统建设时不注重需求分析和统筹规划，造成了项目立项后推进缓慢、建设中不断调整、建成后使用率不高，系统建设水平低下，往往出现系统建设完成就面临淘汰的问题。在疫情防控期间，社区每天都要向不同部门、单位重复上报基础信息，充分暴露了各系统、各条线之间存在“数据缺失”“信息孤岛”“数据雪藏”问题。

三、我国创新基层社会治理的思考

习近平总书记指出，加强和创新社会治理，关键在体制创新，核心是人。借鉴惠州的经验，贯彻习近平总书记社会治理相关指示精神，政府要进一步转变治理理念，完善治理机制，激发社会活力，改进治理方式，提升治理能力。

（一）以人民为中心进一步转变治理理念

习近平总书记指出：“治理和管理一字之差，体现的是系统治理、依法治理、源头治理、综合施策。”“坚持以人民为中心，必须把增进人民福祉、促进人的全面发展作为一切工作的出发点和落脚点。”[①]各级领导应当学习和贯彻习近平总书记提出的“以人民为中心”的社会治理理念，不断提高系统治理意识，要识大体、顾大局，不能只顾个人利益，打自己的小算盘，要做到不推诿。要牢固树立依法治理理念，使法治理念、法治精神内化于心、外化于行。要提高源头治理意识。中医讲“治未病”，孙子兵法讲“上兵伐谋”“善战者无赫赫之功”。要增强危机意识，切实改变重事后处置、轻源头管理的思想。要提高综合施策意识。要充分运用法律手段、行政手段、经济手段、道德手段等各种手段，有效整合各种资源，激发社会活力，化解社会矛盾。

（二）以党建为引领健全、完善矛盾多元化解机制

社会治理是一项涉及面广、工作量大，要将社会治理工作纳入党委政府议事日程中，做到同规划、同部署、同调度、同考核，要整合一切有利资源、调动一切有利因素，及时解决人民群众的实际问题。要加强基层党建工作，改进干部

① 中共中央文献研究室.习近平关于社会主义社会建设论述摘编[M].北京：中央文献出版社，2017:16.

政绩考核机制，完善专业技术人才的使用机制，选优配强支部书记，发挥支部堡垒作用。基层党组织要团结带领广大党员干部群众，建立"干部重点包村、党员示范带头、群众自觉参与"的工作模式，实现基层党建社区网格化全覆盖。

要健全、完善矛盾多元化解机制。要创新机制，按照"党建引领、党员示范、群众参与、全民防控"的思路统筹力量资源，完善工作机制，构建以基层党组织为核心、群团组织为纽带、各类社会组织为依托的治理格局，进一步加强社会稳定风险评估，从源头上消除和减少风险隐患，解决信访维稳难题，大幅减存量、控增量，及时排查、依法化解各类社会风险和矛盾隐患。

（三）以社会领域的立法工作为突破口持续推进法德同治

"法律是治国之重器，法治是国家治理体系和治理能力的重要依托。"[①]积极推动社会领域的立法工作，发挥法治对社会治理的引领和保障作用。进一步深化"法制副主任"制度改革工作，要加大宣传教育力度，要加强对"法制副主任"的教育培训，进一步强化责任感和自觉性，改进服务方式，拓展服务内容，提高服务质量和水平。要完善社会组织相关法律法规，进一步加强相关领域法律法规建设，进一步推动社会组织发展，增加其参与社会治理和服务社会能力。要完善公共应急预案，加强公共卫生立法工作，借鉴抗击新冠肺炎疫情的经验教训，构建有效的防控法律体系，要为以后应对公共危机提供坚实的法治保障。

必须大力提高社会主义德治建设水平，推进法德同治。"国家治理体系和治理能力的一个重要方面体现在培育和弘扬核心价值观方面。"[②]要将社会主义核心价值观融入法律法规、村规民约、家规家训。要用好身边资源写家风，转变群众视角讲家风，融入乡风民俗传家风，丰富思想道德建设新载体，形成倡导良好家风的良好氛围。要加强社会心理服务体系建设。受新冠肺炎疫情影响，无论是否感染，人们都不同程度地出现了各种各样的心理问题，若不能及时得到缓解和疏导，将会引发更多的社会心理危机。因此，应当充分调动多方专业力量，共同推进疫情后的心理危机介入工作，组建专业的心理干预队伍，解决心理困惑与矛盾，全面提高群众的心理素养和社会心态。

（四）以政府购买服务为手段切实发挥社会协同作用

"要正确处理政府和社会关系，加快实施政社分开，推进社会组织明确权责、依法自治、发挥作用。"[③]要进一步转变政府职能，制定政府职能转移目录，制

---

① 中共中央文献研究室．习近平关于全面依法治国论述摘编[M]．北京：中央文献出版社，2015：6．

② 习近平．习近平谈治国理政[M]．北京：外文出版社，2014：104．

③ 中共中央关于全面深化改革若干重大问题的决定[N]．人民日报，2013-11-16．

定政府服务购买实施细节，建立政府购买服务的配套机制，把政府公共服务依法转移给企业和社会组织来承接。发挥企业和社会组织在基层社会治理中的社会协同作用，通过政府购买服务的手段，建立公共服务多元供给模式，健全政府购买服务的绩效评估制度，健全完善社会协同联动机制。要加大社会组织扶持力度，出台更多社会组织税收优惠政策。进一步完善社会组织年报制度，加强社会组织信息公开力度，提高社会组织自我治理和社会服务能力。要加强社区、社会工作和社会组织“三社”联动机制，鼓励用社会工作理念和方法来改进社区管理，加强社会工作专业人才队伍建设，加大对社会工作服务机构的扶持力度，完善社会工作和志愿者联动机制，引导和鼓励社会组织承担政府购买或资助的服务项目，满足群众多层次、多样化服务需求。进一步激活社区居民自治，要更加注重业主委员会和物业管理公司在社区治理中的重要作用。

（五）以改革户籍制度为先导持续推进基本公共服务均等化

新冠肺炎疫情以极快的速度从一个城市扩散到全国，最重要的原因是人口大规模地流动，这是传统城乡二元的户籍制度导致的严重后果。要尽快改革过时的户籍制度，进一步放宽大中小城市落户条件。应当进一步改革生育制度，鼓励家庭生育，稳定家庭结构。要大力推进基本公共服务均等化，进一步提高农村的公共服务水平，缩小城乡发展差距，提高农村村民的获得感和荣誉感。要增强外来人口的归属感和融入感，让外来人口在城市中享有更均等的公共服务，解决随迁子女教育和医疗问题，稳定人才就业和居住，让他们共享经济社会发展成果。鼓励外来人口参加村（社区）“两委”选举，加强外来人口自治组织建设，提供外来人口参与基层社会治理平台，增加外来人口参选比例，充分调动外来人口参与基层社会治理的意识和能力。乡村全面振兴，人才是基础。要充分调动农村发展活力，想办法引进、培养和留住人才。坚持走科技兴农、产业兴农、教育兴农之路。要树立城镇带动农村、工业反哺农业的理念，加快农村公共服务设施建设，加大农村居住环境整治力度，建设城市和乡村的快速交通网络，提高农村生活的便利度和幸福感。在乡村规划建设之初，政府就要强化教育、医院、社区服务中心等关键社区空间资源，增强功能配置，建立完善的社区服务体系。

要创新村官培养模式，优化基层干部队伍结构。鼓励村干部参加继续教育，接受成人学历教育，培养村官大学生。同时要注重将优秀高校毕业生选聘到农村担任村官，培养大学生村官。要创造有利条件和优惠政策让大学生能够在乡村振兴大环境中找到自身的价值定位，大学毕业生去农村创业就业，能够有所作为。支持他们长期扎根基层，成为农村基层社会治理的中坚力量。

（六）以趋利避害为原则引导乡村宗族参与基层社会治理

乡村宗族的存在即是乡土人情在中国基层社会的延续，对于维系家族、邻里、社区等人际关系具有非常重要的作用。宗族中产生的天然领袖是传统和风俗的代言人，代表着基层民众最朴素的情感和生活诉求，不能简单地定性为封建迷信，应当予以足够的尊重和理解。要尊重他们的利益代言角色，宗族是农村地区影响基层社会治理的一支重要力量。要有效引导宗族参与社会治理，发挥宗族正能量，把宗族精英力量纳入基层社会治理体系中。发挥乡贤文化的影响力，充分发挥好乡贤引领、示范、协调的作用，积极引导乡贤在参与乡村协商议事、协助纠纷调解、促进村民自治等方面发挥作用。同时也要利用法律、行政、经济和道德等多种手段来引导宗族组织，尽量减少宗族对基层社会治理的负面效应。

（七）以数字政府为抓手提升社会治理智能化水平

“公共安全是国家安全的重要体现，是最基本的民生。”①要积极运用现代信息科技技术，构建社会治安智能管理系统，打造全方面社会治安防控体系，提升城市公共安全的整体防控效能。要加强城乡社区出入口、主要道路的公共安全视频监控建设，扩大公共安全视频监控联网应用范围，和乡镇（街道）和村（社区）综治中心、派出所进行联网，构建科学安全监测预警体系和监巡系统，提高社会治安管理信息化水平。

习近平总书记提出，“要加快运用网络信息技术，推进社会治理”②。要以数字政府建设为抓手，加强顶层设计和组织统筹，加强大数据法规制度、标准规范建设，加大政策支持、人才培养、资源共享力度，优化整合科技资源。要加快“互联网＋政务服务”体系建设。要推广浙江成功经验，建立网络风险综合治理体系，推动政府内部信息共享，采用“大数据＋网格化”方法实时监测分析社会动态，利用大数据调查群众需求、预判社会问题，发挥预防、监测和辅助决策作用，提高网络治理水平。

（八）以网格化管理为基础持续推进市域治理

市域是重大矛盾风险的产生地和集聚地，要将市域治理融入经济社会政治发展的全过程，进一步推动城乡融合发展，落实公共服务均等化，确保生产要素自由流动和公共资源合理配置。要构建区域联动、部门协作的综合治理机制，

① 中共中央宣传部．习近平总书记系列重要讲话读本［M］．北京：学习出版社、人民出版社，2014：115.

② 习近平在中共中央政治局第三十六次集体学习时强调：加快推进网络信息技术为主创新　朝着建设网络强国目标不懈努力［N］．人民日报，2016-10-10.

资源、服务重心下移至基层，确保基层社会治理有效运转。

要进一步优化网格化管理。网格是市域社会治理的最基本单元。要认真吸取新冠肺炎疫情防控的经验教训，实化最小最基层网格，让网格划分更科学、更实效管用。一方面，要固化网格，总结网格联防联控中实化最小最基层网格，及时增加、不断优化网格防控内容，更新防控手段，进一步提升基层网格的系统性、科学性和适用性。进一步厘清政府与社区的职责边界，梳理社区事务，剥离不合理的行政审批、行政监管、政务服务等政府事务。要整合资源力量，织密村居网、行业网、工作网，线上线下一体推进防控措施，确保政令畅通。另一方面，各级网格要自下而上逐级反馈信息，及时报告突出性、苗头性的事件信息，成为抓早抓小、防范风险、化解矛盾的“信息源”。要进一步加强网格员队伍的培养力度，建立网格员的考核评价和激励机制，拓展职业发展空间。同时要完善网格化信息安全管理和保密制度，确保管理信息不泄密，使人民群众的隐私得到合法保障。

第三章 多层多中心视角下的惠州市基层治理模式探索

国家治理现代化离不开基层社会治理现代化。社会治理是指国家对社会事务的治理。市域是指设区的城市的行政区域,市域社会治理是指在市域范围内的社会治理。基层社会治理作为承接国家社会治理、市域治理、县域治理的最后一环,需要贯彻落实国家各项社会政策。对于国家层面而言,市域和县域即是基层,对于市一级层面而言,镇街和村(社区)是“基层”。

2020年10月26—29日,党的十九届五中全会指出,要“加强和创新社会治理。完善社会治理体系,健全党组织领导的自治、法治、德治相结合的城乡基层治理体系,完善基层民主协商制度,实现政府治理同社会调节、居民自治良性互动,建设人人有责、人人尽责、人人享有的社会治理共同体。发挥群团组织和社会组织在社会治理中的作用,畅通和规范市场主体、新社会阶层、社会工作者和志愿者等参与社会治理的途径”①。这是国家层面为基层社会治理绘制的清晰路径图,每个地区结合自身实际,衍生出形式各异的基层社会治理样式,但实质的精神内核是统一的。

近年来,惠州市贯彻落实中央关于加强和完善基层社会治理的决策部署,走出一条具有惠州特色的基层社会治理创新之路,基层社会治理体系基本完善,治理能力得到有效提升。2021年1月4日,《中共惠州市委关于制定国民经济和社会发展第十四个五年规划的建议》指出,要“创新基层社会治理。加强基层治理体系建设,全面构建党建引领、全域覆盖、多网合一的基层全科网格体系,推动社会资源、公共服务等向网格集聚。扎实推进镇(街)、村(居)、村民小组干部大储备工作,加强基层社会治理队伍建设,发挥社会协同作用,提升基层治理效能。深化落实党员干部联系服务群众工作,健全完善一村(居)、一社工、一法律顾问等基层治理制度,推进一村(居)一警机制提档升级”②。

为了解惠州市基层社会治理的主要举措和实际成效,总结惠州市推进基层社会治理创新实践的成功经验,本章结合惠州市基层社会治理的实践,分析了

① 中国共产党第十九届中央委员会第五次全体会议公报[N].人民日报,2020-10-30(1).

② 中共惠州市委关于制定国民经济和社会发展第十四个五年规划的建议[N].惠州日报,2021-01-05(1).

惠州基层社会治理的探索历程，归纳面临的挑战，并就更好地推进基层社会治理现代化提出建议。

一、研究综述

（一）基层治理的界定

基层治理关乎基层民众的人心向背以及国家的长治久安，也是实现国家治理现代化体系的关键一环。习近平总书记指出，要鼓励基层大胆创新、大胆探索，及时对基层创造的行之有效的治理理念、治理方式、治理手段进行总结和提炼，不断推动各方面制度的完善和发展。在对惠州市基层治理展开研究之前，需要对国家治理、社会治理、市域治理、基层治理的相关概念进行辨析，以明确各概念之间的含义和范围。国家治理在广义上涵盖对国家一切事务的治理，等同于治国理政。社会治理具有两层内涵，即社会治理体制和具体社会事务治理。市域社会治理是国家治理的子系统，也是社会治理在市域范围内的自然延伸。基层治理是国家治理的微观基础，直接面向民众。基层治理作为承接国家治理、市域治理的最后一环，需要把各项方针政策变成一件件看得见、摸得着的具体事务，要让人民群众切切实实拥有获得感、满足感和幸福感。基层治理模式必须处理好整体与部分之间的关系，既要看到国家、市域、县域的指导和影响，又要把基层扎根于乡土之中。

关于基层治理理解的两个维度：一是对于国家层面而言，市域和县域即是“基层”，因此需从层级上考虑治理政策逐步下沉过程中产生的权威逐步分散的影响，确保中央政策能够有效落到基层，有效贯彻并发挥实质作用；二是对于市一级层面而言，村落和社区才是“基层”，需考虑地方政策落入各村、各社区时能否与当地的乡土文化和村规民约相生相成。

（二）国内外基层治理的研究评述

1. 国外基层治理的研究评述

在国外，奥斯特罗姆的多中心治理理论认为，在私有化和国有化两个极端之间，存在其他多种可能的治理方式，并且能有效率地运行。奥氏的研究证明：与政府强加各项规章以及纯粹的市场化方式相比，当地社区可以独自更好地管理森林、湖泊和渔场等公共资源。一群相互依赖的个体“有可能将自己组织起来，进行自主治理，从而能在所有人都面对搭便车、规避责任或其他机会主义行为诱惑的情况下，取得持续的共同收益。”“多中心”一词现已成为一种思维方式和理论框架，更成为公共物品的生产与公共事务的治理模式之一。①

美国学者詹姆斯·罗西瑙在其著作《没有政府的治理——世界政治中的秩

① 文森特·奥斯特罗姆. 美国公共行政的思想危机[M]. 毛寿龙，译. 上海：上海三联书店，1999：11.

序与变革》中提出，治理是一种管理机制，其涉及很多活动领域，“治理不同于统治，尽管治理大都没有经过官方的指派，然而其却能够起到意想不到的作用，这源于它所针对的目标是共同的，虽然其主体是非政府的，且不需要通过国家的强制力来保障，但其较统治依然有其优越性。”[①]

关于地方治理的研究。20世纪七八十年代，由于全球化的影响，时任英国首相撒切尔夫人发起反国家主义的一系列改革，要求关注地方治理。卡洛林·安德鲁和迈克·戈登史密斯指出，这场国家层面的改革推动了地方管理向地方治理发展，推动了地方治理向市场化、社会化和私有化发展。之后，西班牙、德国、美国、加拿大等国家也由地方管理开始向地方治理转变。托尼·鲍法德和爱尔克·劳夫勒对一些西方国家和典型地区的地方治理经验进行了对比分析，认为地方治理的主体不仅局限于地方政府，也包括社会、市场等主体，地方治理是主体间的合作治理，不是静止的而是一个过程。他强调，地方治理的各主体要充分发挥其作用，不能够由单一的主体掌控治理过程，每个主体要发挥其职能和参与度，要平衡和考虑各主体的利益和权力互动。综上，由于国外关于社会治理的研究比国内开始的早，更加成熟完备，且出发点和立足点都基于西方的政治体制和发展模式，理论研究多数强调多中心化和多主体化，对社会组织、市场组织的发展提出了更高的要求。但我国的市场组织，尤其是社会组织发展水平有限。因此，在引进相关理论指导我国治理实践时，应看到这些差异，结合我国的实际情况有选择性地加以借鉴吸收。

2. 国内基层治理的研究评述

(1) 近代以来，我国基层治理的历史沿革。

基层乡村治理发展的历史渊源远不止眼前的几年时间，无数的爱国志士很早就开始谋求中国富强民主的社会改良实践探索。晏阳初的乡村建设实验旨在通过平民教育解决中国农村愚穷弱私的问题[②]；杨开道的农村生活运动旨在通过“好农业，好经营，好生活”建设农村社区；梁漱溟的乡村建设实践旨在通过组织活动把散漫的、只顾自家自身的农民组织起来搞生产，在生产中学习和运用科学技术[③]。但社会改良实验的最终失败，为我们今天开展基层治理提供了许多有益的启示，例如法律确实解决了当时的诸多问题，但也与农民的沟通出现诸多障碍，出现“乡村运动而乡村不动”的困境；具有很强的官办色彩，出现

① 詹姆斯·罗西瑙.没有政府的治理：世界政治中的秩序与变革[M].张胜军，刘小林，译.南昌：江西人民出版社，2001：32.

② 晏阳初，赛珍珠，宋恩荣.告语人民[M].桂林：广西师范大学出版社，2003：5.

③ 梁漱溟.乡村建设理论[M].上海：上海人民出版社，2006：3.

“高谈社会改造而依附于政权”的现象。

费孝通是我国著名的社会学家、人类学家、民族学家和社会活动家。他不但阐明了传统中国基层社会的乡土性质以及具有差序格局特征的社会结构形式，而且叙述了建立在这一社会结构基础上的治理方式，如礼治秩序、无讼、无为政治、长老统治等。“从基层上看去，中国社会是乡土性的。”费孝通将中国社会的基层定义为乡土性的，此“乡土性”带有三方面特点：其一，“乡下人离不了泥土”；其二，不流动性；其三，熟人社会。中国社会的基础，礼俗社会之根源，都在于此“乡土性”。“差序格局”是费孝通提出的一个极其重要的社会学和人类学观点，指的是由亲属关系和地缘关系所决定的有差等的次序关系。中国人独特的“私”的个性，造就了中国独特的“差序格局”。乡土社会治理方式是“人治”而不是“法治”。“所谓人治和法治之别，不在于‘人’和‘法’这两个字上，而是在维持秩序时所用的力量和所根据的规范的性质。”[①]当社会性质由乡土社会转变为现代社会，社会结构形式以及治理方式也随之发生改变。这一过程表现为内生性、渐进性、长期性的特征，基于此，乡土社会的治理方式对于现在的乡村社会治理就具有现实意义。借鉴乡土社会的治理方式，对于完善我国新时代乡村社会治理体系以及增强文化自信都具有重要意义。本课题的研究正是在坚持这种乡土本色的过程中，逐步展开课题的陈述。

(2) 国家基层社会治理政策的演进。

2004 年，党的十六届四中全会明确提出了“社会管理”概念，并指出“加强社会建设和管理、推进社会管理体制创新”。2006 年，党的十六届六中全会强调，“必须创新社会管理体制，整合社会管理资源，提高社会管理水平，健全党委领导、政府负责、社会协同、公众参与的社会管理格局，在服务中实施管理，在管理中体现服务”。同时提出，坚持科学立法、民主立法，完善“推进社会事业、健全社会保障、规范社会组织、加强社会管理等方面的法律法规”。“社会管理”概念，虽然仍然强调以国家为本位的权力管理，但却实现了从管制到管理的重大转变，释放了社会活力。党的十八大报告沿用了“社会管理”概念，不同的是，内涵发生了变化，不仅体现为将“法治保障”纳入社会管理格局，将“四位一体”的社会管理格局变更为“五位一体”的社会管理体制，提出“要围绕构建中国特色社会主义社会管理体系，加快形成党委领导、政府负责、社会协同、公众参与、法治保障的社会管理体制”，把立法、执法、司法机关和法律服务组织及其法治活动作为社会管理体制不可缺少的重要组成部分，而且五个要素的具体表述也有所改变。党的十八届三中全会提出“创新社会治理体制，提高社会治理水平”，

---

① 费孝通．乡土重建[M]．长沙：岳麓书社，2012：13.

对推进国家治理体系和治理能力现代化的总目标作了重要部署，并且把创新社会治理体制置于国家发展战略的高度。“社会治理”这一新概念首次正式出现在党和国家的文献中，取代了过去“社会管理”的提法。习近平总书记曾指出，治理和管理一字之差，体现的是系统治理、依法治理、源头治理、综合施策。党的十八届四中全会进一步凸显了法治在社会治理中的重要作用，提出“推进多层次多领域依法治理，坚持系统治理、依法治理、综合治理、源头治理，提高社会治理法治化水平。”党的十九大报告在四大板块、九处提到了社会治理，并进一步提出，加强社会治理制度建设，完善党委领导、政府负责、社会协同、公众参与、法治保障的社会治理体制。用“社会治理”代替“社会管理”是以习近平同志为核心的党中央治国理政理论的又一重大理论创新和实践创新。2020年，党的十九届五中全会提出，加强和创新社会治理。完善社会治理体系，健全党组织领导的自治、法治、德治相结合的城乡基层治理体系，完善基层民主协商制度，实现政府治理同社会调节、居民自治良性互动，建设人人有责、人人尽责、人人享有的社会治理共同体。发挥群团组织和社会组织在社会治理中的作用，畅通和规范市场主体、新社会阶层、社会工作者和志愿者等参与社会治理的途径。推动社会治理重心向基层下移，向基层放权赋能，加强城乡社区治理和服务体系建设，减轻基层特别是村级组织负担，加强基层社会治理队伍建设，构建网格化管理、精细化服务、信息化支撑、开放共享的基层管理服务平台。加强和创新市域社会治理，推进市域社会治理现代化。

基层社会治理的相关政策在历史进程中逐步得以丰富完善和明确，对各地区开展基层治理实践起到了良好的思想引领作用，也不断梳理着在层级之间，以及各中心主体之间的关系，明确各层级、各主体的权力与义务，同时也不断让资源下沉基层，挖掘乡土力量，共同治理基层社会。当前，基层治理在“五位一体”发展格局中如何找准自身定位，扮演好时代发展的角色，将深刻影响社会的长远发展。此外，在具体的服务技巧上，如何与群众搞好关系、管理好项目、有效利用各项资源、解决社区和老百姓实实在在的问题，是留给每一个党政干部、基层工作者的考题。

(3) 我国学者对基层治理实践上的思考。

随着社会主义市场改革的持续推进，基层社会的社会解体、利益分化、治理主体模糊性、治理能力不足等现象凸显，国内学者为促进基层社会治理转型、提高治理有效性、创新治理方式等方面见仁见智，洞察基层社会治理实践特征，指出基层社会治理的突出问题，提出有针对性和实效性的解决方案。

第一，关于基层社会治理特征的研究。2018年，肖唐镖等认为在创新基层治理过程中面临可持续性、可复制性、制度化程度不足等特点；李连江等认为基层治理内容丰富，关系庞杂，相互间交叠繁难，解决基层治理问题既要基于“大视野”“大目标”“大格局”，也要立足局部，着眼具体问题、实事求是、有的放矢。2019 年，李春根等认为国家治理和基层社会治理具有一般性和相对独特性的特点，要想达到“善治”，须科学处理国家治理与基层治理关系；王思斌指出新时代加强和改进基层社会治理的本质是改善民生，在社会转型过程中的多重矛盾中，只有坚持和完善民生才能强基固本和不会违背执政党的初心和使命①；王宗礼等认为改革开放前与改革开放后国家权利呈现出不同的变化趋势，由原来的权力全面渗透到社会生活的各个方面转变为政府简政放权以充分发挥市场和社会的决定性作用，所以基层社会治理的主体呈现出多元性、自主性、创新性，这是在社会发展的过程中基层社会治理最突出、最具优势的体现。2022 年，项继权认为基层社会治理面临复杂形势、多元关系、繁杂事务等特征。

第二，关于基层社会治理发展困境的研究。2016 年，郎友兴认为受市场化、工业化影响，基层社会治理面临治理转型迟滞、治理主体力量弱化、治理能力不足等问题。2019 年，周庆智认为由于现行体制内在治理逻辑自相矛盾和共建治理不成熟导致“小官巨腐”的基层弊端现象；葛天任认为中央和地方在不动产资源使用权的矛盾性使得基层社区与垂直领导机关产生多元利益的博弈机制，难免产生金融风险和社会风险；张卫波认为在新时代条件下基层社会治理最重要的是人的治理，人的能力的提升是解决治理的人、财、物等问题的前提和基础，以此在基层社会治理的过程中必然注重人的建设与发展。2022 年，任文启认为基层社会治理要发挥党政推手的作用，紧紧依靠群众、相信群众，预防纠纷、化解矛盾，维护稳定，促进发展，所以在基层社会治理过程中一是要在党建引领下开展党群工作；二是要放手发动群众，人民的事情人民自己办；三是要创新基层社会治理的模式，丰富基层社会治理的模式。2024 年，陈伟杰认为目前基层面临权责模糊、权力倒置、超负荷运作、绩效考核形同虚设等构成结构性弊病，使得基层的运作机制与制度设计存在巨大落差。

第三，关于基层社会治理解决策略的研究。2019 年，叶娟丽等认为提高基层治理能力需在三个方面着手：一是优化基层治理资源以促使其有强劲的运行基础；二是通过建设协商民主机制以优化治理结构；三是多元主体充分发挥积极性、创造性，在实践中优化管理体制和提高共治水平。2020 年，贾康、刘薇认为要对政府体系和行政架构进行大刀阔斧的改革，提出将乡镇政府作为上级政

① 王思斌. 新中国 70 年国家治理格局下的社会治理和基层社会治理[J]. 青海社会科学，2019(6)：1-8，253.

府的派出机构以提高行政效率、垂直管理、高效便民的改革思路①；刘振、徐永祥强调以行政化为核心的区域性社会治理必然带来形式僵化、效率低下、机构臃肿等不良后果，在新时代条件下做好基层工作，最为有效的方式是建立健全以人民为核心的基层社会治理机制，提升居民的认同度、满意度和参与度②。2021年，顾东辉指出基层社会治理的创新目标是不断满足人民日益增强的美好生活的需要，加强和创新基层社会治理的核心是要以人为本，要抓住人民群众最关心、最直接、最现实的利益问题，让改革发展的成果更多惠及全体人民，使得人民获得感、安全感更加充实、更有保障、更可持续。2022年，陈荣卓认为网格化作为基层社会治理的有效措施，应以完善的法律服务体系作为保障，需多元治理主体树立法制观念和互联网思维。

（三）珠三角先进地区的基层治理模式分析

惠州基层社会治理不能闭门造车，一味埋头苦干，也不能只是“上行下效”，简单机械地执行上级文件，必须怀抱谦虚的心态看待珠三角其他先进地区的基层治理特色经验，开眼看“世界”，进而发现自身的优势所在。我国珠三角地区毗邻港澳、与东南亚地区隔海相望，主要城市包括有广州、深圳、惠州、珠海、佛山、东莞等城市组成的珠三角城市群，是我国三个特大城市群之一，也是我国乃至亚太地区最具经济活力和影响力的地区之一。在我国改革开放以来，珠三角地区经济及城市建设更是得到了空前的发展。本章节将通过对广州番禺区、深圳福田区和珠海金湾区三个典型地区为例分别探讨基层治理模式。

1. 广州番禺区“城中村”型基层治理模式创新

惠州市的城镇惠城区和惠阳区，基层治理的许多问题都与广州番禺区的情况类似，如股份制改革问题、村改居问题、城中村问题等，其中以“城中村”问题尤为突出，也值得在对比中进行借鉴和学习。

从2009年开始，随着改革开放中广东省经济社会面临的新管理问题，为了深化行政管理体制改革，出台了一系列文件，并选择一些典型地区率先开展实践试点。早在2013年，广州市应时代发展制定了《基层社会管理体制改革试点工作方案》，从而拉开了市级基层体制改革的序幕，并将番禺区等地区选为“打造社会管理服务创新实验区”的试点地区。番禺区地处珠三角的中心位置，是非常重要的地理位置，户籍人口达到85.6万人，而登记在册的外来人员则达到123.4万人，是一个典型的人口倒挂型地区。番禺区作为华南地区的交通枢纽

① 贾康，刘薇. 加快形成新发展格局的政策建议[J]. 理论导报，2020(12)：10-12.

② 刘振，徐永祥. 本土化社会工作还是爱国主义运动?：乡村建设运动的再认识[J]. 新视野，2020(1)：59-64.

城市，经济发达，各类产业发展良好，且具有汽车研发、生产等一系列高端制造业的产业集群，此外，该区还有配套的创业城以及大学城，其中科技型企业就有2 000多家，高端技术公司191家以及12所高校科研机构。总体而言，番禺区属于城市的核心地段，商业资源丰富、人员构成较为复杂、外地人口众多，这也给社会治理带来了较大的难度，是快速变迁中社区的典型代表。

在实践的摸索过程中，番禺区逐渐形成了自己的城中村社会管理创新模式，即在基层治理行动主体中，区委政法委担任治理的核心领导，与此同时，积极引导各级乡镇政府、村民委员会、各类社会组织以及村民等共同参与治理。在该区政法委的坚强领导下，番禺区首先采取自上而下的科层制管理方式，向各街道、镇政府等部门下发工作方案并督促执行，探索出了创新出租屋和流动人员服务管理的方式方法，并取得了良好的社会治理效果。为了做好城中村管理工作，广州市政府早在2002年就制定了《关于"城中村"改制工作的若干意见》，推进了城中村的社会体制改革工作，顺利实现农转居目标，建立了以社区居委会为主的自治管理体制，改变了过去村委会无法胜任剧烈社会变迁的局面。此后，针对经济社会发展中陆续出现的土地征收、土地以及房屋产权归属、社区内公共基础设施的完善、集体经济的发展、人口户籍流动管理以及就业过程中的劳动纠纷和保障等一系列问题，广州市政府在2008年经过仔细研判，又制定了《关于完善"农转居"和"城中村"改造有关政策问题的意见》，从而促使各项工作得以顺利开展。政策之所以行之有效，离不开各个治理主体的有效配合和积极参与，并由此形成了"共建共治共享"的社会治理格局。政府自上而下的刚性科层制管理，将压力逐级传导至村委会，而村委会、社区、社会组织在深刻领会文件精神的基础上，及时调整改革发展步调，又自下而上地推动着基层社会治理创新，由此多元主体才能在城中村的有效治理中实现有机结合。

以番禺区沙湾镇为例，该镇通过组建19个驻村团队，与群众保持密切联系，定期走访群众，了解来自一线的工作信息，从而为创建"干净整洁平安有序"的社区环境打下了良好的群众基础。与此同时，为让社会治理的各项工作在公平公正的环境下运行，该区还通过建立市级和村级的廉洁防腐系统，对各级基层领导干部实行全面监督，对农村的各项政策阳光执行开创群众监督的窗口，特别是农村转向资金、土地征收以及合作医疗保险等与村民切身利益密切相关的政策。此外，该区还通过建立镇级以及村级的综合服务中心，大力推动基层公共服务事业发展，为村民提供便利的综合性的"一站式"服务，让村民能够实实在在感受到基层治理带来的好处。所有措施的综合运行，有效保障了社会治安，规范了村民的医疗保障服务，实现了信息化的综合办公。至此，该区将"城中村"的基层治理模式不断改进，并形成了具有极强地域特色的治理方案，成为有效治理的典型代表。

番禺区的基层治理中的几个重要经验，如注重多元治理主体的共同参与，形成多元化的治理格局，促进本地人口与外来人口的相互融合，注重政府在基层治理中的领导核心地位等，对于同属城区的惠城和惠阳区具有很好的借鉴意义。

2. 深圳福田区“经济特区”型基层治理模式创新

惠州市的高新区大亚湾和仲恺高新区两个经济和社会的排头兵，在基层治理方面也走在其他各县区前面，因此它们所面对的问题具有前瞻性，面临的社会结构调整会更加急剧，社会矛盾更为复杂。与此相对，选取深圳福田区作为观察样本，寻求类似地区的基层治理经验，规避可能面临的风险和危机。

福田区地处于深圳经济特区的中部，属于该市的最核心地段，具有最中心的众多商务区，属于深圳市的行政、文化、金融、信息以及国际贸易的中心区域。该地区总共有 10 条街道，114 个居委会以及 95 个社区的基层工作站，其中常住人口达到 133.05 万人，属于深圳市人口密度最大的地区。这一区域毗邻香港，地理位置优越，经济发展迅猛。总体而言，该区域内的人口素质普遍较高，平均学历水平也处于较高层次，在整体的社区环境方面，基层公共设施完好，是我国前沿的典型现代化都市代表。自 1990 年起，福田区就为了跟上快速变迁的经济和社会发展格局，不断探索并创新社会治理体系。这一点对于当前惠州市的大亚湾和仲恺高新区具有重要的历史借鉴意义，可以从中找到应对新形势新变化的治理之路。2007 年，福田区就探索推出“一站多居”的社区管理体制，搭建起了“大工作站、小居委会”的社区治理模式。以街道办为公共服务的中心，居委会则负责联系居民以及社会组织，协调其与业主委员会以及物业管理公司等的关系。在此之后，该区在前期摸索实践的基础之上，尝试进行社区治理的标准化建设。

福田区在推进基层治理过程中，始终强调着眼长远，注重规划，稳扎稳打，历经几十年的不懈探索形成了自身的基层治理特色，展现出了多层次的服务特点。首先，始终坚持党的核心领导地位，发挥“一核多元”的多层治理格局。根据党的十九大报告，福田区提出自己深化社会治理改革的方式，其中最重要的一条就是坚持党的核心领导地位，如坚持把党组织建到社会组织内部，从而发挥出党委领导的核心作用，以切实推动社会多方力量公共参与社区治理，实现居民的自我管理和自我教育、自我服务。在此基础之上，该区还对基层治理中的多元主体进行了责任和权利等方面的详细规定，在全区统一建立党群服务中心，对于整个辖区的边界进行了全覆盖的治理。与此同时，还专门为 10 个街道的基层治理工作配备了足额的专职人员以及党建联络员，并给予相应的党建专项资金用以支持党组织建设。其次，注重激发居委会自我服务的功能。在基层治理中能否把问题解决在一线，将矛盾化解在源头，居委的自我管理、自我服务、自我治理的功能至关重要。福田区采取一系列措施来提高居委会的基层治理能力，从而解决居委会办事能力不足、处于治理效能低下的地位。一是理清居委会的职能清单，减少居委会的各项行政压力和任务，让居委会有能力有时间有精力得以专注于解决基层出现的问题；二是不断提高和充实居委会干部的素质和能力，配备年轻的领导干部下村，使村组织具有足够的活力和创新能力；三是推进社区党组织与居委会领导班子进行交叉任职，从而使双方工作得以贯通，减少互相扯皮及互相推诿的行为，从而提高了基层事务的办事效率；四是推进“民生微实事”以提高居民议事的能力，不断规范议事的程序，提高议事的自治机制，从而不断提高居民对于基层事务的参与能力。再次，尽力处理好基层治理中服务与治理的关系。在基层治理过程中，福田区以集中高效的服务作为社区治理的抓手，即要充分发挥社会组织的治理作用。一是首先对居委会的所有工作进行系统盘点，把能够委托外包的服务通过职能转移的形式转交给社会力量或专业公司去处理，保留需要居委会协调处理和独自完成的重要事务，从而使居委会的工作得以减轻。二是不断加大街道的智能化治理能力，充分发挥网络信息化手段的作用，将各项琐碎的工作进行归口管理，从街道办层面协调各个居委会进行任务分解消化，从而构建起高效、集约、信息化的基层治理格局。最后，大力推进物业小区的管理创新。通过与各物业小区签订治安责任书来明确物业公司在群防群治工作中的责任和权利，提高其参与基层治理的积极性，引导其主动接受政府监督，切实履行自身的安全防范职责。

深圳福田区在实践中较好地解决了物业小区管理问题、居委会的自我调节问题，形成了“一核多元”的基层治理结构，对于惠州市的两个高新区基层治理探索具有很好的参考价值。

3. 珠海金湾区“产村融合”型基层治理创新

惠州市的乡村地区博罗、惠东、龙门都面临产业发展的问题，要让产业与基层治理交相辉映，彼此协调发展，就需要结合地方实际予以深入对接，才能保护好当地生态环境，达到产业兴旺、环境宜居的要求。与此相对，珠海金湾区是一个值得借鉴和学习的样本，它从多方面给予了乡村基层治理的经验。

近年来，珠海市通过打造以民生为导向的基层治理格局，完善了各项社会服务事业，促进了法治建设，深化了社会体制改革，在促进基层治理体制和方式创新方面取得了积极的成效。2016 年，珠海市荣获全国首批社会治理创新优秀城市的称号，而金湾区以其打造“三治”平台，促进社会多元共治的做法成为全国首批社会治理创新优秀区。金湾区属于珠海市的三大行政区之一，辖区内有三灶镇和红旗镇两个镇，总共辖区面积为190.3平方公里。该区域设立了三灶科技工业园和临港工业区两大经济功能区，同时还将珠海航空产业园也纳入进来，形成了“市区共管，以区为主”的管理格局。总体而言，金湾区拥有丰富的土地、水产、海洋、旅游以及港口优势，人口结构复杂，基层治理面临较大难度，如何克服基层治理困难，形成适合当地经济社会发展的基层治理模式成为金湾区现实的考验。

当前新型城镇化正在逐步成为我国经济社会发展的源动力，城镇化发展对于弥合城乡二元结构具有战略地位作用，但快速发展的同时也面临巨大的社会挑战。这对惠州市链接各乡村的城镇化有重要的启示作用，推动了各城镇朝着产业发展、乡村发展、城市发展往协调融合的方向迈进。具体而言，近年来，金湾区秉承的是“产城融合”的发展新模式，即大力发展乡镇产业，使人才从大城市向城镇回流，推动社会事业与经济事业同步发展。然而，随着经济社会的快速变化，原有的发展模式在产业结构和类型上遭遇了挑战，金湾区急需找到适合自己的产业发展模式，探索如何进一步调整空间结构，从而实现城乡的统筹化发展。为此，该区围绕“团结共融、共建和谐”的宗旨，不断推动城乡的融合发展。经过三十多年的努力，该区逐步找到了解决经济发展的不平衡、不断涌现的社会矛盾这些问题的路径，把化解问题的关键放在了基层的社会治理中去。一是搭建基层治理平台。该区将社区服务作为解决日益突出的社会问题的主要窗口之一，构建了三个基层治理平台，分别是社会服务的实体平台，进行经验交流的对话平台，以及引导多方参与的服务平台，从而打造出具有“金湾特色”的基层治理模式，实现了对区域内基层治理服务全覆盖的目标。二是大力开展“向心力”的基层党建工作，即通过各项举措加强党组织在基层治理中的核心领导地位，对多方参与力量进行统筹协调，对社会资源进行合理配置，从而不断提高党组织在基层治理中的凝聚力以及号召力。三是发展壮大社会组织，通过多项社会政策引领以及配套予以财政支持，有效引导社会组织积极有序地参与基层治理事务，不断提高公共服务的创新性，更加贴近百姓的需要，从而改变了过去社会事务也只是由政府单方面包办的局面。四是随着城乡融合发展的推进，金湾区也逐渐将社会服务的触手向乡村治理等方向延伸，协助每一个基层村落建设好美丽乡村，推动乡村基层社会的和谐稳定，实现产业兴旺、生态宜居、乡风文明、治理有效的目标。

金湾区的基层治理经验体现了当前城乡融合发展中乡村社会的快速变迁，为如何应对人口的空心化、产业发展缓慢、乡村社会服务缺乏等问题提供了自己的经验做法。这为广大乡村地区的基层治理提供了参考和借鉴，从而规避可能发生的风险，形成独具特色的本土化乡村治理模式。

总的来说，本章节选取这三个典型案例正是为了给惠州市多层次、多样态的基层治理发展提供样板，即主要围绕城中村、经济特区以及乡村基层治理的三个方向展开。通过实地的田野调查，找出惠州当地的发展经验，进行相互对照，对比差异性，为最终形成具有惠州特色的基层治理格局打下前期的理论基础。当然，我们也必须清醒地看到的是各地案例与惠州市实际情况的不同之处，需要做到因地制宜、灵活运用，才能使当地的基层治理办法有效地发挥出治理效能。

二、惠州市基层治理的基础条件分析

在展开具体的基层治理调研之前，必须清晰地明确惠州市所处的地域状况、自然环境、人文历史、人口结构、大湾区建设等。这些基础条件决定了惠州市基层社会治理的策略选择、特色所在，是所有工作的具体出发点。只有扎根乡土，才能孕育出具有惠州特色的基层社会治理模式，才能在基层乡土中获得持久的生命力。

（一）区位基本状况

1. 地理位置

惠州市位于广东省东南部，珠江三角洲东北端，南临南海大亚湾，与深圳、香港毗邻，是内地除深圳市外距离香港最近的城市。惠州市属珠三角经济区，现辖惠城、惠阳两区和博罗、惠东、龙门三县，设有大亚湾经济技术开发区和仲恺高新技术产业开发区两个国家级开发区。陆地面积 112 万平方千米，占珠三角经济区面积的 1/4。海域面积 4 520 平方千米，海岸线长 223.6 千米，是广东省的海洋大市之一。得天独厚的地理位置为惠州的旅游业的发展提供了必备的前提。

2. 自然环境

惠州市的自然旅游资源非常丰富。惠州市具有旅游开发潜力的景点有 900 多处，属景点高密度分布区，并具有资源多样性的特点，集山、江、湖、海、泉、瀑、林、涧、岛为一体，融自然景观与人文景观于一身，其中被列入国家级、省级风景名胜及自然保护区的有 6 处，拥有“岭南第一山”——罗浮山，“北回归线上的绿洲”——南昆山，“东方夏威夷”——巽寮湾，“苎萝西子”——惠州西湖，还有全国唯一的海龟自然保护区等。

3. 人文历史

惠州市历史文化悠久，是广东省的历史文化名城，在古代即有“岭南名郡”“粤东门户”之称，简称鹅城。从唐到近代的 1 000 多年间，有 480 多位中国名人客寓或履临惠州，其中宋代大文豪苏东坡曾寓居惠州 3 年，孙中山、周恩来曾在此进行过革命活动，廖仲恺、邓演达、叶挺、曾生等一批民主志士和革命家皆出自惠州。

4. 人口结构

根据惠州市统计局2020年4月公布的最新的统计数据：截至2019年年底，惠州市常住人口488.00万人，人口密度430人/平方公里，人口出生率13.58‰，死亡率3.49‰，自然增长率10.09‰。户籍人口389.74万人，其中城镇人口228.15万人，乡村人口161.59万人。居住在城市、城镇的人口166万人，占52%。居住在农村的人口155万人，占48%。人口分布如下：惠城区59万人，博罗县78万人，惠东县71万人，龙门县27万人，惠阳区79万人，大亚湾7万人。惠州市人口密度为288人/平方千米，市区密度达到1 412人/平方千米。另外惠州与深圳、香港毗邻。惠州是著名侨乡，祖籍惠州的华侨和港澳台同胞超过80万人。

5. 大湾区建设

2019年，《粤港澳大湾区发展规划纲要》(以下简称《纲要》)正式出台，为大湾区描绘了一幅宏伟蓝图。惠州作为“9+2”城市群中的核心成员之一，在这一战略布局中有着重要的地位。《纲要》提出要把惠州打造成为珠江东岸新增长极、粤港澳大湾区高质量发展重要地区和国内一流城市。作为粤港澳大湾区重要节点城市，惠州土地面积占整个大湾区的1/5，开发强度不到10%，有巨大的发展空间来服务大战略。目前赣深高铁、广汕高铁正如火如荼建设，加上已建成的莞惠城际、厦深高铁，以及谋划中的深惠城际等交通干线。

(二) 区位状况对于基层治理模式构成的影响

1. “三明治”式的地理位置决定惠州市基层治理策略选择

地理位置影响惠州市在基层治理中所采用的方式方法，这也为基层治理创造了基本的环境，在利用好临港临深优势的同时，可以挖掘自身地理位置特色，深度融合基层治理创新。惠州市呈现“三明治”式的地理格局，外部有香港、深圳、广州等一线城市的牵引，也有东莞、佛山等二线城市的影响。本次调研的7个观察点，既有基本完成城市化的城市样本(惠城区水北社区、仲恺区陈江街道)，也有城市化进程中的城镇样本(大亚湾区塘尾村、博罗县观背村)，也有传统的农村样本(惠阳区霞角村、龙门县大坑村、惠东县范和村)，这7个观察点在惠州市基层社会治理模式探索与实践中非常具有代表性。惠州在确定基层治理方针路线时需看到差距，也要看到自身优势，做出合理决定。在与兄弟城市互动和交流的过程中，惠州市不可避免地与先进地区进行相互借鉴和学习，在基层治理领域，惠州市在埋头苦干的同时，还需要积极地抬头看路，不断吸收成功的经验和做法。粤港澳大湾区建设既是给予惠州市基层治理创新的历史机遇，也是一次极大的历史挑战，若不能很好地抓住机遇，那么将落后于其他先进地区，难以融入整体的湾区建设。但在吸收和借鉴的过程中，又需要做好甄别和对比，不能只是台上好看，台下难做，学习了一些形式主义的花架子而已，所学所用必须要落到实处。

2. 良好的自然环境成为惠州市基层治理的深厚资源

对比其他周边地市，惠州市最大的优势体现在地理环境，门前大亚湾、巽寮湾，背后罗浮山，东江穿城过，半城山色半城湖，自然资源丰富，基层治理必须有效利用这一特点。习近平总书记在浙江湖州安吉考察时提出"两山"理论的科学论断，即"绿水青山就是金山银山"。总书记用这一句话很好地概括了绿水青山和金山银山之间的内在联系，更好地阐述了我党在治国理政方面的超前性。如何让手中丰富的自然资源变成基层治理中群众有效利用的宝库，如何变成基层治理中的美丽乡村，理应挖掘内在联系，促进自然与治理的深度结合。例如惠东的海滩风景，对于打造旅游型的基层治理模式具有很大的资源优势。

3. 悠久的人文历史为惠州市基层治理奠定浓厚的文化底蕴

历史文化底蕴对于一个地方的滋养是绵延不断的，一方水土养一方人，基层治理的智慧也需要在这厚实的文化积淀中找到灵感。尊重历史、尊重传统、尊重当地文化，才能让德治和法治良好地交融。惠州的历史文化底蕴相较于深圳和东莞等地，更为悠久，更具挖掘潜力，基层治理应当从中积极汲取足够的养分，为创新和融合找到契合点。博罗县观背村就是基于历史文化底蕴，探索出来的一条文化基层治理之路。惠州市探索政治、法治、德治、自治、智治、美治"六治"协同基层治理模式体现了惠州市本土的基层治理经验，需要做进一步深层次的梳理和总结，以有效应用于实践工作。

4. 合理的人口结构为惠州市基层治理注入强大的生力军

基层治理需要人才的支撑和保障，需要大量精通业务、扎根基层的人员，夯实基层治理的基本结构。惠州市从户籍、性别和年龄来看，人口结构相对合理，但高素质人才相对稀缺，随着人才和资源陆续引进并逐渐下沉到基层，将为创新治理方式提供充足的人才保障。惠州市区位状况的复杂性和多样性决定了其不能简单地照抄照搬广州、深圳、东莞等地区的治理模式，必须培养能够应对城区、农村、开发区、城中村等不同情况的基层治理人才。惠州市基层治理应与本地的经济状况相适应，不能一味追求财政和资金投入，而应学会"看菜吃饭"，依据各县区基层治理财政状况，培养出适应当地的治理人才和队伍。

5. 粤港澳大湾区建设将为惠州市基层治理提供良好的发展机遇

大湾区建设的脚步势不可挡，但经济的大幅度发展，需要良好的基层治理来保驾护航，化解社会风险和矛盾，提供良好的社会环境。同时，大湾区建设有助于惠州市基层治理加速与先进地区的接轨和对标，从而倒推本地区的基层创新和改革。惠州市将成为大湾区与深圳接壤，毗邻广州、香港，连接粤东及闽赣的枢纽门户。一流城市需要有一流的基层治理予以配套，若没有一流基层治理予以托底，将阻碍惠州市融入大湾区的步伐。反之，若能抓住当前大湾区建设的优势和资源，那么惠州市的基层治理将在经济与社会的双向互动中得到创新和发展。一流的基层治理，绝不是一句口号，它需要实实在在的行动予以支撑。在“双区驱动”背景下，作为粤港澳大湾区重要节点城市，当前的惠州市比任何时候都更需要一流的平安稳定环境。要以新担当、新作为开创工作新局面，必须把握规律、争创一流，走出惠州市发展的新路子。惠州市要有争创一流的雄心，学习一流，追赶一流，跻身一流，发挥粤港澳大湾区东岸战略腹地和枢纽门户优势，争取在未来 10 年把惠州建设成为国内一流城市，打造成国内知名度有极大提升、国际影响力逐渐显现的先进制造业基地、创新活力之城和令人向往的现代品质城市。要达到全面对标一流城市建立的要求，必须加强基层治理的纵深发展。

三、惠州市基层治理创新的探索历程

惠州市基层社会治理探索与实践与党中央创新和加强社会治理的历程高度契合和内在一致。从整体发展历史来看，惠州一直被经济社会发展不同阶段产生的诸类矛盾倒逼着进行基层社会治理创新，而基层社会治理创新反过来进一步推动经济发展和社会进步，形成螺旋式前景的态势。习近平总书记指出，这次抗击新冠肺炎疫情是对国家治理体系和治理能力的一次大考。惠州市能够在较好地控制新冠肺炎疫情的同时，保持较快的经济增长、较优的生态环境、较高的惠民水平、较好的社会秩序，离不开有力、有序、有效的基层社会治理。新中国成立以来，惠州市基层社会治理呈现出 3 个阶段，逐步探索出一条具有惠州特色的社会治理创新之路。

（一）确保政治安全：改革开放之前，以维护政权稳定为目标，以党政一元主导的社会管控模式

改革开放前，维护政权稳定是惠州市基层社会治理首要目标，社会主要矛盾是阶级矛盾。国家构建了党政一元主导的社会管控模式，具体表现为以下几个方面：实行党政合一体制，共产党的党委领导体制下，党组织与国家机构高度融合，以执政党为主体，以国家权力的名义来管理国家事务。在经济上实行计划经济体制，包办社会事业，控制绝大多数社会资源。社会治理以行政手段为主，实行严格的二元分割的户籍制度，在城市实行单位体制，在农村实行人民公社制，限制人口的流动，有效抵御了国内外敌对势力的渗透，形成了相对稳定的政治社会秩序。

（二）寻求经济安全：改革开放至党的十六大期间，以经济建设为中心为重点，社会治安综合治理主导的社会管理模式

改革开放后，1978—2002 年期间，惠州市以经济建设为中心，经济转轨和社会转型导致社会利益关系日趋复杂，社会矛盾日益突显。城乡贫富差距问题、征地拆迁农民上访问题、下岗工人福利待遇问题、流动人口诱发的治安问题、国外敌对势力的渗透问题等社会不稳定因素大量存在，严重影响经济发展，使得反走私、打击经济领域犯罪、加强社会治安综合治理成为当时惠州基层社会管理的主要任务。1994 年 9 月，惠州市率先提出“抓治安就是抓经济”的思想，建立社会治安综合治理领导责任制，明确党政第一把手为治安第一责任人，明确了治安为经济稳定发展保驾护航的地位。

案例一：不保陈江安，不做陈江官。1991 年 5 月，惠州市社会治安综合治理委员会正式成立，与政法委合署办公。1993 年初，陈江镇党委、政府就提出了“抓治安就是抓经济”“敢立军令状”“不保陈江安，不做陈江官”的口号，每年都拨出 100 多万元专款，作为治安工作的经费保障。陈江积极发挥社会治安综合治理主力军的职能作用，认真贯彻“打防并举，标本兼治”的方针，严格管理、严密防范，促进了当地的持续稳定发展。1994 年，全市治安综合治理现场会在陈江召开，全市推广陈江模式。1994 年 9 月，广东省农村社会治安综合治理工作会议在博罗县召开，会议提出：要树立“抓治安就是抓经济”的思想，建立社会治安综合治理领导责任制，明确党政第一把手为治安第一责任人。

案例二：2001 年 3 月，惠州市维护稳定及社会治安综合治理办公室成立。为了全力维护社会稳定，大力加强正确处理人民内部矛盾各项工作，深入开展矛盾纠纷排查，及时解决不安定因素，惠州市委市政府将关口前移，在社会治安综合治理工作中增加“维稳”的职能，将社会治安综合治理委员会办公室更名为惠州市维护稳定及社会治安综合治理办公室，把维护稳定作为日常工作，下设综治科和禁毒科，2006 年又增设维稳科。2006 年，惠州市委市政府出台《关于落实领导包案认真开展矛盾纠纷调处工作的通知》，落实领导包案“五个一”（一起矛盾纠纷、一位责任领导、一个调处班子、一套调处方案、一个解决期限）调处机制。在全省率先探索建立了市、县（区）、乡镇（街道）、村（社区、企业）“四级调处”矛盾纠纷网络，党政领导、综治牵头、司法主办、部门参与、联合调处“五管齐下”，以及排查预警、联动调处、考核督办“三项机制”的大调解工作模式，形成了具有惠州特色的“五管齐下、四级网络、三项机制”大调解格机制，建立了各级领导联动接访机制，有效整合人民调解、行政调解、司法调解，对群众合理诉求，事事有回应，件件有结果。

(三) 追求社会安全:2002 年至今,以改善民生为重点,着重打造共建共治共享的社会治理格局的新模式

案例三:建立“复退军人之家”。惠州是驻军大市,有 10 万复退军人,“老兵”们诉求多但缺少沟通渠道,有困难但缺少关注,因而有部分复退军人采取上访的形式反映诉求。2007 年,惠州在试点的基础上,建立了 8 个县级复退军人服务中心,77 个镇级“复退军人之家”,1 056 个村(居)复退军人联系点,构建起“横到边、纵到底”的复退军人服务管理网络。由复退军人选拔产生“家长”,由民政或镇人武部工作人员协助开展活动,提供 100 平方米左右的场地,市、县、镇三级安排了 6 万~10 万元的经费,形成了一整套的工作制度,成为党委、政府联系复退军人的桥梁,从源头上发现和解决复退军人利益诉求;“复退军人之家”成立战友间互帮互助的平台。

案例四:成立“流动商户之家”。惠州从平等观念和尊重的视角出发,将走街串巷摆地摊的流动摊贩改称“流动商户”,成立了“流动商户之家”,建立了五大机制:一是流动商户四级管理机制,即家、站、室、点,全市有 340 个流动商户代表参与“家”的活动;二是流动商户领导管理机制,设立临时疏导区 73 个,既维护了市容,又兼顾商户的生计;三是流动商户的定期联系沟通机制;四是建立流动商户档案管理机制,全市流动商户登记达 90%以上;五是流动商户帮扶救助机制。“流动商户之家”的建立,实现了管理变粗放为精细、变被动为主动,摆卖变流动为固定、变无序为有序,关系变对抗为配合支持。

2013 年 11 月 9 日,习近平总书记在十八届三中全会首次提出“创新社会治理,必须着眼于维护最广大人民根本利益,最大限度增加和谐因素,增强社会发展活力,提高社会治理水平”[①]。这是社会治理思想首次进入党和国家的高层文件。惠州市认真贯彻落实中央、省的关于社会治理的决策部署,2013 年,惠州市提出推进民共建、民共富、民共享、民共乐、民共治“五个民共”社会建设新模式。民共建强调尊重人民主体地位;民共富强调精准扶贫,建设惠民之州;民共享强调发展成果全民共享;民共乐强调培育开放包容的社会心态;民共治强调推进基层民主建设。同年,惠州市开始推行“法制副主任”制度,聘律师担任村(居)委“法制副主任”,为村(居)民提供公益性法律服务,满足了基层法律诉求,化解社会矛盾,推进了全市村居依法治理。同时,惠州市设立社会工作委员会,组织社会治理创新十大项目评选活动,致力于推动惠州市社会组织和专业社会工作的发展。惠州市积极推进“网络问政”,搭建“惠民在线”,构建群众积极参与经济社会建设的“网上议政厅”。

---

① 中共中央关于全面深化改革若干重大问题的决定[N]. 人民日报,2013-11-13(1).

案例五：惠州市多年来推行“法制副主任”制度，一大批法律工作志愿者下到村居，受聘担任村（居）委法制副主任。他们在村居挥洒热情，展示担当，积极为村（居）提供公益性法律服务，满足了基层法律诉求，畅通了矛盾纠纷化解渠道，为创建诚信守法、和谐发展的农村和社区环境发挥了积极作用，极大地推进了全市村居依法治理。2013 年，“法制副主任”制度获广东“政府治理能力现代化”优秀案例奖，并在全省推广。惠州市依托“法治城市”“法治县区”“诚信守法企业”等“法治创建”活动和“十佳民主法治村（社区）”评选活动，培育企业、群众的法治意识。近年来，惠州信访总量逐年下降，群众集体上访批次连续多年在全省地市中最少。第九届、十届全国政协副主席，北京大学罗豪才教授对“法制副主任”制度给予了高度评价。2014 年 5 月，广东省委办公厅、省政府办公厅印发工作意见，在全省推广。2016 年，全国普法办印发 2016 年工作要点，把村（居）“法制副主任”制度作为基层依法治理的抓手在全国予以推广。

案例六：惠州市的“四民主工作法”，让村里的事情由村民说了算。村民在村党组织的领导下，通过民主提事、民主决事、民主理事、民主监事 4 个步骤，对农村重大事务进行讨论决定并实施监督管理，一改过去村干部靠“命令”开展工作的方式，村里的大小事务不再是少数人说了算，而是由村民提、村民定、村民办、村民管。村民真正拥有了“话事权”，最大程度参与民主自治，一大批容易引发矛盾的老大难问题迎刃而解。比如，惠州市重点项目东江高新区在大和村征地 1 208 亩，正是通过“四民主工作法”表决通过《征地工作方案》，没有发生抢种抢建现象，没有引发村民上访事件，征地工作在短短 4 个月内顺利完成。据不完全统计，“四民主工作法”自实施以来，成功解决了农村土地征收补偿、宅基地分配、道路修建、山林土地纠纷等热点难点问题 3 万多件，农村信访总量逐年下降。“四民主工作法”获评“全国基层党建创新最佳案例”，《人民日报》等媒体进行深入报道；被广东省委写进《关于做好新形势下群众工作的意见》等重要文件，在全省推广。在全省率先建立社区约请部门现场办公制度，通过建立居民提事、社区约事、部门办事的约请制度，既引导居民参与社区治理，又促使部门为民无缝服务。

2018 年，惠州市以惠城区、博罗县为试点，探索政治、法治、德治、自治、智治、美治“六治”协同基层治理模式。突出政治统领作用，夯实基层党组织引领治理的基础；发挥“自治”基础作用，激发基层社会活力；发挥“法治”保障作用，推进基层依法治理；发挥“德治”先导作用，促进基层和谐稳定；发挥“智治”支撑作用，提高基层治理效率；发挥“美治”提升作用，振兴乡村文化。惠州市在农村地区以“村规民约、家规族训”为依托；以“党员联系困难户、乡贤联系创业户、律师联系法律需求户”为工作方法；通过民主提事、民主决事、民主理事、民主监事

4 个步骤，以“四民主工作法”为自治手段，创新探索“两规三联一法”基层治理模式。惠州市还注重系统构建、协同融合和资源整合，以全科网格为实体抓手，加快推进基层社会治理体系和能力现代化。2019 年，基于惠州市智慧物业服务平台，推出了惠州市业主决策电子投票系统，业主仅需关注“惠州市物业家园”微信公众号或“粤省事”微信小程序，通过人脸识别绑定业主身份后，即可对小区公共管理事务进行电子投票，改变物业管理生态，让小区公共事务决策更高效、更公平。

案例七：社会力量广泛深入有效参与新冠肺炎疫情防控。社会组织充分动员社会爱心力量，踊跃开展捐赠活动。惠州市社会组织积极响应市民政局号召，弘扬“一方有难，八方支援”精神，纷纷发布援助倡议，大力开展募捐、捐赠活动，广大党员模范带头，积极踊跃参与，倾情奉献爱心。惠州市慈善总会及各县区慈善总会向全市社会力量发起专项募捐，截至 2020 年 2 月 2 日，累计共接收疫情防控捐赠资金人民币 2 190 万元。

惠州市社会组织总会向全市社会组织发出募捐倡议，截至 2020 年 2 月 3 日，共得到 35 家会员单位和个人的积极响应，目前筹集善款近 24.6 万元。惠州市福建商会成立了抗击疫情应急领导小组及办公室，为全体会员、商会顾问每人派送 50 个口罩。惠州市鞋业商会共收到会员、热心人士的自愿捐款 32 笔，总金额人民币 6.16 万元。惠州市挺秀慈善会向会员发起的“抗击新冠肺炎”募捐，已募集资金人民币 58 万余元，所得善款将分别交由市、区、街道相关部门用于疫情防控工作。

行业协会强化行业自律功能，筑牢疫情防控的坚强防线。我市行业协会商会通过发布行业倡议、规范行业行为、配合政府职能部门开展行业督导等方式，切实加强疫情防治知识的宣传和教育工作，确保人心稳定、社会安定，积极履行社会责任。惠州市旅游协会、惠州市饭店行业协会、惠州市导游协会、惠州市民宿客栈与精品酒店协会一同倡议各会员单位做好卫生消毒防疫，自查、检查健康工作，加强对食品采购和加工环节的安全管理，停止各项聚集性活动等，号召各涉旅企业及旅游从业人员要勇于担当社会责任，全力以赴投入到疫情抗击工作中，共同打赢疫情防控硬仗。惠州市贸促会协助惠州企业申请办理与不可抗力相关的事实性证明，从而维护企业的合法权益，帮助企业减少损失。

惠州市 25 家社会工作服务机构开通 38 条疫情防控服务热线。惠州社工疫情心理支援热线服务，为群众心理健康保驾护航。为社区居民提供新冠肺炎预防知识和疫情防控政策的咨询服务；为陷入心理恐慌的居民或疑似患者提供信息咨询、知识宣传、心理辅导、情绪疏导、医疗救助等方面咨询和支援服务，视情况开展个案跟进服务；为社区独居孤寡长者、低保低收、困境残障人士、困境单亲家庭等弱势困境群体提供防疫援助、生活救助等资源对接服务，视情况开展个案跟进服务。

截至 2020 年 2 月 25 日，惠州市各级各类志愿服务组织共开展防疫知识宣传普及，免费发放口罩、酒精洗手液、防护服等物资，协助镇街开展卫生消毒作业，进村进社区服务群众，在机场、火车站、高速公路出口、主要交通路口等地协助公安和交管部门为司乘人员测量体温、扫码登记，向医院捐赠医疗防护物资，慰问帮扶一线医护人员及其家属、警察、环卫工人、志愿者等群体，开展防疫心理援助热线服务，开展防疫知识网络公益宣传，为居家隔离人员提供买菜送菜等便民服务，为复工企业职工送防流感汤剂，助力企业健康复工复产等志愿服务活动共计 11 998 场，共有 178 630 人次志愿者参与疫情防控工作。

四、惠州市基层治理的成功经验

惠州市在社会治理方面的一些理念和做法，走在了全省乃至全国的前列，成功赢得“全国文明城市四连冠”“全国双拥模范城五连冠”殊荣，连续多年入选“中国最具幸福感城市”和“中国最安全城市”，群众安全感和满意度测评全省排名“双进五”。获评“全国六五普法先进市”“法治城市创建先进单位”，且连续三次获评“全国社会治安综合治理优秀市”“全国创新社会治理优秀城市”，捧回全国综治领域的最高荣誉“长安杯”。此外，惠州市采取的复退军人“特色之家”“法制副主任”“四民主工作法”等做法得到中央部委和省领导的充分肯定，并在全国、全省推广“惠州经验”。2019 年 9 月，惠州市荣膺 2019 社会治理创新典范案例城市，在全国会议上向各省市分享了“‘六治’协同，构建基层社会治理新格局”工作经验。惠州市基层治理探索能够取得较好成效，主要有 4 点显著的特点：

（一）重视平安稳定，始终坚持社会治理法治化道路

习近平总书记指出，“公共安全是国家安全的重要体现，是最基本的民生”[①]。惠州市始终将公共安全放在社会治理的首位，“反双抢”“扫黑除恶”最早都是惠州提出来的。在专项斗争中提倡打防结合、建管结合。树立社会风险意识，居安思危、未雨绸缪，加强社会防控、生产安全、防灾减灾救灾等重点领域的预防机制。在确保平安稳定的基础上，大胆创新，使“惠州经验”的内涵不断丰富、功能不断拓展，探索出一条社会治理法治化的新思路。沿着“维护政权稳定—社会治安综合治理—改进社会管理—探索社会治理”的发展脉络，惠州市

① 中共中央宣传部．习近平总书记系列重要讲话读本[M]．北京：学习出版社、人民出版社，2014：115.

社会治理从保平安稳定转变到完善社会服务，从过去偏重于政府本位的管制控制思维转变到民众本位的协同治理思路上来，从被动响应诉求和维稳转变到主动改善民生、疏导诉求渠道、维护公众权益的治理理念上来。通过持续不断的法治建设，惠州市才能在治理架构、治理方式、资源配置、政府职能转变等多个层面进行创新。已故全国政协副主席、著名法学家罗豪才曾经在考察惠州的村(居)“法制副主任”制度后评价称：“惠州的基层治理探索不但是法治社会建设的有益实践，推进社会治理的有益实践，也是软法治理的一次有益实践，是软法之治的典范。”

（二）坚持党建引领，注重创新机制和激发社会活力

社会治理是一项涉及面广、工作量大的社会系统工程，必须坚持和完善党委领导，将社会治理工作纳入党委政府重要议事日程，做到同规划、同部署、同调度、同考核，整合一切有利资源、调动一切有利因素，确保基层社会治理工作推动有力、主抓有效。惠州市坚持突出党组织在基层一切工作中的领导核心地位，突出“牵头”和“抓总”，牢牢把握党领导社会治理的主动权；突出“加强”和“改善”，牢牢把握党对社会治理的领导权；突出“制度”和“规范”，牢牢把握党领导社会治理的关键环节。以党的建设引领基层治理、保障基层治理、贯穿基层治理，使基层党组织作用发挥与基层治理有机衔接、良性互动，做到协商议题由党组织把关，协商过程由党组织牵头，协商结果由党组织督办。党组织的坚实领导为基层治理提供了强有力的组织保障。

针对当前政府存在职能“越位、错位与失位”的问题，惠州充分发挥人民群众和社会组织在社会治理中的作用，填补政府职能未能触及的领域。同时，推动各级政府深化行政体制改革，切实做到依法行政，解决政府管理和服务越位、错位、不到位的问题，有效推进了服务政府、民生政府、效率政府和廉洁政府建设。惠州扎实推进党建工作创新，以民生为目的抓党建，以基层为重点抓党建，不断提高党建科学化水平，为全市经济社会平稳健康发展提供了坚强的组织保障。

（三）坚持群众路线，坚决贯彻以人民为中心的发展理念

习近平总书记指出，“全面深化改革必须以促进社会公平正义、增进人民福祉为出发点和落脚点”[①]。民心是最大的政治，人民群众是最大的支持，民生建设是国家社会治理的基础工程。惠州尊重人民主体地位，尊重基层首创精神，扎实推进基层民主政治建设，通过制度建设来保障人民平等参与、平等发展权利。惠州市社会治理工作坚持面向实际、贴近基层、服务民生，着力解决人民群

① 习近平.习近平谈治国理政[M].北京：外文出版社，2014：15.

众最关心、最直接、最现实的利益问题，最大限度调动人民群众参与社会治理的积极性、主动性、自觉性、创造性，让基层社会组织的微治理释放出社会治理的大能量，切实做到社会治理过程让群众参与、成效让群众评判、成果由群众共享。从 2013 年惠州市开展“共建共治共享”社会治理创新十大项目征选活动以来，全社会参与热情十分高涨，其中约半数为各级社会组织申报实施，内容涉及社会治理中社区自治共治、服务民生、城乡综合治理、社会组织参与治理、党群工作、维护社会稳定、基层队伍能力建设等方方面面，覆盖范围十分广泛，呈现出众多亮点。

惠州始终坚持民生优先，统筹兼顾，坚持打造“民生财政”“主动找钱办民生实事”，大力推进基本公共服务均等化，推动社会事业全面进步，群众幸福感不断提升，连续 3 年获评“中国十佳最具幸福感城市”。当前，经济社会发展处于转型期，信任危机、诚信缺失、仇官仇富等社会问题层出不穷。惠州正视这些社会问题，深入开展文明创建活动，不断提高城乡居民的文明素养，全市人民积极参与扶贫济困、义工服务等活动，培育形成了“我为人人、人人为我”的幸福认知和良好心态。惠州市坚持大力弘扬“崇文厚德、包容四海、敬业乐群”精神，“老客家、新客家，来到惠州是一家；本地人、外地人，在惠州工作就是惠州人”的城市品格深植民心，以全国地级市总分第一名的成绩夺取“全国文明城市”金牌。

随着改革开放的不断深入和经济社会的快速发展，群众诉求呈多元化趋势，社会矛盾纠纷呈多发态势。惠州不断创新社会治理模式，既疏通群众表达意见和诉求的渠道，又搭建群众参与社会管理的平台，促进了不同社会群体的自我管理与政府管理的良性互动，及时发现和化解矛盾，有效保持社会大局和谐稳定。

（四）坚持因地制宜，社会治理重点下移基层

惠州市基层社会治理的探索历程与党中央关于创新和加强社会治理的要求是高度契合、内在一致的。“五个民共”体现了共建共治共享的理念，开启了惠州市营造共建共治共享社会治理格局的探索与实践。“六化一体”① 与党中央提出的“提高社会治理社会化、法治化、智能化、专业化水平”的要求相比，虽然侧重点有所不同，但是二者之间联系紧密，其内涵和精神实质是内在统一的。政治、法治、德治、自治、智治、美治“六治”基层治理模式与十九届四中全会提出的“党委领导、政府负责、民主协商、社会协同、公众参与、法治保障、科技支撑”的社会治理体系紧密联系。“六治”协同就是结合惠州基层实际，将“政治、自

① “六化一体”指构建以人本化、民主化、法治化、源头化、立体化和信息化“六化一体”的基层治理体系。

治、法治、德治、智治、美治”等治理要素提炼出来，变成社会共识和具体可操作的工作指导手册，建立统筹机制，激活资源和力量，搭建协同平台，拓展服务能力，丰富地域文化，提升治理水平。“六治”体现的是治理的维度和要素，“协同”强调的是各“治”从形式到内容的融合，各种治理力量和机制的相互协调、相互帮助、相互促进、同向发力。“基础不牢，地动山摇。”推进社会治理，各地情况千差万别，但着力点必然在基层。惠州联系实际，强调要让社会治理的重心真正落到城乡社区，特别是农村社区。全面建设小康社会，小康不小康，主要看农村。推动全面建设小康社会，实现乡村振兴，要进一步解放思想、大胆探索、大胆创新，遵循市场经济规律和农村发展规律，因地制宜出新招，确保如期全面打赢脱贫攻坚战，走出具有惠州特色的乡村振兴新路。

厚重的乡土文化成为惠州基层治理的底色。惠州实现乡村善治，注重文化基础，善于挖掘和借重乡土文化的力量。乡土文化积淀着惠州市民最深厚的精神追求，包含着当地最本色的精神基因，蕴含了当地居民最珍贵的精神特质。比如，和谐友善的“邻里文化”、反哺桑梓的“乡贤文化”、崇德重礼的“儒家文化”等优秀乡土传统文化，是乡村柔性治理的宝贵资源，惠州市对其进行充实和发扬，以“乡村自治、社会共治、德治教化”助力乡村基层治理，实现乡村振兴。

五、惠州市基层治理存在的困难和挑战分析

基于“多层-多中心”的理论分析逻辑，本文将从以下3个方面对惠州市基层治理中存在的问题进行探讨，分析其形成的机理和社会结构，为后续工作提供理论支撑。习近平同志在党的十九大报告中指出：“中国特色社会主义进入新时代，我国社会主要矛盾已经转化为人民日益增长的美好生活需要和不平衡不充分的发展之间的矛盾。”惠州市推进基层社会治理体系和能力现代化必须建立在深刻理解我国社会主要矛盾发生变化的现实依据和理论意义的基础之上，社会新老问题的交织叠加考验基层治理源头化解矛盾的能力，广东省实现“四个走在全国前列”考验基层治理勇挑重担的能力，疫情防控考验基层治理的危机处理能力，惠州城乡地区发展差距较大考验基层治理的统筹协调能力。本节将从多层—纵向、多元—横向、乡土—底色3个维度对惠州市的基层治理进行全面系统的分析，并以此为框架分析惠州市在基层治理上面临的困难和挑战。

（一）多层级分析：存在治理理念淡薄和顶层设计缺失问题

1. 社会治理理念认识不足

目前，各级政府对社会治理理念认识不足，缺乏对社会治理理念的科学认知，不利于培养推动社会治理创新的社会环境。基层部分领导社会治理理念相对滞后，工作目标大多定位在护稳定保平安的底线上，对和谐美好的追求鲜有顾及，导致社会治理难以满足人们对美好生活的向往。

（1）“大政府”思维根深蒂固。“大政府”思维不仅广泛存在于政府，而且还持续影响着群众的认知。从政府的角度来说，“大政府”思维意味着对社会治理缺乏科学认识，缺少前瞻性和危机意识，日常治理仍然更多依靠自上而下的行政手段和方式，官本位惯性思维下仍然希望用“管理”替代“治理”，没有意愿和动力去发动人民群众更好地参与社会治理。从群众的角度来说，习惯了“有问题找政府”的大包大揽式政府，对政府的依赖思想根深蒂固，主动参与社会治理的意愿和能力不高，“共建共治共享”的理念还不深入人心，群众被管理的角色定位和惯性思维仍在，从参与社区事务、服务他人等行为中获取成就和乐趣的体验感不强。

（2）以被动反馈式治理为主。《习近平谈治国理政》全篇贯穿着强烈的问题意识和鲜明的问题导向，这是提升社会治理体系和能力现代化水平必须采用的态度和方法。问题意识和问题导向意味着主动寻找问题、积极破解难题，但是从目前来看，部分领导干部还是以被动反馈式的消极治理方式为主，即等到问题完全显现时，才“头痛医头、脚痛医脚”，主要精力都用在了应对问题解决问题的死循环上。一方面，这是由于他们仍然把社会治理片面地理解为维护社会治安和确保公共安全，没有树立系统治理、依法治理、综合治理、源头治理理念，出现社会矛盾和公共问题时，危机处理能力较弱，处理方式较为简单，不能有效化解社会矛盾。另一方面，当前严格的问责体制也造成部分领导的消极治理心态，对如何创新社会治理缺乏共识和责任担当，主观能动性不足，“居官无官官之事，处事无事事之心”，不求有功，但求无过。

（3）存在功利主义心态。部分领导存在短视和功利主义思维，只看到创新社会治理需要投入的巨大成本和时间精力，没有认识到社会治理对惠州的改革开放和科学发展的极端重要性，没有认识到良好的社会治理会释放出完善社会分配、增强内需动力、促进社会和谐等红利，进而促进经济社会更有效率、更加公平、更可持续的发展。没有将社会治理提升到与经济建设同等重要的地位来谋划与推动。部分领导认为加强社会治理可能会导致经济增速减缓，改革的难度太大，容易激发社会矛盾，应该先放放。以户籍制度改革为例，部分领导认为在推进农民向市民身份转变过程中，会涉及大量社保、教育、医疗、保障房等投入，成本太大，收益太少。担心推动社会改革会牺牲经济增长，主张“学会做改革的选择题”，选择“立竿见影”的突破口。

2. 社会治理顶层设计欠缺

基层社会治理的变革，需要合理的顶层设计来支撑。顶层设计缺失导致基层社会治理出现“内卷化”现象，基层社会治理的成本不断增加，基层社会治理的实际效果却没有明显改善。

(1) 条块、条条和块块之间缺乏统筹。首先,条块间彼此分割、难以协调,层级之间协调困难,治理任务被层层转移到基层,基层政府承担了大量社会治理事务,街道(乡镇)与部门派出机构的职权难以协调。其次,部门之间缺乏统筹。部门各自为政,过多考虑部门利益,不愿将资源和信息共享,囿于各自的职责范围,以职责交叉、无管理职责、无执法权限等理由相互推诿,无法形成基层治理的整体合力。每个部门都有各自的基层服务机构和平台,但系统性不强,联动效果不佳。

(2) 基层党建引领社会治理能力有待加强。部分基层党建体制机制不顺畅,基层党建工作机制和工作方式缺乏创新,服务领域拓展度不够;社区党组织对社区内各类资源的整合能力不足,对社区自治的主导作用需进一步加强;社区党务工作者的整体能力素质需要进一步提升,基层党建考核方式需进一步完善。"两新"组织党组织是有别于传统体制内组织的党组织,受党员流动大、组织规模小等因素影响,在特定的环境下党组织的作用还得不到有效发挥,党建引导社会治理的能力还有待加强。

(3) 社会治理法治化进程缓慢。社会领域立法尚不完善。随着经济社会加速转型,社会矛盾和利益纠纷变得更加复杂,急需法律去规范和引导。目前,涉房产领域问题、涉众型金融问题、涉土地征用问题、涉劳资矛盾问题、涉生态环境问题等社会问题呈现出主体多元、成因多样、容易激化、处理难度增大等特点,社会组织、社会工作、社会信用、网络安全和志愿服务等方面的法规仍未健全,亟待完善。基层法治建设仍需加强。一些基层开展基层社会治理大多是依据上级文件或领导指示,法律法规支撑力度不足,法律宣传未能深入人心。基于城乡二元结构的户籍制度给基层社会治理带来很多负面影响,"一城两制""一村两制""一家两制"等不合理现象严重阻碍了基层法治进程,扩大了城乡贫富差距,限制了外来人口社会融入,激发了大量社会矛盾,给基层社会治理带来巨大困难。

(二) 多中心分析:存在治理技术落后和社会力量参与不足问题

1. 社会治理技术手段信息化程度偏低

信息化手段是支持社会治理能力现代化的基石。当前,惠州市高层建筑、大型城市综合体日益增多,城中村、出租屋、"三小"场所及民宿等各类安全问题引起关注,涉劳资纠纷、问题楼盘、土地纠纷等特殊利益上访"维权"的苗头存在隐患,以及随着大湾区一体化建设的推进,惠州市流动人口激增,这些变化都给疫情防控常态化下基层社会治理带来巨大挑战,尤其需要利用信息化手段来实现更科学、更智能、更权变的社会治理模式。

(1) 尚未建立覆盖各项基础数据的全面数据库系统。大数据时代,数据是基础。掌握好必要的基础数据是开展基层社会治理的坚实基础。如果基层社会治理底数不清，就会导致资源配置的失误，政策和措施难以有效落实。当前，很多基层“一标三实”(标准地址，实有人口、实有房屋和实有单位)的网格数据还未核实，“五全面”(全面排查采集、全面核校录入、全面融合数据、全面实时更新、全面常态管理)还未到位。很多基层出现地名不清楚、分界不清楚、界碑不清楚、人口不清楚、收入不清楚等困境。例如，惠州市与深圳、东莞、广州等地的界标多年未进行更换，损坏严重，界标更换需求的基础数据也还未进行相关统计。

(2) 现有信息系统更新换代缓慢。经过多年的建设，基层电子政务有效提高了各级政府和部门的行政效率和公共服务水平，但信息系统建设时不注重需求分析和统筹规划，造成了项目立项后推进缓慢、建设中不断调整、建成后使用率不高，系统建设水平低下，出现系统建设完成就面临淘汰的问题。在疫情防控期间，社区每天都要向不同部门、单位重复上报基础信息，充分暴露了各系统、各条线之间存在“数据缺失”“信息孤岛”“数据雪藏”问题。

(3) “全科网格”治理格局尚未成型。一方面，网格化尚未全面铺开。基层村(社区)网格化管理推进效果不明显，部门参与不足、网格划分不完善、工作推进目标不明确、网格员业务能力欠缺、职责分工不清晰、网格事务后续跟踪不紧密，与“全科网格”要求的“上面千条线，下面一张网”基层社会治理格局存在明显差距。另一方面，已建立的网格未达到预期效果。网格治理运转不畅，有效性不高。诸多部门的网格划分不一致，后台运行不兼容。部分镇(街)网格治理流于形式，信息报送平台狭窄、信息归集和处理能力弱。比如，综治中心运作无法满足防疫要求，无法统筹“一村一警”“法制副主任”等力量。

2. 社会力量激发困难

截至 2022 年 5 月 31 日，惠州市社会组织共 3 516 家，其中社会团体 1 468 家，民办非企业单位 2 033 家，基金会 15 家；全市性社会组织 892 家，其中社会团体 591 家，民办非企业单位 286 家，基金会 15 家；在各县区民政部门登记的社会组织 2 624 家，其中社会团体 877 家，民办非企业单位 1 747 家，基金会 0 家。惠州市社会组织发展迅速，但社会力量参与基层治理仍需增强。

(1) 村(居)民自治组织行政化日益严重。村(社区)从法律上定性为居民自治组织，但在实际工作中，社区准入制度执行不严，相关职能部门经常性摊派任务，不断将行政事务转移给村(社区)。村(社区)重管理轻服务，忙于各种考核、检查、评比工作，消耗了一部分为服务群众的时间和精力，难以系统、持久地给居民提供支持和帮助。另外，社区承担了更多的行政任务，但缺乏相应的管理职权和配套保障，权责不对称，严重了影响基层社会治理。

(2) 社会组织发展不成熟。社会组织存在自身发展尚不健全、缺乏诚信透明和自我监督机制等局限,有境外组织的影响和渗透,内部治理能力不强,自我造血功能不足。“枢纽型”社会组织行政色彩较强,工会、共青团、妇联等群团组织被行政异化,较难发挥枢纽作用。大多数社会组织缺乏专业的社会工作人员,运作不够流畅。志愿服务活动异化,志愿服务的专业性还不强,独立生存能力较弱,需要依赖政府支持,承担了大量的行政工作,志愿服务组织行政化严重。社会组织结构不合理。惠州市社会组织多数是行业性协会、社团和民办非企业单位,其中约 1/3 活跃、1/3 维持、1/3 处于休眠,且公益慈善类社会组织、基金会数量不足,大多集中在社区环境、社区文化、社区治安、社区教育和医疗卫生等方面。

(3) 社会力量参与社会治理缺乏配套政策。社会力量参与社会治理的社会环境尚未形成,配套的政策尚不成熟,所能整合和调动的社会资源有限,社会组织覆盖范围不广,社会服务能力不强,群众参与基层社会治理的意愿和能力不强,效果不佳。基层自治组织基本成为镇街派出机构和附庸,社会组织缺失激励和保障机制,导致组建难、审批难、运行难。

(三) 乡土底色分析:社会治理与社会变迁脱钩

改革开放前,国家通过单位组织管控城市居民生活的方方面面,农村地区在被控制在小组—大队—公社三级组织体系之下,配合严格的户籍制度和计划经济体制,形成宏观意义上的“单位制”体系,国家权力得以像毛细血管一般渗透到基层之中。改革开放以来,单位组织作为一种组织形态依然占据了重要地位,但整个单位制管理体系逐渐冰散瓦解,国家权力末端对基层的渗透和掌控能力大不如前。面对整体社会结构的转型和变迁,传统基层社会治理呈现出“悬浮”状态,即难以真正落实到群众之中,亟须打造一套能反映社会新形势的社会治理体系。

1. 农村社会走向原子化

一是基层对村民的控制逐渐减弱。随着人民公社的解体和家庭联产承包责任制的建立,村庄共同体逐渐消解,农民成为独立的个体,村集体组织失去了对农民的组织能力。二是农村“空心化”严重。改革开放以来,农村人口流动加剧,精英人群大量流入经济发展地区和城市。近年来,投入农村的民生事业的经费远远满足不了需求,农村基础设施建设与城市差距越发明显。大量外来人口涌入城市,但社会融入不够,人际关系日渐疏离,社会凝聚力减弱。三是传统宗族影响趋向瓦解。随着计划生育导致的人口减少,以及城镇化导致的人口流动,宗族已失去传统的权威和影响力,不能较好地参与乡村治理。农村人才短缺,在少数党基层组织软弱涣散的农村,不良宗族与宗教势力利用贿赂、威吓、暴力等手段，通过参与竞选等方式介入或操控基层选举，严重影响基层社会治理。

2. 城市社会走向异质化

在市场化改革和城镇化浪潮的作用下，城市社会结构发生深刻变化，单位制已基本失去政治整合、资源调配和社会治理功能，人民群众的利益诉求日益多样，个人与国家之间的社会联结弱化，传统城市基层治理体系面临“失灵”的困境。社会走向原子化与异质化，对治理提出了一个最重要的难题，即如何重新建立现代人与人之间、人与公共生活之间的连接纽带，打破日益区隔化、碎片化的社会群体之间的壁垒，不仅从组织上，而且要从心理情感层面实现社会有机团结。

3. 治理本土化特色较弱

目前，在社会治理领域存在一种“拿来主义”现象，即对其他地区的社会治理理论和方法，拿来可借鉴之处，去除相抵触之处，而甚少从实践和理论的层面反思这些外来理论和方法的适用方法、生长土壤。对于基层政府而言，其他地区“高大上”的经验值得借鉴，但更重要的是从自身多年的历史传统和地方文化中汲取营养，合理利用各种异质多样性和特定情境要素，发挥本地居民的主体性，激发他们参与本地治理的热情和信心，探索更具有本土化特色的治理方式。譬如在拥有强大宗族传统的村庄，可以适当重新整合宗族的力量，发挥宗族网络的作用，将离散的人重新连接起来。对于传统文化氛围浓厚的地区，可以专注打造文化凝聚力和向心力，填补现代人们精神生活的空虚与苍白。

六、构筑多层多中心的惠州市基层治理格局

多层即指纵向上承接国家、省、市、县、村的机制构建、政策变化和发展脉络，多中心即指横向上链接党委、政府、社会组织、企业、个人等多元治理主体、角色定位等，乡土即指找寻惠州自身的基层治理历史沿革、变迁发展、特色亮点、现状短板等，多层多中心和乡土进行深度对接，让基层治理理念扎根乡土，从而衍生出相应的治理模式。多层多元中心协同治理模式主要借鉴了多层治理理论，多层治理理论将决策过程分为政策提出、政策决策、政策实施和裁决等几个阶段，通过研究次政府行为体的行为，得出其不仅可以影响国家层面的决策，而且它本身可以独立发挥作用。

所谓多元，主要强调社会治理的深化导致权威的分散化，权力向两个方向转移：第一，在垂直方向向其他层面转移；第二，在水平方向向非政府行为体转移。为了解释上述现象，一些学者提出多角度治理、多元中心治理，即既不忽视国家权力转移的现实，也不夸大国家权威分散的后果。该模式主要强调多元治理行为体之间的互动关系，而且多元主体分属国家、地方等不同层次，因此它们之间的互动也是不同层次之间的互动，从而形成一个互动体系，而互动的目标则是实现协同治理。

综合来看，多元多层协同治理模式具备以下几个特征：第一，权威的分散化。一是权威在国家、地方政府、基层之间的扩散；二是权威在国家行为体与非国家行为体之间的扩散；三是权威在国家层次与社会组织层次之间的扩散。第二，治理体系的多层互动。多元多层协同治理模式在治理体系方面主要涉及国家层次、地方层次，上述这些层次都具有不同的优势和特点，也分别从宏观、中观、微观等层面影响着治理结构和进程。另外，治理体系的互动还包括不同议题领域的相互渗透与交叉。第三，以平等、有效、共赢为价值目标。多元多层协同治理模式强调主体之间地位的平等、权利的对等；同时，更关注治理效果的实现，尤其是在目前基层治理绩效不佳的情况下，如何使治理有效、有价值变得更为重要。最后，强调以实现共同利益为目标，推动合作共赢。第四，强调协同增效的合作方式。多元多层协同治理模式在治理方式上非常重视各类主体的功能划分与优势互补，充分发挥各类、各层次治理主体的比较优势。现实中，权势、知识和资源往往被不同的治理主体所掌握，而治理效果的实现必须依靠多种资源，因此需要各类治理主体的协作，来实现资源的交换，进而实现整体大于部分之和的效果。第五，以制度化建设为主要内容。新型的治理模式还要求在治理机制方面的健全和规范，改变目前治理机构松散、庞杂、低效的状态，真正实现高效、互动、协同、规范的治理结构和体系。

习近平总书记的重要讲话精神和国家社会治理的政策举措为惠州市基层社会治理指出了明确的奋斗方向，粤港澳大湾区建设为惠州市基层社会治理提供了强大的发展动力，一流城市的建设成果为基层社会治理提供了坚实的物质保障。因此，惠州要构筑以乡土为底色多层多中心的基层社会治理格局，推动社会治理质量变革、效率变革(图 3-1)。

(一) 加强多层级管理，完善以市域为视角的基层社会治理体制

多层治理将决策过程分为政策提出、政策决策、政策实施等几个阶段，通过研究下一级政府行为体的行为，得出其不仅可以影响国家层面的决策，而且它本身可以独立发挥作用。这样的理论视野下，结合其政治地位，在一个多层次的政治框架中得到对其行动范围的明确界定。因此，为了畅通国家—省—市—县—村(社区)的治理政策脉络，达到由上至下和自下而上的双向互动的效果，惠州市结合自身特点和存在问题，进一步转变治理理念，加强社会治理顶层设计，统筹推进城乡一体化，以全周期管理为理念实现事前、事中、事后闭环管理。

1. 以人民为中心进一步转变治理理念

习近平总书记指出："治理和管理一字之差，体现的是系统治理、依法治理、

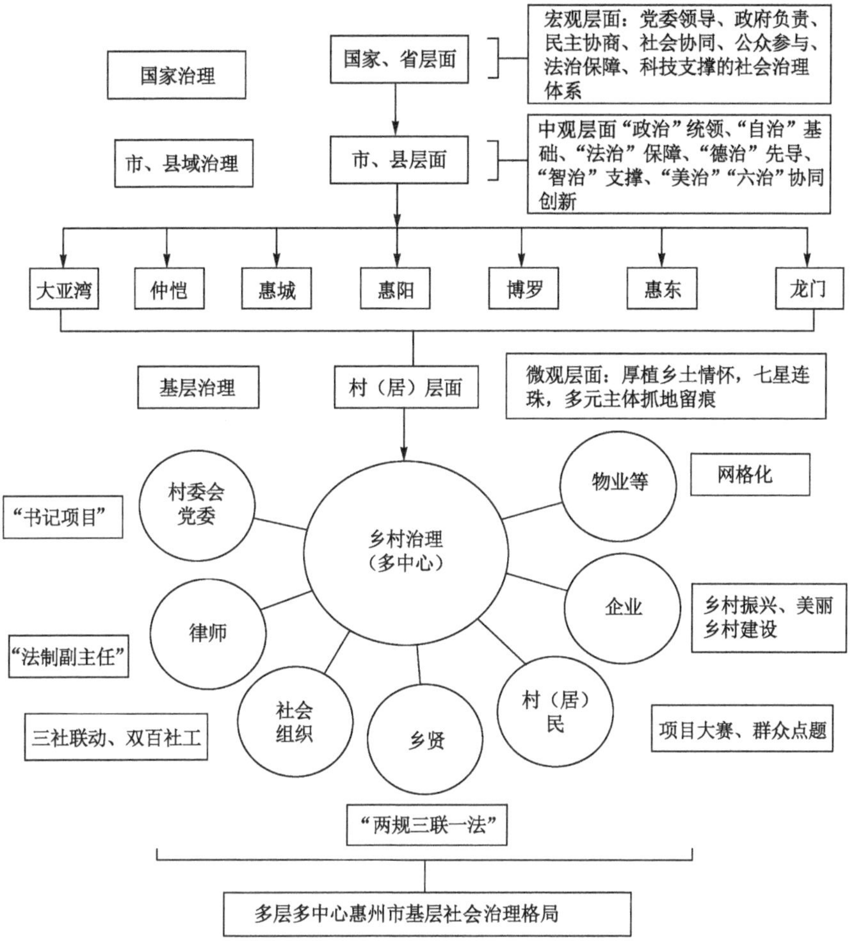

图 3-1　多层多中心惠州市基层社会治理格局

源头治理、综合施策。"[①]"坚持以人民为中心，必须把增进人民福祉、促进人的全面发展作为一切工作的出发点和落脚点。"[②]各级领导应当学习和贯彻习近平总书记提出的以人民为中心的社会治理理念，不断提高系统治理意识，识大体、顾大局，不能只顾部门或个人利益。正确分析改革的成本与收益，特别是防止社

---

① 中共中央宣传部. 习近平总书记系列重要讲话读本[M]. 北京：学习出版社、人民出版社，2014:116.

② 中共中央文献研究室. 习近平关于社会主义社会建设论述摘编[M]. 北京：中央文献出版社，2017:16.

会治理中出现的“短视思维”和“功利主义”，加快推进重点领域和关键环节的改革步伐。要牢固树立依法治理理念，使法治理念、法治精神内化于心、外化于行。要提高源头治理意识，防范化解市域社会治理重大风险。中医讲“治未病”，孙子兵法讲“上兵伐谋”“善战者无赫赫之功”。增强危机意识，切实改变重事后处置、轻源头管理的思想。要提高综合施策意识。要充分运用法律手段、行政手段、经济手段、道德手段等各种手段，有效整合各种资源，激发社会活力，化解社会矛盾。

要进一步转变政府职能，构建服务型政府。基层社会治理要保障公民的知情权、参与权、表达权、监督权，要着眼于解决最突出的经济社会矛盾，要关注弱势群体，集中解决严重的经济失衡、社会失衡、城乡失衡、区域失衡问题。要紧紧围绕群众关心的住房建设、医疗救助、交通出行、就业安置等热点问题，不断加大资金投入和基础设施建设力度，让群众得到更多实惠。要推广霞角村的经验，每年进行“书记项目”十件实事，以“群众点题、书记领办”为原则，倾听民众心声，扎扎实实为群众做实事。

要贯彻好党的群众路线，让人民群众的聪明才智成为社会治理创新的不竭智慧源泉。要搭建多方参与协商议事平台，全面落实重大事项决策“四议两公开”机制，健全和完善基层群众利益诉求表达机制。要邀请人民群众参与、听取事关群众切身利益的重大事项的讨论决定，使人民群众了解到公共事务的决策程序与社会治理的具体进程，真正参与到社会治理之中，承担起应有的责任。

2. 以“十四五”规划为契机加强社会治理顶层设计

谋局必先谋势，谋定方能后动。一流城市需要一流规划，良好的顶层设计是社会治理成功的基础保障。“十四五”时期是惠州市加快推进社会治理现代化在新的起点上，加快推进市域社会治理试点探索、推进高质量发展、开启社会主义现代化建设新征程的关键时期，惠州市要打造面向全球的创新中心，深度参与粤港澳大湾区建设将使惠州的城市架构、人口结构发生深刻变化，旧的基层治理方式日益显现出其自身的局限性，而只有一流的基层治理新秩序，才能为惠州的转型升级提供动力支撑。惠州市各级党委、政府一定要积极思考基层出现的新情况新变化，做好“十四五”规划顶层设计，要建好基础制度，建立完善社会治理基本制度、运行制度、保障制度，注重健全人口信息、社会信用等基础性治理制度，提高社会基础管理规范化水平。要管好基础要素，围绕人、地、事、物、网、组织等社会治理基础要素，摸清底数、精准施策，提高社会基础管理精细化水平。要以政务服务及业务部门专项应用需求为抓手，升级拓展惠州市政务信息共享与交换平台，建成与广东省政务大数据中心平台统一数据资源体系、统一交换、统一服务、统一目录、统一需求管理、统一门户的惠州大数据中心分节点，形成惠州市基础库、主题库、专项库等各类数据资源库，实现跨部门、跨地区、跨层级数据信息互联互通，为提升政府内部运作效能、改善民生服务、优化营商环境提供有力支撑。

要抓好基础环节，堵漏洞、补短板、固底板、锻长板，提高社会基础管理效能化水平。要通盘考虑、统筹推进，针对薄弱环节，大胆改革创新，全力推动基层治理转型，逐步构建起新型基层治理体系，走出惠州特色的基层治理转型之路。

3. 以市域治理理念为指导统筹推进城乡一体化

市域作为城市和农村两种社会形态的结合体，是统筹推进城乡一体化的有效载体。市域具有承上启下的枢纽作用，对上承担贯彻党中央决策部署的重要责任，对下指导基层一线工作，是推动基层治理的组织者、领导者。市域社会治理的“市域”应该主要是指地级市，市域社会治理是指在市域范围内解决人民内部矛盾、社会治安、公共安全、国家安全、基层社会治理等社会问题的治理过程。习近平总书记明确提出，要把市域社会治理现代化作为社会治理现代化的切入点和突破口。惠州市要以市域治理为指导理念，统筹推进城乡一体化。

一是要推动城乡二元的户籍制度改革。反思此次疫情以极快的速度从一个城市扩散到全国，最重要的原因是人口大规模流动，这是传统城乡二元的户籍制度导致的严重后果。在人口红利逐步消失、劳动力成本上升的情况下，作为新型城镇化核心的户籍制度改革，有助于推动农村剩余劳动力继续向城市转移，以此增加劳动力供给，提高潜在经济增长率。惠州要尽快改革过时的户籍制度，进一步放宽城市落户条件，进一步改革生育制度，鼓励家庭生育，稳定家庭结构。要增强外来人口的归属感和融入感。让外来人口在城市中享有更均等的公共服务，推进城镇基本公共服务向常住人口全覆盖。在就业、就医、子女教育、养老、住房等方面享有同等的基本公共服务，解决随迁子女教育和医疗问题，稳定人才就业和居住，让他们共享经济社会发展成果。鼓励外来人口参加村(社区)“两委”选举，加强外来人口自治组织建设，提供外来人口参与基层社会治理平台，增加外来人口参选比例，充分提升外来人口的参与基层社会治理的意识和能力。

二是要大力推进基本公共服务均等化。全市进一步完善镇、村两级政务服务平台建设，整合优化网点布局，将政务服务资源延伸下沉，在全市范围内打造“15 分钟政务服务圈”，力争综合服务设施全覆盖。要大力推行“惠民空间”社区改造项目，解决城市老旧社区基础设施老化、管理服务不到位、矛盾纠纷多等现象，按照“政府主导、社会协同、公众参与”的思路，由政府主导推进，公益性社会组织资助和承担实施改造任务，社会工作服务机构和社区群众广泛参与，打造共建共治共享的社会治理格局。在农村，农村社区体系普遍存在服务布局整体失衡、服务设施不足、服务供给与服务需求不对等问题。要充分调动农村发展活力，想办法引进、培养和留住人才。坚持走科技兴农、产业兴农、教育兴农之路，要树立城镇带动农村、工业反哺农业的理念，加快农村公共服务设施建设，加大农村居住环境整治力度，建设城市和乡村的快速交通网络，提高农村生活的便利度和幸福感。在乡村规划建设之初，政府就要强化教育、医院、社区服务中心等关键社区空间资源，增强功能配置，建立完善的社区服务体系。要以乡村旅游产业为契机，大力推动基本公共服务项目向农村社区延伸，进一步提高农村的公共服务水平，缩小城乡发展差距，提高农村村民的获得感和荣誉感。

三是要优化基层干部队伍结构。鼓励基层干部参加继续教育，接受成人学历教育的同时要注重将优秀高校毕业生选聘到农村担任村官，培养大学生村官，要创造有利条件和优惠政策让大学生能够在乡村振兴大环境中找到自身的价值定位，大学毕业生去农村创业就业，能够有所作为。支持他们长期扎根基层，成为农村基层社会治理的中坚力量。

4. 以全周期管理为理念实现事前、事中、事后闭环管理

任何事物的发展都有过程和周期，在这其中不同阶段需要处理的问题不同，同一个阶段不同环节需要解决的问题也不一样。以某件事情为中心，也涉及事情和任务处理的事前、事中、事后等阶段，其中工作侧重点存在着差异。突发事件事前管理的要旨是预防，要努力做到防微杜渐。事中管理在早期阶段重在反应迅速、措施得力，事中管理的后期阶段要做好善后统筹工作。事后管理需要高度重视总结经验教训，针对出现的问题，认真查找存在的薄弱环节，补短板、堵漏洞、强弱项，不断健全完善体制机制，更好地提升治理能力和治理水平。全周期管理要求实现信息的有效传导，不出现信息传导失真或错误。大亚湾要形成“信息采集—上报—研判—分流—处置—反馈—检查”闭环运作，提升智能协同协调能力。

（二）加强多中心治理，健全以党委为核心的基层社会治理方式

多中心治理是以自主治理为基础，允许多个权力中心或服务中心并存，通过相互合作给予公民更多的选择权和更好的服务，减少了“搭便车”行为，避免“公共的悲剧”和“集体行动的困境”，扩展了治理的公共性。多中心治理理论是由西方学者创立的，但是可借鉴西方有关治理的理论模式，结合我国的具体国情来探索具有本国特色的治理模式。中国共产党非常重视发挥不同治理主体的治理作用，并注重发挥各治理主体之间的协同作用，以实现治理效果的最优化。当前，采用多中心协同治理模式，可以充分发挥各治理主体的优势作用，利用各方资源，调动各方积极性，从而形成协同效应，实现有效治理。惠州市基层治理应在以党委领导为核心的前提下，积极完善党委领导、政府负责、民主协

商、社会协同、公众参与、法治保障、科技支撑的社会治理体系，建设人人有责、人人尽责、人人享有的社会治理共同体，确保人民安居乐业、社会安定有序。结合实际情况，惠州市应以“一核多元”为理念重塑基层社会治理体系，以人大职能发挥为突破口推动社会治理法治化，以社会主义核心价值观为根本推进社会心理体系建设，以综治中心为枢纽提升社会治理智能化。

1. 以“一核多元”为理念重塑基层社会治理体系

探索以推行党委政府主导，社会力量运作，多方协同参与的“一核多元”新型现代基层治理模式。

一是充分发挥党组织领导和战斗壁垒的作用。社会治理涉及面广、工作量大，要将社会治理工作纳入党委政府议事日程中，做到同规划、同部署、同调度、同考核，要整合一切有利资源、调动一切有利因素，及时解决人民群众的实际问题。要加强基层党建工作，改进干部政绩考核机制，完善专业技术人才的使用机制。要着力提高基层党员干部的政治素养，改进干部政绩考核工作，引进专业人才充实干部队伍，要选优配强支部书记，发挥支部堡垒作用。要坚持党建带群建，充分发挥群团组织政治引领、示范带动、联系服务的桥梁纽带作用，充分调动群团力量参与社会治理的积极性、创造性，引领群团组织投身到社会治理实践中。基层党组织要组织团结带领广大党员干部群众，要建立“干部重点包村、党员示范带头、群众自觉参与”的工作模式，实现基层党建社区网格化全覆盖。以点带面，实现有关单位、行业及各领域党组织的有效联动，构建区域统筹、条块协同、上下联动的新体系，促进新型自治共治法治全面提升，利用社区治理载体，形成信息互联互通、资源整合共享、工作协调联动的新局面。

二是进一步转变政府职能。惠州市应着重放开激活社会组织管理，让更多的人参与社会化自治组织。政府要履行好社会治理的基本职能，深入推进“放管服”改革，解决好越位、缺位问题，增强政府公信力和执行力。要适应社会结构多元化、公共服务需求多样化的新趋势，完善政府向社会分权放权政策、社会组织培育扶持政策、社会工作者激励保障政策。要制定出政府职能转移目录和政府购买服务的配套机制，把政府公共服务依法转移给社会力量来承接。要加大对社会组织的培育和扶持力度，出台更多社会组织税收优惠政策，进一步增强社会组织的资金整合能力，拓宽社会资源的整合渠道。发挥社会组织在基层社会治理中社会协同作用，通过政府购买服务的手段，建立公共服务多元供给模式，健全政府购买服务的绩效评估制度，完善社会协同联动机制。要加大社会组织力度，进一步完善社会组织年报制度，加强社会组织信息公开力度，提高社会组织自我治理和社会服务能力。

三是加强社区、社会组织、社工、社会资源及社区自治组织的“五社”联动机制。构建以提升社区治理能力、建设“共治共建共享”的社区治理共同体为目标，坚持党建引领，社区居委会（村委会）发挥组织作用，以社区为平台、以社会工作者为支撑、以社区社会组织为载体、以社区志愿者为辅助、以社区公益慈善资源为补充的现代社区治理行动框架。习近平总书记指出，社会治理是一门科学。一个好的社会，既要充满活力，又要和谐有序。动员组织社会力量共同参与，努力实现社会既生机勃勃又井然有序。要进一步激活社区居民自治，更加注重业主委员会和物业管理在社会治理中的重要作用。大力培育以社区骨干为带头人的群众性组织和议事协商载体，通过队伍培训培育、社区社会力量孵化等方式，引导群众依法、理性、有序地参与社会治理。鼓励用社会工作理念和方法来改进社区管理，加强社会工作专业人才队伍建设，加大对社会工作服务机构的扶持力度。要完善志愿者招募、注册、记录等相关配套政策，提高志愿服务管理信息化水平，鼓励各县（区）大力发展壮大注册志愿者队伍。依托乡镇（街道）社工站为平台，通过“社工＋志愿者”联动模式，为社区困难群众开展形式多样、丰富多彩的志愿服务，提升社区志愿者服务意识和志愿服务水平，满足群众多层次多样化服务需求。

四是健全完善社会矛盾多元化解机制。要增强忧患意识和底线思维，居安思危，既要高度警惕“黑天鹅”事件，也要防范“灰犀牛”事件；要创新机制，按照“党建引领、党员示范、群众参与、全民防控”思路统筹力量资源，完善工作机制，构建以基层党组织为核心、群团组织为纽带、各类社会组织为依托的治理格局；要进一步加强社会稳定风险评估，从源头上减少和消除风险隐患，解决信访维稳难题，大幅减存量、控增量。要严密防范化解疫情暴露和衍生出来的重大风险，坚持“外严防输入、内严防反弹”策略，抓紧抓实抓细常态化疫情防控工作，严防涉疫情经济社会领域风险叠加传导放大，加强重大疫情和公共卫生应急体系建设，巩固疫情防控成果；要坚决落实安全生产专项整治行动，建立事故隐患排查和安全预防控制体系，提升安全生产治理体系和治理能力现代化水平，实现各类生产安全事故起数、死亡人数“双下降”，有效遏制较大事故，坚决守住不发生重特大事故的底线，安全生产形势持续稳定；要深刻把握新时代戒毒工作基本规律，以全力提升教育戒治质量为目标，以科学化专业化为方向，通过“智慧戒毒”信息化系统平台，提高吸毒人员科学戒治率，加强延伸社会戒毒人员管理方式，助力营造共建共治共享社会治理格局；要逐步构建集打防管控于一体的社会治安“大防控”工作格局，不断完善点、线、面相互支撑、相互策应的治安防控网络，落实“一村（居）一警”警务工作机制，及时排查、依法化解各类社会风险和矛盾隐患。

2. 以人大职能发挥为突破口推动社会治理法治化

加强和创新社会治理就要始终“坚持党的领导、人民当家作主、依法治国有机统一”，把人大工作放到推进民主政治和国家治理的全局中去思考，以看得见、摸得着、可感知的履职作为，着力推动解决人民群众最关心最直接最现实的重大利益问题，避免社会矛盾累积与蔓延，努力增加社会和谐因素。

“法律是治国之重器，法治是国家治理体系和治理能力的重要依托。”①社会治理创新工作只有在法治框架下进行才会有持久的生命力。惠州市人大要坚持依法治市，夯实法制基础。要积极推动社会领域的立法工作，发挥法治对社会治理的引领和保障作用。要完善公共法律服务体系，发挥执法司法规范社会行为、引领社会风尚的重要作用。要深入研究生产安全、生态环境、食品药品等领域执法困境。加强产权司法保护，健全涉企错案甄别纠正的常态化机制，推动形成明晰、稳定、可预期的产权保护制度体系。深化“法制副主任”制度改革工作，要加大宣传教育力度，要加强对法制副主任的教育培训，进一步强化责任感和自觉性，改进服务方式，拓展服务内容，提高服务质量和水平。完善社会组织相关法律法规。要进一步加强相关领域法律法规建设，进一步推动社会组织发展，增加其参与社会治理和服务社会的能力。完善公共应急预案，加强公共卫生立法工作，借鉴抗击新冠肺炎的经验教训，构建有效的防控法律体系，为以后应对公共危机提供坚实的法治保障。

人大要加快推进依法治市建设进程，监督和支持“一府两院”依法行政、公正司法，为促进社会治理奠定了良好的法治环境。习近平总书记指出，深化司法体制改革，加快建设公正高效权威的社会主义司法制度，是推进国家治理体系和治理能力现代化的重要举措。要加快推进政法领域全面深化改革，在更高起点上推动改革取得新的突破性进展。充分发挥公益诉讼检察职能作用，打好生态环境和食品药品安全等重点领域损害公益问题的攻坚战。加强行政检察与行政执法监督衔接，实现检察监督与行政机关内部监督的有机贯通、互相强化，有利于促进公正司法和依法行政，为惠州经济社会发展提供良好的法治保障。人大把备受广大人民群众关注的社会治理工作作为重要监督议题，督促政府坚决杜绝社会治理行为中的错位、越位、缺位等现象的发生，积极促进政府社会治理行为的法治化。

3. 以社会主义核心价值观为根本推进社会心理体系建设

“国家治理体系和治理能力的一个重要方面体现在培育和弘扬核心价值观

① 中共中央文献研究室.习近平关于全面依法治国论述摘编[M].北京：中央文献出版社，2015：6.

方面”①。国家治理体系和治理能力的一个重要方面体现在培育和弘扬核心价值观上。受新冠肺炎疫情影响，社会心理危机突显。要大力弘扬社会主义核心价值观，加强思想教育和道德教化，让全社会充满正气正义。要以社会主义核心价值观为统领，打造具有中国特色、彰显时代精神的德治体系，让社会和谐稳定建立在较高的道德水准之上。要深入挖掘中华民族优秀传统文化，大力弘扬红色革命传统，用社会主义先进文化陶冶道德情操，用道德滋养法治精神。要加强社会诚信体系建设，弘扬真善美、曝光假恶丑，引导群众崇德向善、见贤思齐。要将社会主义核心价值观融入法律法规、村规民约、家规家训；用好身边资源写家风，转变群众视角讲家风，融入乡风民俗传家风，丰富思想道德建设新载体，形成倡导良好家风的良好氛围。

要将社会主义核心价值观融入社会治理体系、精神文明建设，融入社会心理服务体系建设中。坚持以人为本，全面开展社会心理服务体系和疏导机制、危机干预机制建设，培育形成自尊自信、理性平和、积极向上的社会心态，建立健全党政领导、部门协同、社会参与的工作机制，搭建社会心理服务平台，将心理健康服务纳入文明城市评价指标体系。

2017 年 9 月，人社部公布了新的《国家职业资格目录》，心理咨询师职业资格认证未被列入其中，也就意味着经历了整整 15 年的“心理咨询师国家职业资格考试”被正式取消了，目前社会工作者成为社会心理体系建设的重要专业力量。要改革社会工作者的使用办法，明确社工薪酬，开发体制内社工岗位。要加强社会工作专业人才教育培训，推进社工人才队伍建设，充分发挥社会工作专业人才队伍在基层服务、心理疏导、社会心理矫正、人民调解等方面的优势。要充分调动多方专业力量，共同介入疫情后的心理危机介入工作，要组建专业的心理干预队伍，提升心理健康服务能力，推进心理危机干预和心理援助，积极开展职业人群、教师和学生心理健康教育和心理服务，关注未成年人心理健康。要为重点人群建立心理健康档案，解决其心理困惑与矛盾，全面提高群众的心理素养和社会心态。

4. 以综治中心为枢纽提升社会治理智能化

习近平总书记提出：“要加快运用网络信息技术，推进社会治理”②。要以综治中心为枢纽纵向打造善治指挥链，努力打造权责明晰、高效联动、上下贯通、运转灵活的社会治理指挥体系。综治中心是新时代基层社会治理的组织模式

① 习近平．习近平谈治国理政[M]．北京：外文出版社．2014：104．

② 习近平在中共中央政治局第三十六次集体学习时强调：加快推进网络信息技术为主创新　朝着建设网络强国目标不懈努力[N]．人民日报，2016-10-10(1)．

和运转平台，承载着统筹协调推进社会治理工作，特别是平安建设各项措施在基层落地运行的重要职能。

一是要构建“市域—县域—镇域—村(居)域—基础网格域”五级综治中心网络，打造成为基层社会治理的指挥调度中心、信息应用中心、预测预警中心、防范处置中心和为民服务中心，把网格化服务管理打造成基层综治中心建设的坚实底座。充分调动五级网络的积极性、主动性、创造性，使五级责任人和责任机制成为市域治理的发动机。

二是要以“数字政府”建设为抓手，加强顶层设计和组织统筹，加强大数据法规制度、标准规范建设，加大政策支持、人才培养、资源共享力度，优化整合科技资源。要坚持统筹谋划，统一基础参数标准，吸收现有成果，处分考量疫情防控的实际需要，打造视域治理现代化的智慧平台、指挥体系和评价体系。要推广浙江成功经验，建立网络风险综合治理体系，推动政府内部信息共享，采用“大数据＋网格化”方法实时监测分析社会动态，利用大数据来调查群众需求、预判社会问题，发挥预防、监测和辅助决策作用，提高网络治理水平。加强大数据智能化运用，打造人工智能中枢“社会治理大脑”——社会治理大数据中心系统，建设大数据公共服务平台，增强工作的针对性和实效性。要加强网络综合治理，提高用网治网水平，善于运用网络新媒体讲述惠州好故事、传播惠州好声音，引导舆论、动员群众，开展网上舆论斗争，使互联网这个“最大变量”变成社会治理的“最大增量”。

三是要进一步探索推行全科网格化基层社会治理。网格是市域社会治理的最基本单元。要认真吸取新冠肺炎疫情防控的经验教训，进一步厘清政府与社区的职责边界，梳理社区事务，剥离不合理的行政审批、行政监管、政务服务等政府事务。实化最小最基层网格，让网格划分更科学、更实效管用。要固化网格，要总结网格联防联控中实化最小最基层网格，及时增加、不断优化网格防控内容，更新防控手段，进一步提升基层网格的系统性、科学性和适用性。要进一步加强网格员队伍的培养力度，建立稳定的专兼职队伍，建立网格员的考核评价和激励机制，拓展职业发展空间。要完善网格化信息安全管理和保密制度，确保管理信息不泄密，人民群众的隐私得到合法保障。

(三) 加强乡土文化培育，增强以文化规训为根基的基层社会治理路径

费孝通先生指出，中国的基层社会是乡土性的。传统乡村治理结构在当前乡村社会仍然在发挥作用，随着市场化和城市化进程的深入，传统资源配置机制的弊端在逐渐弱化，而其有利的一面依然保持。经济发展进程本身会自动淘汰传统资源配置机制的糟粕，保留其有利的一面。因此，政府可利用传统乡村治理结构中有利的一面，与之良性互动与配合，无须急于去取代它，但要警惕基

层政府的滥权之害。惠州市仍然存在大片的农村地区，仍然保持着很强的乡土性，即使已经转变为城镇的地区，但在文化上、传统上、制度上仍然是乡土性的。因此，结合地方实际，惠州市应以“乡土文化”为根基孕育基层治理效能，挖掘出具有惠州特色的乡规民约，引导乡贤力量共同参与基层社会治理，培育具有岭南特色的惠州基层社会治理模式。

1. 以惠州特色文化为根基增强基层社会治理的自治功能

基层社会治理要凝聚乡村文化建设主体力量、建立村规民约、发扬乡村自治组织的作用，将文化融合在乡村治理的全过程，促进乡村治理能力现代化建设，促使社会主义文明乡村的美好蓝图早日实现。要落地落实中央政策文件要求，扩大“六治”协同试点探索，适时推广。注重用“美治”寻求社会治理最大公约数，实化惠州“网格治理”措施，鼓励“和美社区”“和美网格”创建。运用历史思维、辩证思维，从中华民族发展轮回和世界变革中，发掘中华文明及其“美治”基因，如血亲、宗族、礼乐、尚武、科技、崇美、机变等，不断丰富“政治、自治、法治、德治、智治”内涵，培育乡土美治土壤。关心村居民的生老病死和进退荣辱，以治理思维重构乡土认知，更多地融入、转化传统乡土理念和精神，探索城乡互鉴、无差别的城乡乡土治理方式，构建惠州地域特色的乡土与乡愁。加强治理“国际化”概念研究，更多地借鉴世界先进的治理理念和范式，遵循国际惯例，创制惠州特色的国际范式。加强调研成果转化，用规划引领惠州市域治理稳步推进。文化的力量能够为基层社会治理注入持久的精神动力，有效引导居民的行为，从而巩固基层社会治理的根基。

2. 引导乡村社会组织参与基层社会治理

乡村宗族的存在即是乡土人情在中国基层社会的延续，对于维系家族、邻里、社区等人际关系具有非常重要的作用。宗族中产生的天然领袖是传统和风俗的代言人，代表着基层民众最朴素的情感和生活诉求，不能简单地定性为封建迷信，应当予以足够的尊重和理解。宗族是农村地区影响基层社会治理的一支重要力量，要尊重他们的利益代言角色。要有效引导宗族参与社会治理，发挥宗祠正能量，把宗族精英力量纳入基层社会治理体系中。发挥乡贤文化的影响力，充分发挥好乡贤引领、示范、协调的作用，积极引导乡贤在参与乡村协商议事、协助纠纷调解、促进村民自治、等方面发挥作用。同时也要利用法律、行政、经济和道德等多种手段来引导宗族组织，尽量减少宗族对基层社会治理的负面效应。乡村社会组织的发展壮大，能够为村委会等基层组织分担许多社会性事务，开展各种丰富多彩的公益服务活动，发挥了我国守望相助，邻里一家亲的传统美德，让社会能够形成友爱互助的良好治理氛围。

3. 以高校智库为平台加强乡土社会治理的研究

深入开展与高校智库合作，坚持“学、研、用”结合原则，深入研究社会治理现代化的重大理论和实践问题，提出更多创新性理论观点和突破性对策举措，助推基层社会治理体系和治理能力现代化，实现优势互补、资源共享、发展共赢。利用高校智库积极开展基层社会治理的研究工作，收集整理全国以及惠州市社会治理优秀案例，介绍惠州以及全国各地的成功经验；不断立足惠州，以本地区的基层社会治理实践为样本，长期深入地探索和研究，开展政策咨询和制度设计、政策论证和风险评估。为探索惠州市治理实践新路径提供智力支持；依托高校智库积极开展基层治理的评估工作。运用第三方专业评估方法，制定市域社会治理现代化指标，定期对 7 个县区基层政府治理能力和治理过程开展动态评估，对社会政策开展效果评估。引入专业民调技术和大样本追踪调查等方法，定期开展居民满意度调查和其他社情民意分析，收集居民关于社会治理方面的建议意见，撰写相关政策建议。要注重对满意度结果的运用，及时核实群众满意度测评反馈的问题，针对客观问题立查立改，严督实导，突出实效，提升居民获得感、幸福感、安全感。

4. 培育具有岭南特色的惠州基层社会治理品牌

充分尊重乡村自然禀赋和地域文化特色，合理借鉴成功案例，提升审美能力，坚持从实际出发，遵循乡村发展规律，科学把握乡村多样性、差异性，做好顶层设计，注重规划先行，用美丽规划引领乡村发展。结合传统节日、民间特色节庆、农民丰收节等，因地制宜广泛开展乡村文化体育活动。挖掘培养乡土文化本土人才，注重文化场地设施统筹安排，打造文化长廊、文化团队、文化活动、文化产业品牌，推动文化创意及文化产业发展，促进传统文化资源与现代消费需求有效对接。按照“一村一品、一村一景、一村一业”的错位互补和协同发展格局，培育具有岭南特色的惠州文化品牌。开展珍视历史传承，永续乡村文脉，守护文化生态，留住美丽乡愁的“美丽惠州”和“最美网格村、社区”创建活动，评选乡村“十美”，打造挖掘一批生态美、村容美、庭院美、生活美、乡风美的美丽乡村。统筹推进乡愁印记保护工作，挖掘收集保护乡村社区历史，活化老村老街老建筑。着手开展对旧民宅、古旧祠堂、名木古树、古遗迹、民俗文化、文化遗产等的发掘、保护和规划设计，把民族民间文化元素融入乡村建设，深挖历史古韵，弘扬人文之美，重塑诗意闲适的人文环境和田绿草青的居住环境，重现原生田园风光和原本乡情乡愁。因地制宜建设村史馆、农耕文化馆、家风家训馆、好人馆等。惠州的基层社会治理必须生成属于自身的特色做法，才能最终形成自己的治理品牌，贡献出惠州的智慧。而这些特色做法的产生都依赖于基层社会治理实践深深植根于岭南地区的乡土社会之中。

主 体 篇

惠州市基层治理参与主体的经验总结和模式提炼

第一章　惠州市综治中心发展现状及对策

习近平总书记指出，平安是老百姓解决温饱后的第一需求，是极为重要的民生。创新社会治理，要以最广大人民根本利益为根本坐标，从人民群众最关心最直接最现实的利益问题入手。要树立安全发展理念，弘扬生命至上、安全第一的思想。综治中心是新形势下创新社会治理、深化平安建设、维护社会稳定的重要平台抓手，是新时代基层社会治理的组织模式和运转平台，承载着统筹协调推进社会治理工作，特别是平安建设各项措施在基层落地运行的重要职能，是实现基层社会治理"一张网"，打通基层治理"神经末梢"的关键所在。

一、惠州市综治中心建设运行现状

根据国家《社会治安综合治理综治中心建设与管理规范》的要求，综治中心的主要职能包括：第一，依托综治信息系统等，建立统一的服务管理平台，对辖区内群众有关社会治安、矛盾纠纷方面的求助、投诉和有关矛盾纠纷联动受理、处理、督办、反馈，明确责任单位和责任人，做到统一受理、集中梳理、归口管理、依法处理、限期办理。第二，组织协调社会治安防控体系建设，落实服务管理、社会治安、预防青少年违法犯罪、校园及周边治安综合治理、护路护线联防等工作任务。第三，组织开展法治宣传教育，开展平安村（社区）、平安家庭等基层平安细胞的创建活动。第四，组织协调辖区内的矛盾纠纷多元化解工作。第五，组织实施网格化管理，加强网格员队伍建设，收集、了解社情民意。第六，发展壮大平安志愿者、社区工作者、群防群治队伍等专业化、职业化、社会化力量。近年来，惠州市切实抓好综治中心规范化建设，统筹推进，明确功能定位，切实发挥作用，把县（区）、镇（街）、村（社区）综治中心打造成为基层社会治理的指挥调度中心、信息应用中心、预测预警中心、防范处置中心和为民服务中心，把网格化服务管理打造成基层综治中心建设的坚实底座，有效提升全市基层社会治理能力和水平，进一步增强人民群众获得感、幸福感和安全感。

（一）党建引领取得显著成效

1. 党建引领促进网格治理体系建设

2021 年，我市将"三级综治中心"建设纳入 2021 年市委党建重点实事和年底书记抓党建述职评议考核的重点内容，按照高标准布局、分步骤实施的原则，完善"三级平台"党建阵地建设，强化乡镇（街道）基础平台与市、县（区）综治中心高效衔接互动，构建形成市级统筹协调、县区组织实施、镇街强基固本、村居群防群治、基础网格管理的五级联同治理责任制。

2. 统筹综治中心与综合执法部门协同治理

全市各县区根据相关文件要求，结合自身的情况，初步开展了党政组织架构组建工作。结合乡镇(街道)机构改革，建立综合行政执法委员会，梳理综治执法协同办理清单，科学量化考核指标，明确综治中心与综合执法分工合作职责，完善集中办公模式和议事制度，全面整合网格社会治理、各类专业执法系统和各类政务为民服务在线系统，建立线上协调机制，高效提升风险研判和应急联动处置能力。镇(街)层面基本完成了由镇党委书记担任镇专项工作领导小组组长的专项工作领导小组的建设。

(二) 网格管理逐步规范

1. 健全工作机制

目前，全市初步梳理了网格工作事项清单及综治执法协同办理清单。制定出台《关于加强全市基层综治中心规范化建设的指导意见》，明确市、县(区)、镇(街)、村(社区)四级综治中心的职能权责，配套建立综治中心统筹协调、联席会议、信息共享、督查督办、考核通报的五项工作机制，确保各项任务落到实处。按照“综合网格一员多格、专业网格一员一格”原则，明确网格员配备管理，建立网格绩效评估和考核奖惩办法，有效调动了网格员的工作积极性、创造性。

2. 提升网格服务管理

将基层党建和社会治理、公共服务网格有机融合，集约调配力量资源，形成联动协同格局，为综治中心有效运转和工作落实提供有力支撑。全市共划分综合网格 8 271 个，配备综合网格员 8 271 名，2021 年，全市共上报网格事件 17 3052 宗，结案 172 356 宗，结案率 99.6%。

3. 强化矛盾纠纷“一站式”调处

依托基层综治中心的实体化运作，广泛指导发动辖区调解员、网格员、村警、法律顾问、党员、群众，形成联防联动联调工作格局，实现矛盾纠纷一站式化解。2021 年，全市基层累计协助排查化解矛盾纠纷 10 698 起、消除各类安全隐患 15 006 个，有力维护了基层安全稳定。

4. 深入开展公共法律服务

全市基层综治中心积极配合市、县(区)司法局创新法律公共服务形式，持续推动普法基层行专项活动。2021 年，全市村(社区)法律顾问积极开展法治宣传基层行活动共 4 852 次、提供法律咨询 21 480 次、出具法律专业意见 110 份等，有效提升村居人民群众的法治意识。

5. 注重发挥科技赋能作用

全市依托雪亮工程、视联网、粤平安治理云平台等信息化平台，加强数据资源共享，着力打造综治中心智慧指挥中枢，全面提升基层治理的整体性、协同性、精准性。发挥基层首创精神，结合实际开展探索，如惠阳区淡水街道打造街道级智慧治理平台，实现一网管全城、一屏管全域，得到省委常委、常务副省长、政法委书记张虎同志的充分肯定。

（三）硬件设施配备初步完成

1. 推动乡镇街道综治中心机构常态化设置

2020 年，惠州市紧抓乡镇街道体制改革机遇，制定下发关于建设乡镇街道综合治理委员会、公共服务委员会、综合行政执法委员会的工作指引，创新设置乡镇（街道）社会治安综合治理中心（网格化服务中心、执法保障服务中心），为乡镇街道综治中心规范化建设提供了强有力组织保障。社会治安综合治理中心设主任 1 名，副主任 2 名。目前，全市 76 个乡镇街道社会治安综合治理中心核定事业编均在 10 名以上。

2. 保障资金投入

从 2018 年起，市级财政每年投入 1 000 万元专项资金推进全市"综治中心＋网格化＋信息化"建设。在资金分配中，持续向基层综治中心规范化建设倾斜。各县（区）配套市财政资金，配套投入经费用于各级综治中心规范化建设。2020 年以来，全市 7 个县（区）共投入 7 450 多万元，完成全市 77 个乡镇（街道）综治中心的升级改造，其中改建 17 个，扩建 27 个。

3. 实现资源共建共享

全市开通了综治视联网的资源共享，具体的运作和管理业务正在开展之中。市级通过雪亮工程、应急预案系统和群防巡治系统提高了联动智能化水平，如大岭街道已初步形成智能化应急体系。个别镇（街），如惠东县梁化镇水联村，已经落实网格员手机巡查 App 的安装和使用。各县（区）指挥中心与综合执法、公共服务等业务信息系统的网络、数据对接正在完善，已经初步形成联调联试机制。

二、惠州市综治中心建设存在的主要问题

进一步加强综治中心建设是维护基层社会稳定，提高政府服务人民群众水平，改变传统社会治理模式的重要手段。当前，惠州市探索利用信息化手段提高服务公众的能力，提升社会治理水平。随着政府信息化建设进入深水区，综治中心建设遇到瓶颈，凸显出一些问题。

（一）硬件建设有待进一步加强

1. 场地设备仍有不足

目前，综治中心建设基本没有明确规划设计方案，相当数量综治中心的办公场地空间十分有限，难以提供单独办公场所，主要通过整合或借用场地资源，特别是村（社区）的综治中心一间房子挂十几个牌子的问题十分突出，不仅挤占原有工作空间，而且存在办公设备、信息化设备配备不足或较为陈旧的现象。仅仅满足中央政法委发布的《社会治安综合治理综治中心建设与管理规范》的基本要求，综治中心平台建设并未达到一体化运作、实体化运行的效果，导致部分业务现场办理条件受限、占用不必要的人力物力资源。

2. 人员配备缺口明显

随着综治中心建设的纵深推进，基层人员编制不足问题凸显，在镇一级，多数是镇党委副书记兼管政法工作，尚未单独设置政法委员职务，仅有综治办主任负责日常工作，同时还要兼顾其他工作，并且镇、村两级综治中心的人员储备严重不足，乡镇综治工作人员普遍分布为1～3名，无法完成整个综治繁杂工程的任务，这些都严重影响了综治中心各项工作的顺利进行，最终导致难以很好完成群众反映问题。一些重点部门业务骨干由于上级抽调、提拔、转岗等多种原因造成人员逐年减少，新成员除招考外无法及时补上，导致出现了后继乏人的现象。

3. 经费保障处于较低水平

专职综治人员的聘用经费目前仍然面临许多缺口，与复杂繁重的综治任务相比，现有综治人员的基本工资待遇不高，无绩效工资，且呈现工作越久，与新进职工相比工资越低的倒挂现象，相关补贴、报酬也没有得到落实，影响了基层人员工作的积极性，导致其工作效率低下、积极度降低。部分县区社会心理服务体系建设专项工作经费很少，严重影响了社会心理服务体系建设工作的开展，造成工作业务跟不上，各项考核指标未能及时完成。从“雪亮工程”建设的投入来看，公共视频全面覆盖存在困难，普遍存在“重建设、轻维护”的现象，且维护经费的不足已影响到“雪亮工程”的推进速度与质量，致使基本工作无法有效开展。

4. 智能防控体系仍有漏洞

视频监控设备投入仍然欠缺，目前各县（区）只开通了综治视联网，尚未实现将综治视联网、政法网、电子政务外网等其他网络进行网络资源汇聚共享的局面，全域智能化防控体系未能建成，相关业务还未尚未开展。人口集中区域，尤其是外来人口比较集中的区域，如吉隆镇、黄埠镇，硬件设备投入仍然欠缺。由于线上线下网络建设需投入较高工作经费，而财政资金较为紧张，人像识别摄像头、值班室红外线感应器、智能烟感器等物联网设备目前仅在部分生产经营场所试点安装。人像识别摄像头目前仅在重要路口以及重点场所试点安装，离实现辖区公共安全监管广覆盖、切实发挥人像识别系统作用、提升重点人员管控水平仍有较大距离。

（二）软件建设有待进一步完善

1. 规范化建设标准执行不到位

按照综治中心的规范化建设标准，综治中心应当建立健全的综治工作会议记录簿、乡镇综治队伍花名册、刑事治安案件记录簿、技防监控活动记录簿、治安联防活动记录簿、法治宣传活动记录簿、两个问题的排查记录簿、矛盾争端的排查调处记录簿，同时针对摸排掌控的重点领域、重点问题、重点矛盾问题要建档立册，对于调解后结案的矛盾争议问题要组卷归档，在工作规范中明确指出中心应当分别建立党的组织机构建设、矛盾纠纷隐患的排查和化解、流动人口服务管理、特殊类型人群的服务管理、群防群治、平安创建、考核和奖惩等各项工作的台账，相当一部分镇（街）、村（社区）的相关资料是不全面的，存在空白。

2. 综合办公机制未能全面落实

各相关单位已经建立线上协调机制，但还没有完全落实综治中心联动、综合办公机制，尚未实现闭环管理，需要联防联动的界限不明确，同级之间相互安排调动多有不便。各部门对于工作情况理解不同，是否联动，没有一个确切的界限；如何联动，没有统一的标准，多数派驻部门片面认为综治中心是值班的地方。一些需要多部门合作办理的事项，工作人员不能对整个流程有充分的认识，只顾自己本部门的工作，如部分窗口工作人员，只熟悉自己在本单位内设机构负责的事项。同时派驻式的工作安排导致工作人员的归属感并未在综治中心得到实现，工作人员不是脱离原单位的，而是需要与原单位密切联系，所以导致人在而物不在现象。

3. 基层网格体系建设尚不完善

基层网格职能条块化分割现象比较突出，入格事项不全面，公共服务事项仍有很多因为主观或客观因素没有纳入网格管理中，而且纳入网格管理中的事项政府各自为政的现象也比较突出。部分地区网格不一定按照以村为基础划分，事项杂乱、管理困难，网格管理落实难。惠东县现有的 1 197 名网格管理员，均是兼职网格员，且业务能力水平不足，待遇较低，工作积极性不高，一些兼职网格员年龄偏大，文化程度偏低，缺乏专业能力，难以胜任信息化工作，服务能力水平不高；兼职网格员身份不明确，与社区干部混淆，群众知晓率、满意度不高，能够组织网格员上岗培训，但在定期召开心理服务讲座和网格管理经验交流会方面的数量和力度方面明显不足。大数据资源汇聚整合力度不够，政府数据开放共享机制和安全保障措施有待健全，综治视联网、电子政务网和政法网数据共享困难，资源利用不充分，影响大数据资源汇聚整合。

（三）服务能力有待进一步提升

1. 社会治理理念转变不到位

基层政府仍然习惯于维稳综治为主要目标的社会管理思维，社会治理理念的转变还不到位，为人民服务的意识不强。综合网格建设、保障人员安排、工作机制等工作较为被动和落后。在信息化建设方面，主体意识、治理自主性和紧迫感不足，科技对社会治理水平的催化作用未充分发挥，数据应用共享落实不到位，指挥调度运用大数据综合分析、精准发现、高效解决问题等各项能力还待提升，科技基础支撑体系和信息化建设发展有待与实战需求进一步匹配。

2. 高素质专业人才较为缺乏

当前，社会稳定形势严峻复杂，问题楼盘、涉众型金融、重大项目建设、涉法涉诉涉重点人、涉教育、涉劳资、涉利益诉求等领域矛盾突出，纠纷交织复杂，而基层工作人员中懂法用法的专业人才较少，普遍存在法治思想淡薄、依法行政意识与水平不足的问题。人民调解员的调解能力与专业水平有限，每个乡镇仅有很少一部分调解员具有一定的法律基础和调解能力，很多在基层可以解决的问题，最终由于水平有限发生群众集体上访问题，致使综治中心无法发挥效果。心理危机干预需要许多专业的精神科医师、心理咨询师、心理治疗师、社会工作者、康复治疗师等技术人员，目前镇（街）、村（社区）普遍缺乏这些人才，因此涉及综治维稳、法律调解和心理危机干预等工作开展困难。

3. 社会治理信息化服务水平不高

个别职能部门尤其是基层部门还没有充分认识到大数据对于促进经济发展、优化公共服务资源合理配置等方面的重要性，运用线上线下网络建设推动社会治理的主动性不够，服务的质量和水平还不够高。这主要表现为大部分村干部对于将大数据引入公共管理领域尚未引起足够的重视，对于数据资源的价值认识还不到位。坪山、大岭、稔山、平海、多祝、吉隆、黄埠、巽寮、港口等农村均普遍存在基层部门管理方式沿用传统的方式进行管理的现象，缺乏信息化创新管理模式的意识。

4. 社会组织和群众全面参与感不强

目前，综治工作主要依靠职能部门的力量，为企业、社会组织、社会工作者、群众等提供治理参与的便利度不足，有效合作还不够广泛，治理创新的社会力量参与感不强。由于社会组织大多规模较小，社会工作人才总量不足，存在着资金投入不足、专业能力不足、政策支撑不足等问题，难以有效参与到社会治理中。

三、先进地区建设综治中心的经验做法

（一）上海：明确中心定位，打造“五联”工作模式

上海各街道综治中心建设之初，就已经将中心定位于“对内整合部门资源、形成联勤联动，对外面向社会、对接群众需求”的综合性服务管理平台，直接服务于基层平安建设，努力实现“一个窗口”服务群众、“一个平台”处置反馈、“一套制度”议事协商的运作要求，切实做到全面统筹运作，提升服务水平。

与此同时，街道综治中心的业务范围主要包括10个方面：一是建立健全本街道社会治安综合治理的工作体系，协调督促街道各部门各负其责，合力落实社会治安综合治理各项措施，指导辖区各单位、居民区开展系列平安创建活动，形成平安联创；二是督促推动本街道突出矛盾纠纷的排查，接受群众来信来访，协调有关部门进行矛盾化解，开展矛盾联调；三是组织开展本街道社会治安重点地区的排查，协调有关部门进行治理，落实问题联治；四是协调推进本街道社会治安防控体系建设，加强群防群治队伍的建设、使用和管理，实现治安联防；五是协同督促本街道社区矫正、刑满释放、社区戒毒、肇事肇祸精神障碍患者等人员的帮教、管理和服务工作，强化人员联管；六是协助开展本街道国家安全、反邪教、反恐怖、社区安全的宣传教育和其他相关工作；七是协助有关部门落实对实有人口和房屋信息采集、管理的各项措施；八是全面掌握辖区社会治安和社会稳定形势，向街道党工委、街道办事处提出工作建议；九是接受街道网格化中心的派单，处置辖区内涉及社会治安综合治理、平安建设的有关案事件；十是完成落实街道党工委、办事处及其他上级主管部门交办的其他事项。

综治中心紧紧围绕“五联”工作模式开展日常工作：

一是平安联创方面。综治中心加强与网格化中心对接，利用网格化管理的渠道优势，提高各类平安建设问题的发现率；加强对专业社工、综治治保队伍等辅助管理队伍的规范化管理，强化对各类治安问题的主动发现能力；建立健全辖区平安志愿服务网络体系，做好辖区内平安志愿服务的组织协调，更好地实现治支防控需要、社区居民公共安全需求与平安志愿服务有效衔接，吸引更多社区群众、驻区单位自觉参与基层平安建设。

二是治安联防方面。建立健全以街道综治中心为核心，以社区警务站为主导，业委会、物业公司、驻区单位、社会组织群众团队等共同参与的社区治安防控群防群治网络。突出社区警务站作用，充分发挥社区民警担任居民区综治工作站副站长的职能优势，带领各类治安信息员每周开展一次基础排查，收集辖区内各类警情信息。加强信息共享，按照“一张网”理念，综治中心与辖区派出所互相开放监控视频共享权限，服务治安管理、社区治理工作。

三是问题联治方面。综治中心以开展社会治安综合治理方面的源头防控

和综合治理为主，提升辖区内各类治安顽症痼疾的快速发现、应急处置和综合治理能力。梳理、明确“居民区综治工作站自处”“街道综治工作中心五联工作室自处”“街道综治工作中心协调处理”“上报街道办事处协调处理”“上报区综治办协调处理”等5类业务事业的内容，分类制定标准化的处置流程，明确“责任清单”和“工作标准”。

四是矛盾联调方面。整合各类资源，依托设立或派驻在街道综治工作中心的社区检察室、社区警务站、法院诉调对接分中心、人民调解室等平台，推进公安、检察、法院、司法部门指定民警、检察官、法官、律师派驻矛盾联调工作室工作，担任法律事务协理员，运用法治方式调处矛盾纠纷，积极推进运用法治思维、法治方式化解基层社会矛盾。建立首问责任制度，由首先接待的工作人员启动联调程序，在综治中心的统一协调下，监督职能部门力量按规定时间到岗，参与化解。

五是人员联管方面。实现信息共享平台，即时更新和完善社区矫正、吸毒人员等重点人群的信息数据库以及街道实有人口、实有房屋信息库。加强对综治社保队员、综合协管队员、禁毒社工、社区矫正社工等队伍的统筹管理，提升社工队伍在基层一线的联动处置能力。

（二）深圳：主动作为，打造“中心＋网格化＋信息化”综治模式

深圳在综治中心建设方面，始终以“坚持系统治理、依法治理、综合治理、源头治理”重要精神为指导，深入贯彻中央和省市关于创新社会治理体制的总体部署，把社会治安综合治理创新工作纳入“平安深圳”创建的战略规划中统筹谋划、重点推进、主动作为、狠抓落实，构建了“中心＋网格化＋信息化”综治工作体系，形成了“组织架构规范化、队伍管理一体化、网格信息系统化、机制保障制度化”的特点，取得了阶段性成效：

一是中心基础建设扎实。深圳在全省较早实现了各级综治中心全覆盖，创新行政管理资源配置，整合条块管理力量，构建了区、街道、社区三级网格化管理架构，建立了以“综合管理、综合治理、综合服务”三位一体的工作格局。

二是网格化管理科学规范。深圳因势利导探索网格化管理，有效固化“网格＋队伍＋组织架构”工作体系，全面打牢网格化管理工作根基。各区、街道、社区按照“四个统筹”原则（即统筹地理自然状态、统筹人口分布状况、统筹工作难易程度、统筹网格员队伍实际情况），制定“八个类型”（城中村类、花园小区类、商业区类、工业区类、企事业单位类、山林水库类、风景游览区与城市绿地类、其他类）标准，将社区划分基础网格，实现全覆盖。各区以区委政法委为上级主管单位，各街道成立社区网格管理中心，各社区成立网格管理服务站，形成网格管理三级架构。在网格管理过程中强化各行业领域专项整治的参与配合。

网格管理部门和网格员队伍在全区消防安全、城市管理、治安防控、社会稳定、环保水务等管理工作中发挥了重要作用。同时，网格管理创新楼栋长制管理，首创“服务站＋联合会”的平台建设模式；创新“三专三联”，由公安“专”职副主任派驻区网格办、公安“专”职教导员派驻街道网格中心，公安社区民警“兼”职社区副书记，公安、网格办、地税分局实施联合勤务、联合执法、联合督导；创新警楼共建工作机制，成功创建社区“警楼共建”服务平台。

三是信息化提效，将基层综治主动融入“智慧深圳”大局。按照“互联互通、资源共享”的原则，大力推进公共安全视频专网建设，逐步把各领域、各单位、各行业视频资源接入专网，从而实现各类电子探头的互联共享。深圳利用大数据和“互联网＋”的优势，率先实现采集分拨信息化、联动指挥的信息化、房屋管理的信息化。

其中，深圳市龙华区福城街道创新“街道＋接访处访室＋心访之家＋法院”模式，引入“移动微法院”、信息网络平台，实现矛盾纠纷“一门进化解、一站式调处”。

一是“街道＋接访处访室”开辟群众诉求绿色通道。落实“谁主管、谁负责”和“属地管理”原则，搭建扁平化“基层治理事件处置平台”，建立部门与社区“无障碍绿色通道”，由属地社区吹哨，街道主管部门执行，联调联处。重点案件实行街道联点领导包案，设立专项联络群及时督导。街道党工委书记每周召开会商会，街道综治中心负责人每日召开例会，研究辖区群众诉求服务工作情况，推进具体事项解决。2021 年 1—11 月，街道接访 4 119 宗 4 543 人次，矛盾化解率为 96％，群众满意率为 100％。

二是“街道＋心访之家”促进心理服务关口前移。在街道综治中心、各社区党群服务中心建设“心访之家”心理服务站，提供全年无休的面谈服务。构建“线上＋线下”心理服务网络，开通 24 小时专业服务热线。组建“心理咨询师＋社工＋义工＋网格员＋志愿者”多元化心理服务队伍，开展模拟课堂、主题沙龙等心理减压、释压活动，定期邀请心理专家为高危个案提供及时、权威指导。截至 2021 年 11 月，“心访之家”帮扶突发事件受害者及家属走出心理困境、处理轻生行为心理危机干预等 70 宗，服务 1.2 万人次，带动治安、邻里环境更好，互帮互助氛围更浓。

三是“街道＋法院”推动普法、司法零距离。福城街道做到“三个联合”，开展“人民调解与司法确认衔接”，让当事人“居家”也能诉讼、调解，真正让“数据多跑路，群众少跑腿”。联合龙华区人民法院观澜法庭打造巡回法庭，用“以案释法”的形式，法官现场审理辖区纠纷，群众走进庭审，近距离了解司法审判程序，接受法治教育，学习法律知识。联合龙华区人民法院建立龙华法院驻福城街道诉讼服务站，将街道公共法律服务职能与法院网上诉讼服务平台有机对接，为群众提供集立案咨询、案件查询、人民调解、司法确认于一体的综合性法律服务；针对重点矛盾积案，邀请“法官下访”，实现矛盾纠纷的司法、行政等多元调处。联合深圳市中级人民法院在福城街道试点挂牌“深圳移动微法院庭审专区”网上平台，推动实现繁简案件精准“云识别”、诉讼文书高效“云送达”、当事人便捷“云阅卷”、远程隔空“云开庭”、案件“云合议”，并推进类案同判“云检索”，将网络庭审进一步深入基层。2021 年 1—11 月，运用司法、行政和人民调解联合调处方式，化解矛盾纠纷 561 宗，协助 14 名来访者实现网上立案诉讼。

（三）东莞：聚焦“实体＋统筹＋服务”3 项建设，打造高素质工作队伍

东莞各镇（街）综治中心推动党建与社会治理有机结合，联动多元主体共建共治共享，聚焦实体、统筹、服务“三项建设”，不断探索社会治理新模式。

一是围绕实体化，做实做强综治中心。首先，打造“党建＋综治”平台。各镇（街）综治中心由镇党委副书记担任主任，内设分组均由党员担任负责人，村（社区）一级综治中心由村（社区）党委（党支部）书记担任主任，形成了党建引领综治工作不断向前推进的良好态势。其次，打造“组团式”综治平台。争取上级支持，整合多方资源，将访前法律工作室、医疗调解委员会、中立法律服务工作站均设在镇（街）综治中心内部，并与律师事务所、社工机构合作，引入专业律师、专业心理教师、专职社工等多元力量。最后，打造“一体化”部门联动模式。积极融入镇（街）行政服务中心综合平台，借助住建、工信、商务、房管所等部门入驻行政服务中心的地理优势，形成各职能部门一体化联动调处机制，实现“5 分钟即到”的矛盾纠纷调处圈。

二是围绕牵头抓总，提升综合治理效能。首先，从高处抓顶层设计。先后组织起草出台《传承发扬新时代“枫桥经验”工作方案》《加强人民调解工作营造共建共治共享社会治理格局实施方案》等文件，从“全市一盘棋”的高度抓好统筹谋划。其次，从实处抓统筹协调。建立完善综治、信访等日常工作例会制度、每月联席会议制度，组织重点案件研判、治安重点地区整治等专项治理，压实单位主体责任，共同抓好各项工作。最后，从细处抓督导落实。用好约谈、考核、通报等综治工具，将综合治理工作列入各镇（街）年度平安建设考评的重点考察内容，对各部门、各村（社区）进行多维度综合考评。由综治中心各成员单位成立督导组，挂点督导基层社会治理工作，将工作任务逐项落到了实处。

三是围绕服务宗旨，多措并举为民办实事。首先，开展接访、下访听民意。把解决群众的操心事、烦心事、揪心事作为综合治理工作的出发点和落脚点，将接访工作与村（社区）主题党日相结合，每周二组织驻村干部、村两委干部到村接访、下访，广泛听取群众意见，努力解决群众反映问题。其次，推行公益心理

健康服务。以党建共建的模式与高校、社会服务机构合作，建立各镇（街）综治中心心理咨询室，重点打造“镇＋村（社区）”心理服务平台，启动“心灵守护者”心理健康服务项目，为有需要的群众提供专业心理健康服务。最后，促进邻里和谐共治。把党组织和活动延伸到便民服务、社区治理等民生服务一线，通过发挥村（社区）、楼盘物业公司以及村（居）民中的热心党员在社会治理中的作用，倡导居民群众广泛参与基层治理，共同营造和谐有序的社区邻里氛围。

其中，东莞十分重视高素质工作队伍的打造。东莞市委市政府要求32个镇（街）和松山湖高新区必须划拨专项经费配备专职网格员，专职网格员优先考虑社工、心理咨询师、婚姻指导师、家庭教育指导师等专业人才，专职网格员的学历以大专及以上学历为主。截至2022年年底，东莞32个镇（街）和松山湖高新区都是满额配备专职网格员，并充分整合各镇（街）的社工力量开展服务性工作。同时，积极发动律师、医生、教师、社会组织工作人员作为兼职网格员，共同参与社区服务。面对严峻的防疫形势，东莞坚持以流动人口服务管理为切入点，综合运用“智网工程”，聚焦人员排查、服务管理、场所防控等重点，突出抓好来莞返莞人员排查监测和健康管理，实现疫情防控和社会治理“两促进”。

一是精准管控来莞返莞重点群体。全面摸排重点群体，摸清底数，建立数据库动态监测。全力管控重点对象，确保轨迹跟踪到位、隔离措施到位。全程纳管入境人员，落实健康筛查、核酸检测、封闭转运、隔离观察闭环运作，实现密切跟踪、动态管理。

二是精心服务来莞返莞流动人员。组建针对流动人口的集中观察身心健康风险评估小组和心理服务志愿队伍，会同家庭医生团队，落实居家观察人员“六个一”服务，暖心服务隔离人员。招募翻译，开通多语种政府咨询热线，派发多语种《一封信》，无差别做好在莞外籍人员的服务管理。指导发动在莞异地商会加强来莞务工人员的宣传引导，参与社会爱心助力，组织房东与租客组建微信群，共享防疫信息，提高防护意识。

三是精细保障在莞企业复工复产。全面与劳务输出集中地、对口帮扶地联络对接，摸查劳动力情况并登记造册，以专车、专列形式将返乡务工人员跨区域“点对点”接回。及时调整重点地区返莞员工集中观察点布建，设置集中观察点、隔离用房，落实工位、床位、餐位、活动轨迹“四固定”制度，严格实行密闭空间上岗员工“一人一档”、核酸检测。加强“智网工程”网格化日常巡访，派出网格工作力量下沉企业，对接掌握企业防疫需求、物资需求，统一调配、上门服务，最大限度满足企业需要。出台保障企业复工复产的系列法律政策，保障复工稳定。

四、加强惠州市综治中心建设的对策

（一）加强综治中心硬件建设

1. 完善各级综治中心基础设施建设

严格落实国家标准的要求，并制定综治中心设施规范化建设指导手册和实施细则，做到综治中心建设统一标准，办公场所单独设立、实行一体化建设，配备功能室和必要的办公设备。在思想上统一认识，有目标地按“满足条件的先行、逐步向各个街镇推广”的方式普及，对部分经济比较落后的农村可以考虑给予适当财政资金支持，并结合各县（区）实际提炼共性需求，规划建设符合当地实际的综治中心。

2. 加强各级综治中心人员队伍建设

充实镇（街）、村（社区）综治中心组成人员。尽快实现镇（街）综合治理委员会办公室全员进驻，公安、司法、信访、调解、法律服务等工作力量进驻，与公共服务委员会、综合执法委员会等联合办公，联动单位入驻人员编制、隶属关系不变。利用培训、讲座等各种形式，加强对工作人员的法制教育。通过各种软件操作培训和网络信息培训，提升工作人员的应用能力。建立健全网格员选聘管理、薪酬保障、业务培训、考核奖惩等配套制度，推行网格员积分制管理。

3. 强化经费落实保障

充分发挥政府投入的主渠道作用，将综治中心规范化建设与管理经费纳入同级财政预算，加大综治中心经费保障力度。优化整合存量资金，形成事权财权相匹配的财政资金保障机制。统筹利用现有资金渠道做好综治中心工作平台建设与运作，制定“以奖代补”政策提高综合网格财政投入产出比，保证划拨专项资金用于综治中心平台的基础设施建设和人员工作经费。各职能部门如需依托综治中心开展工作，需按照“权随责走、费随事转”的原则，予以相关工作经费保障。同时充分调动社会各力量，包括利用村组、社会组织、企业等多渠道筹措资金，共同参与综治中心的建设。

4. 推进综治视联网全覆盖

加大硬件建设保障，进一步探索信息化技术更有效应用，推进综治视联网全覆盖，提升综合调度水平，提炼可复制推广经验，着力打造全面、高效、统一的社会治理大数据平台，切实解决数据壁垒、重复建设、重建轻用等突出问题，实现全县范围内公共数据开放、民情民意汇聚、社会风险监控、政务服务精准等治理目标。加强智能化项目投入，引入人工智能技术，加强“雪亮工程”的图像识别、人脸识别、机器视觉、云端处理能力，保证“雪亮工程＋治安打防”“雪亮工程＋环保水务”“雪亮工程＋三防”“雪亮工程＋维稳处突”等多种应用信息模块的经费保障。

（二）完善综治中心软件建设

1. 健全党委领导工作机制

（1）强化党组织的全面领导。健全党组织领导社会治理体制机制，发挥党组织总揽全局、协调各方的领导作用，明确各级部门的综治职能，建立健全市、县、镇（街）、村（社区）、综合网格党组织五级联动机制，构建权责明晰、高效联动、上下贯通、运转灵活的综治指挥体系。

（2）强化基层村党组织建设。统筹推动在网格成立党组织，形成“1个网格＋1个党支部＋N个党小组”的“1＋1＋N”党组织设置模式，使党组织在网格化治理服务中发挥政治引领作用，让网格党组织成为网格治理的战斗堡垒。完善综治中心党员活动室建设，加强党员教育管理，规范开展党建活动。统筹协调有关行政、企事业单位，罗列相应服务清单，组织发动行政、企事业单位党员进入网格作为兼职网格员。

2. 完善综治中心体制机制建设

（1）建立工作平台指挥中心。通过多网融合，将电子政府外网、综治视联网、政法网等其他网络进行网络资源共享，对接“粤平安”信息系统，实现网格管理指挥中心一屏通览应用。坚持常态化分析研判机制，建立健全一般矛盾纠纷不出村组、疑难矛盾纠纷不出乡镇、重大矛盾纠纷不出县的纠纷排查化解机制，强化矛盾纠纷源头预防。

（2）加强指挥体系运行机制建设。推进社会治安防控体系建设，落实平安建设领导责任制，加强基础性制度、设施、平台建设。打造高效应急指挥体系。积极推进由部门多方参与的应急联动服务机制，实现信息资源高度集成、决策响应高度灵敏、预警处置高效快捷，建立完善警情分类处置制度，协调推动非警务警情合理分流，科学合理规范出警、处警，提高精准化、专业化处置水平。

（3）健全平安建设工作机制。构建上下贯通、协调有力的平安建设领导体系，形成问题联治、工作联动、平安联创工作机制。坚持平安建设“一把手”负责制，强化各级各部门的平安创建职责，形成自上而下的领导责任制体系。建立健全平安建设协调工作机制，做好平安建设工作信息分析研判与通报。完善平安建设考评工作机制，优化对群众安全感、满意度等的测评方式，完善重点地区和突出问题挂牌整治机制，强化“一票否决制”。

（4）建立完善扫黑除恶常态化机制。深入推进扫黑除恶专项斗争，健全防范打击长效机制。坚持“有黑扫黑、无黑除恶、无恶治乱、无乱固基”方针，持续保持对黑恶势力违法犯罪行为的高压态势。坚持网上与网下相结合，不断加强行业领域监管和专项整治。健全以人民群众获得感、幸福感、安全感为导向的评价体系，持续提高扫黑除恶法治化、规范化、专业化水平。

(5) 完善流动人口治理机制。建立分类分级人员管控机制。推动流动人口单一管理向重点人口、行业、场所复合管理延伸，最终实现“四个 100%”(流动人口 100%实名制登记、数据信息 100%入库、重点人员 100%预警、预警指令 100%推送)。实现对“实有人口、实有场所”全管控目标。旅馆、机动车维修、娱乐服务、寄递物流实名登记比例 100%。打造智能化流动人口治理数据支撑平台，推进流动人口数据共享开放体系建设。探索搭建流动人员、经营业主、驻村警察“愿意用、想要用、简便式、效果好”的终端平台。

(6) 健全完善反走私反偷渡工作机制。加强各部门的协作联动，规范各单位之间的联动机制和联络员机制，形成联防联打联治的打防格局。定期组织开展常态化清查排查，不定期对重点区域开展巡防，实行轮班巡防制度，加强海陆“两位一体”日常巡逻。定期针对进口食品及冻品、药品、烟酒、化妆品等涉走私较多的物品进行专项排查，整治交易市场秩序，预防海外疫情输入。推动沿海街道办专业巡防队伍和反走私反偷渡示范点的建设。

3. 推进网格管理工作精细化

(1) 建立网格综合领导机制。探索建立“互联网＋网格管理”服务管理模式，提升乡村治理智能化、精细化、专业化水平。成立综合网格组织领导机构，建立党委领导、政府负责、政法牵头、职能部门协同、社会各方参与的综合网格工作格局。确保区域社会治理现代化试点合格，网格化服务管理标准化建设达标率 100%。按照“高标准布局、分步骤实施”的原则，依托“粤平安”信息系统，统筹建设综治中心工作平台，实现街道基础平台与市、县综治工作平台高效衔接互动，把县、镇(街)、村(社区)综治中心打造成基层社会治理的指挥中心、信息应用中心、预测预警中心、防范处置中心和为民服务中心，推进矛盾联调、治安联防、问题联治、平安联创、服务联办。

(2) 健全党建引领网格治理模式。在综合网格普遍建立党支部或党小组，明确党的基层组织的社会治理责任，以党建引领网格治理，形成县(区)、镇(街)、村(社区)、综合网格党组织抓基层治理的组织架构和责任机制。密切联系群众，在新冠肺炎疫情防控“三级包户”“五包一”“四级联户群”的基础上，实现党员干部联系群众“四级联户”全面覆盖，并切实发挥“四级联户”联动作用，密切联系群众、大力宣传群众，引导群众积极参与村(社区)治理。按照“坚持党的领导、公开公平公正依法依规和民主议事”的原则，在已有的社区党建联席会议制度下，增加以民主提事、议事、协商等为主要内容的社区议事活动，不断提升群众责任意识与主人翁意识，激活群众共识，汇聚群众力量。

(3) 优化网格事件处置机制。完善网格治理部门考评及奖惩机制，破除网格职能条块分割现象和泛化问题，大力推进“中心＋网格化＋信息化”工作，发挥网格员动态掌握社情民意、化解矛盾作用。通过大数据、智能云平台等手段，形成“信息采集—上报—研判—分流—处置—反馈—核查—销案”闭环运作，提升智能协同协调能力。整合党建、综治、卫生、消防、城管等部门网格服务管理事务和专业网格员队伍，实现网格“办小事、报大事”和部门“办实事、解难事”有效衔接，形成“网格吹哨，部门报道”的管理机制。拓宽社会组织、志愿者、群众、兼职网格员参与网格治理渠道，开发推广运用好“微报事”微信小程序，打造“共治圈”。

4. 健全公共法律服务体系

(1) 完善基层法治宣传体系建设。大力开展“民主法治示范村”创建，深入开展“法律进乡村”活动，实施农村“法律明白人”培养工程，培育一批以村干部、人民调解员为重点的“法治带头人”。深入开展“八五”普法规划，认真落实“谁执法谁普法”普法责任制。大力宣传宪法，弘扬宪法精神，增强宪法意识。广泛开展民法典普法工作。加强法律援助工作站建设，将教育、医疗、社会保障、食品药品、涉法涉诉、申诉等案件纳入援助范围，努力实现法律咨询零障碍、法律服务零成本，力争法律援助满意度达到 90%。

(2) 加强严格执法力度。规范农村基层行政执法程序，加强乡镇行政执法人员业务培训，严格按照法定职责和权限执法，将政府涉农事项纳入法治化轨道。开展执法规范化建设，着力解决执法不规范、不严格等突出问题。全面推行行政执法公示制度、执法全过程记录制度、重大执法决定法制审核制度，力争行政执法满意度 100%。建立行政执法错案责任追究制度。健全常态化案卷评查机制。探索建立违法干预行政执法的记录和处理制度。加强法治信息化平台的建设。

(3) 加强法治信息化平台的建设。深化远程视频督察系统五级联通，探索建设“智慧矫正中心”，加快推进信息核查机制和线上办证平台建设。加强智慧普法工作。完善“互联网＋诉讼”模式，全面建设集约高效、便民利民、智慧精准、开放互动、交融共享的现代化诉讼服务体系。加强诉讼服务设施建设，积极探索自媒体、电子邮件、网络订单、即时聊天记录等相关的新型公证事项，加快建立健全调解与公证、仲裁、行政裁决、行政复议、诉讼等衔接联动机制，及时有效化解矛盾纠纷。

5. 建立健全督导宣传机制

(1) 建立健全督导考核评价机制。坚持把综治中心规范化建设作为一项重要项目纳入年底“书记抓党建述职评议”考核内容，纳入年度平安建设考核，实行“月调度、季通报、年总结”，细化考评指标，充分发挥考核评价的“指挥棒”及“风向标”作用，引导各级综治中心争先创优。坚持年度目标问责、追责机制，将综治中心规范化建设和日常工作开展情况，纳入年度综治平安建设考评重要内容，明确要求各乡镇根据本地实际加强内部管理，建立健全岗位责任、考勤、值班、档案、管理等制度，切实把综治中心的各项工作纳入规范化、制度化轨道。同时对工作推进不力的，严格按综治领导责任制相关规定约谈问责。

(2) 宣传推广优秀案例经验。撰写《综治中心规范化建设实体化运行典型经验汇编》案例，对形成的好经验、好做法及时提炼推广，主动与主流媒体协商协作，邀请媒体走进基层社会治理，积极挖掘宣传基层先进典型，谱写《网格员之歌》，编印本地社会治理期刊，创建普法直播间，积极开展"平安之星"推荐评选工作。

(三) 提升综治中心服务水平

1. 完善多方协同治理体系

(1) 增强社会治理理念。参照惠州市社会治理创新十大任务要求，制定符合实际的社会治理创新十大任务或重点工作。培养领导干部和工作人员社会治理思维，深化"放管服"改革，强化服务意识，大力推进"互联网＋政务服务"建设，构建线上线下议题的智能化公共服务平台，把窗口服务尽可能移到网上、连到"掌心"，推动"马上办""一次办""网上办"，用"小程序""小服务"解决"大事情"。要深入推进"向日葵工程信息化服务平台"建设，提供线上线下、跨地域跨层级的"一站式"服务，打造特殊人员智能化管理服务标杆，并探索逐步覆盖全部特殊群体。

(2) 增强综治中心综合协调功能。综治中心形成"中心吹哨、部门报到、问题联调"的导向，着力提升纠纷调处实战效能，制定综治中心与综合执法部门的议事制度，并整合政法、综治、信访、城管、司法、派出所、基层法院等综合治理力量，承担矛盾纠纷化解，法律援助、法律咨询宣传等职能，综合运用人民调解、司法调解、行政调解等方法对矛盾纠纷和重点突出问题进行调解。公安、司法、信访、维稳、工商等主要职能部门派专人入驻综治中心合署办公，参与综治中心安排的各项工作，不派专人入驻的职能部门，可通过参加定期碰头会、分析研判会等方式安排布置工作，综治中心则通过派单方式，协调各职能部门处置各类事件和问题。

(3) 促进社会工作和志愿服务发展。实施"广东兜底民生服务社会工作双百工程"，实现"一村(居)，一社工"的 100％覆盖、困难群体和特殊群体社会工作服务 100％覆盖。

2. 构建重大矛盾化解体系

(1) 充分发挥多元解纷中心功能。坚持发展新时代"枫桥经验"，做到"小事不出村、大事不出乡"。健全人民调解员队伍，加强人民调解工作。深化"一站式"多元解纷和诉讼服务体系建设，建立各县(区)、镇(街)、村(社区)的多元解纷中心，构建集人民调解，行业调解、行政调解、律师调解、法官调解于一体的立体化、一站式多元调解工作机制。

(2) 加强社会心理服务平台建设。依托综合服务管理设施，村(社区)100%设立健康服务社，100%的街道建立精神卫生综合管理小组，推进相关工作开展。围绕“大健康”服务理念，积极探索“网格＋服务”新模式，整合相关单位、社会组织心理服务资源力量，坚持“线上＋线下”相结合，不断完善线上心理服务预约、问题研判功能。充分利用村(社区)“粤心安”心理服务站(室)及有关功能场所，推动网格内人群健康分类和自主管理。

(3) 加强重点人群心理服务。大力开展重症精神障碍患者筛查，把以奖代补和肇事肇祸保险所需资金全额列入财政预算，进一步完善严重肇事肇祸精神病患者救治救助保障体系，组织开展矛盾纠纷大排查大化解行动、涉疫情矛盾纠纷集中排查化解专项行动。推进“校园及周边安全建设年”活动，对校园周边环境、重点人群管控、涉校矛盾纠纷排查、校园安全管理、视频监控安装运行、防溺水、消防安全、食品卫生等进行检查。

(4) 建立矛盾纠纷调解专家库。充分整合和利用“两代表一委员”、网格员、治安队员、群防群治力量，吸收人民调解、行业性专业性调解、法律咨询、心理服务、仲裁、鉴定、公证、评估、保险、公益服务、社会帮扶等社会力量，为群众提供全覆盖、全领域、全过程的优质服务，确保各类矛盾纠纷解决在萌芽状态。积极从政治可靠、事业心强、经验丰富、懂法善调的基层调解专家、退居二线的老同志和热心公益的社会工作者、法律服务从业者中层层筛选，组成的“矛盾纠纷调解专家库”，并吸纳了从事法律研究或法律服务工作法律工作者参与第三方调解。

3. 推动社会组织与公众参与

(1) 加快社区社会组织的孵化培育。落实《广东省社区社会组织分类管理办法(试行)》，通过社会治理创新项目和实践创新大赛，加强社会组织的孵化和培育，与港澳工商界、专业服务界、学术界、青年团体、乡亲社团、社工机构等建立更加紧密的交流联系机制，支持鼓励社会力量参与社区社会组织建设。社区社会组织以“大病医疗救助”“扶困助学”“赈灾济困”三大救助为核心，以“公安民警救助基金”“生育关怀基金”两大专项基金为辅助，对困难、特殊群体进行慈善关怀和精准化关爱帮扶。

(2) 探索建立社会治理公益基金。通过政府注资，带动爱心企业和乡贤人士捐赠和资助，形成“财政保障，社会支持”的资金筹集模式，壮大社会治理工作基金，加大对改善提升基层治安防控、心理服务、矛盾化解、公共服务等社会治理创新项目的扶持力度，解决社会治理的难点、堵点。

(3) 建立乡村治理领域专家智库。通过邀请社会治理领域专家学者、社会组织负责人和社会工作者建立智库,开展讲座开展专题培训、印制发放宣传科普手册等方式,有针对性地给村(社区)领导干部灌输社会治理知识和理念。

(4) 引导村民积极参与乡村治理。完善政府信息公开制度,引导公众依法行使参与权利。培育公众的主体意识和参与能力,提高公众表达诉求的能力、议事能力、谈判能力。鼓励"两代表一委员"、"五老人员"、乡贤理事、平安义警、治安户长等热心平安建设的社会力量入驻综治中心,为群众提供高效便捷的服务。

第二章　共青团参与社会治理现状及对策研究

1992年世界银行在主题为《治理与发展》的年度报告中，将治理定义为："治理是运用权力对国家或地区的经济和社会资源进行管理的一种方式，这种权力运用方式包含了多种主体，不仅包括各种政府组织，还包括各种非政府组织以及私人企业和社会公众等各种利益相关者。"2015年，《中共中央关于加强和改进党的群团工作的意见》明确指出，群团组织是创新社会治理和维护社会和谐稳定的重要力量，要支持群团组织参与创新社会治理。2017年，党的十九大提出"加强和创新社会治理，打造共建共治共享的社会治理格局"的重大战略部署。作为中国政治生活中具有重要意义的群团组织，从政治领域上看，中国共青团具有政治性、先进性和群众性；从社会领域来看，中国共青团具有公共性和社会性，兼具社会组织的功能。面对新时代、新形势、新任务，共青团组织如何扬长避短，推进国家治理体系和治理能力现代化，成为当前紧迫的时代课题。

一、共青团参与社会治理的必要性

推进国家治理体系和治理能力现代化，加强和创新社会治理，构建全民共建共享的社会治理格局，是我党正确认识社会主义发展规律的结果，也是对马克思社会主义理论的准确把握、发展与创新。无论是从国家创新社会治理的现实需求，还是从共青团自身政治社会属性来看，都需要共青团参与社会治理。

（一）创新社会治理需要共青团参与社会治理

治理理论崇尚责任和公正，倡导民主法治，重视公民参与，强调社会主体的多元平等协商，共同参与行使社会权利。创新社会治理需要进一步理顺政府与社会的关系，虽然政府在社会治理中仍发挥主导作用，但更强调多元主体共同参与，承担社会责任，发挥社会作用；更强调培育和发展社会治理主体，激发社会力量参与社会建设的活力。作为党联系青年的政治性的群团组织，共青团具备其他社会组织无法比拟的政治、经济、社会、人才资源优势。过去一段时间，共青团紧密联系党和政府部门，整合各种资源，参与政策制定和政策倡导工作，在参与社会治理中取得巨大成就：在政治上发挥沟通联络作用，在业务上承担指导和管理职能，较好地调动社会力量参与青少年事务，发挥共青团组织在服务社会治理的作用。

党的十九大报告指出，"要完善党委领导、政府负责、社会协同、公众参与、法治保障的社会治理体制，提高社会治理社会化、法治化、智能化、专业化水平”。这是党今后在社会领域相当长一段时间内的工作主线。《中国共产主义青年团团章》（以下简称《团章》）明确规定“共青团是党的助手和后备军”[①]，这不仅是党建立共青团的目的，也是党赋予共青团的光荣历史使命。习近平总书记指出，“团的所有工作，归结到一点，就是要当好这个助手和后备军”“共青团要把巩固和扩大执政的青年基础作为政治责任”[②]，共青团的这一政治责任定位是所有工作的灵魂和主线。共青团作为密切联系青年群体的群团组织，理应积极深入地参与到社会治理这条工作主线上来，把培养具有高度责任感和社会治理才能的社会主义建设者和接班人作为核心工作，为党的社会治理事业积极输送优秀人才，引导青年成为维护社会稳定、推进社会和谐的时代新人。

（二）共青团社会属性要求共青团参与社会治理

马克思指出：“社会组织从一开始就是市民社会自我满足、自我管理、自我发展的自治组织形式。”[③]中国共青团是中国共产党领导的先进青年群团组织，共青团要代表和维护青年群体利益是团组织的这一社会属性决定的，共青团只有代表和维护好青年利益，急青年所急，想青年所想，才能增强共青团的吸引力、凝聚力，才能获得青年群体拥戴，才能引导青年参与社会治理，服务社会。社会治理要求共青团必须全方位、深层次代表青年群体的利益，尤其是重点保障困难青年群体的生存和发展权益。共青团要真正做到以青年需求为本，了解和把握青年群体的现实情况和变化规律，服务和引导青年群体参与社会治理，积极有序将青年群体的利益诉求反馈到党和国家政策层面，推动有利于青年群体发展的政策法规出台和落实。

二、共青团参与社会治理的成效

过去一段时间，根据《团章》和习近平总书记对于共青团的要求，各级共青团组织积极参与社会治理，取得巨大的成效。

（一）反映青年利益诉求，积极引导青年参与社会治理

近年来，共青团以青年需求为本，了解和把握青年群体的现实情况和变化规律，服务和引导青年群体参与社会治理，积极有序地将青年群体的利益诉求反馈到党和国家政策层面，推动有利于青年群体发展的政策法规出台和执行，探索构建党委、政府、共青团、社会组织和公众协同参与的青年群体组织工作体

---

① 中国共产主义青年团章程[M].北京：中国青年出版社，2018：1-3.

② 习近平同团中央新一届领导班子成员集体谈话[N].新华日报，2018-7-2(1).

③ 中共中央马克思 恩格斯 列宁 斯大林著作编译局.《马克思恩格斯全集》(第3卷)[M].北京：人民出版社，1995：87.

系。党委、人大、政府、政协都与共青团都有信息交流和政策协商参与制度，在制定出台涉及青少年公共利益的法规、政策、规划前，会征求和听取共青团的意见与建议。共青团及时发现、预防和化解青年社会矛盾，不仅成为社会问题解决的稳定器，而且也是社会发展的促进器。近年来，广东省共青团推动广东省委、省政府出台《关于进一步预防青少年违法犯罪的实施意见》，推动广东省在全国首先出台《广东志愿者守信联合激励计划》(2016 年)和《关于推进学生志愿服务工作的实施意见》(2016 年)；联合省民政厅出台《支持和发展志愿服务组织的实施意见》(2017 年)，推动广东省人大将《广东省未成年人保护条例》《广东省预防未成年人犯罪条例》列入立法规划。共青团已经在教育、卫生、文化、科技、体育、环保、劳动、民政、法律服务和社会福利等青少年服务领域得到了长足的发展，满足了青少年的多样化需求，不断提高青年群体的获得感、幸福感、安全感，成为推动经济社会发展的重要力量。

(二) 推进社会治理创新，夯实党执政的青年基础

加快转变政府职能、有序推进政府职能转移是推进“放管服”改革、简政放权改革的重要内容。共青团充分发挥党联系青年的桥梁和纽带作用，承接政府转移的大量青少年社会事务，推动了社会治理模式的转变，创新了社会治理方式，使更多青年切实享受到国家发展与改革带来的成果。广东省共青团积极承担省司法厅、省教育厅、省公安厅、省民政厅等部门的政府职能委托，开展“千名青年律师千场青少年法律服务”、青年律师公益服务团、“春雨育苗”青少年法治宣传、“禁毒大讲堂”、青少年禁毒暨法治宣传创意大赛等活动。参与重点青少年服务管理，加强留守儿童关爱帮扶。以关爱异地务工人员子女和留守儿童的志愿服务行动为主体，结合精准脱贫攻坚，通过志愿者骨干训练营、南方公益志愿大讲广东省堂、志愿者学堂、“朝阳行动”志愿服务组织联盟、“希望乡村教师计划”、“青春情暖”关爱活动等举措，推进关爱保护农村留守儿童工作落地落实。作为党的助手和后备军，在参与社会治理方面具有独立性、组织性以及成本低、形式灵活等优点，共青团为党的社会治理事业培养和输送了大批新生力量和工作骨干，带领青年在社会治理中发挥生力军作用；共青团作为第三方评估主体，也参与党和政府公共决策的评价，还为青年社会组织参与社会治理提供途径，成为监督政府、减少腐败的有生力量。

(三) 推动公共道德建设，培养良好青年社会心态

党的十九大提出，要“加强社会心理服务体系建设，培育自尊自信、理性平和、积极向上的社会心态”。共青团是公共道德建设的重要主体，既是道德规范的重要制定者，也是道德实践和道德监督者。共青团把思想政治工作贯穿所开展的公共道德建设中，积极提供公共文化服务，为青年提供各种不同类型的公

共文化服务内容和形式，为文化建设过程中提供多样的、文化产品和服务。共青团积极宣传社会主义核心价值观，帮助青年群体树立正确的世界观、人生观、价值观，将社会主义核心价值观转化为青年群体的情感认同和行为习惯，在社会治理过程中坚定道路自信、理论自信、制度自信和文化自信。广东省共青团依托“益苗计划”——广东省志愿服务组织成长扶持行动暨志愿服务项目大赛，发动青年社会组织、高校社团、青年志愿者队伍参加，扎实开展“学雷锋全民志愿服务行动月”“公益志愿文化节”“南方公益志愿大讲堂”等品牌活动，支持和发展志愿服务组织、星级志愿者资质认证、推进学生志愿服务等关键领域制度日益健全。这些活动鼓励青年民主参与、民主管理，共同致力于社会公益事业，培养青年公民意识；鼓励青年以平等和互信的方式相处，用平等协商的方式处理分歧和矛盾，培育自尊自信、理性平和、积极向上的社会心态；培养青年的主人翁感，促使他们把个人目标融合于国家目标，达到个人、社会和国家利益的高度统一，逐步培养出具有高度责任感和社会治理才能的社会主义建设者和接班人。

（四）促进青年国际交流，参与全球治理

青年是全球治理的主要力量，青年社会组织是促进国际交流的重要主体。全球治理给各国青年交流合作开启了机遇大门，也为我国青年群体及青年社会组织“走出去”搭建了广阔舞台。共青团高举爱国主义旗帜，坚决维护和发展全世界各族青年之间的平等团结互助和谐，多领域、多渠道、多层次地深入开展青年国际交流活动，将“请进来”和“走出去”相结合，积极参与全球治理，共同推进人类命运共同体。随着综合国力的增强，“一带一路”倡议的推广，共青团在促进青年国际交流中的作用日益凸显。2017 年 12 月 11 日，由广东省共青团、广东省人民政府侨务办公室联合主办的“共建之路对话未来——2017‘一带一路’青年新机遇论坛暨沿线国家杰出青年研习班”开班仪式在广州举行。此次参加研习班的青年学员所属的国家和地区数量多、范围广，青年群体行业跨度大。研习班的 70 多名杰出青年来自 25 个“一带一路”沿线国家和地区。共青团充分发挥专业性和群众性的优势和特点，在环保、卫生、教育、慈善等领域积极开展青年民间对外交流，开展环境保护、医疗救助、捐资助学、扶贫捐赠等改善民生方面的活动，形成大量民间国际交流品牌项目。桂林市青年文化创意产业协会是一个集文化创意产业、软件、动漫、设计等领域的新兴青年群体的行业联盟。该组织制作了《一带一路》宣传片，并推出《可可小爱进东盟》系列公益动画，用动漫的形式传播中国文化。该公益动画被翻译成 7 种国家语言，推广至东盟 10 个国家，取得良好的效果。共青团积极参与国际全球治理，提升中国在设置议题、制定规则、争取话语权等方面的能力，有效提升我国的外交形象及国际地位，维护国家利益。

三、共青团参与社会治理面临的困境

一段时间以来，共青团组织参与社会治理取得了巨大的成绩，但同时也在理念、代表性、资源、手段、文化引领等方面面临不少困境，影响了共青团参与社会治理的成效。

（一）角色定位不清晰，体制内路径依赖严重

创新社会治理，首先要创新社会治理的理念。习近平总书记指出："治理和管理一字之差，体现的是系统治理、依法治理、源头治理、综合施策。"[①]社会治理核心理念是"共建共治共享"，共青团要用平等、尊重、合作、协商的理念与青年群体、青年社会组织相处。共青团与青年社会组织的关系不是领导与被领导，更不是竞争关系，而是指导与被指导的关系，是合作、对话与服务的互动关系。2006年，中组部、人事部决定对共青团系统参照《中华人民共和国公务员法》进行管理以来，共青团在体制内得到充足的保障，生存压力不大，改革动力不足，形成较强的体制内路径依赖。部分团组织对社会治理的重要性认识不足，角色定位不科学，长时间待在机关，较少下基层，重执行党和政府的政策，轻政策代言和倡导，没有充分了解到基层青年群体的需求，不能有效代表青年群体利益。部分团组织协助政府管理青年事务，其重点在"管理"，而不是"服务"。部分团组织习惯于用文化娱乐活动来代替服务，倾向于服务高端青年和精英阶层，忽视普通和困难青年。传统的共青团组织主要依托行政条块进行组织设置，组织系统趋向封闭保守，部分团组织过分依赖传统的行政动员方法，管理过程中缺乏柔性手段，导致青年社会组织不愿意参与共青团的治理工作。

（二）覆盖面不够，青年利益代表性不强

社会治理要"维护最广大人民的根本利益，最大限度地增加和谐因素，增强社会发展活力"[②]。长久以来，因为偏重政治属性而忽略群众属性，共青团与其所代表的青年群体渐行渐远，脱离青年群体基础的趋势越来越明显，出现了覆盖率不够和代表性不强的问题。一是传统单位的团组织，如学校、机关事业单位、国有企业等，虽然还可以继续较好地发展团员和开展工作，但也面临着团员青年流动加剧，对组织归属感不强等问题。传统的团组织管理方式，已经无法对青年群体、对流动团员进行有效管理，团员登记、团费收缴、团的组织生活等传统管理模式等形同虚设，效率低下。二是部分基层团组织处于松散状态，出

① 中共中央关于全面推进依法治国若干重大问题的决定[N].人民日报，2014-9-19(1).

② 习近平在省部级主要领导干部贯彻十八届三中全会精神全面深化改革专题研讨班上的讲话[N].人民日报，2014-2-17(1).

现“团找不到人，人找不到团”的困境；农村团组织出现大量团员流失的现象，较少开展团员活动，团组织干部有名无实。三是团组织对于不断涌现的新的利益阶层和青年团体无法有效覆盖，如新经济组织、新社会组织、非公有制企业、自由职业人、农民工等青年群体。部分团组织尚未意识到在互联网时代青年人的生活方式发生了很大改变，继续沿用传统的活动平台、手段、内容，未能充分利用新兴的计算机、互联网、大数据、人工智能等信息技术提高对青年参与社会治理。部分团组织还未能重视对社会工作者、心理咨询师、律师等专业人才的使用。由于覆盖率方面的不够，也造成了共青团对青年群体的代表性不够，不能很好地代表青年群体的现状和利益诉求，缺乏参与治理的抓手、方向和基础，严重影响了共青团凝聚和团结青年群体参与社会治理。

（三）社会资源整合渠道不足，动员青年参与社会治理的能力不强

没有资源的配置支持，再好的计划和理念都是空谈。共青团目前的资源渠道主要有政府的财政预算拨付、团员缴纳的团费和向社会募集经费，虽然与其他社会组织相比，共青团能更好地获得政府和社会的资源，但要服务好数量庞大的青年群体，满足其多样化的需求，动员青年参与社会治理，目前资源渠道还远远不能满足现实的需要。部分共青团资源整合渠道不足，过分依赖政府财政拨款；部分基层团组织面临人员配备少、经费少、阵地少等困境，特别是经济比较薄弱的地区更加严重。此外，部分共青团动员参与社会治理的工作方式落后，与青年人的生活、工作习惯不够贴切，缺乏对青年人有吸引力的社会治理和服务项目，服务内容形式化和娱乐化；部分团干部没有达到“共青团干部要做青年友，不做青年官”的要求，无法利用自身工作的影响力取得青年群体和社会组织的信任；部分共青团提供给青年群体参与社会治理的渠道不足，青年缺乏广泛参与社会治理的机会，不能有效整合青年群体的各种资源、知识、技术等方面的优势参与社会治理。

（四）青年文化引领不足，意识形态的主导能力不强

价值观潜移默化地影响青年，具有精神引领、风气培养的重要作用，能够帮助青年提高思想道德素质、完善人格。习近平总书记指出：“国家治理体系和治理能力的一个重要方面体现在培育和弘扬核心价值观方面。”[①]社会治理是一种更加柔和、平等、持续的治理机制，要求共青团必须发挥好文化引领的作用，运用社会主义核心价值观引导青年。当前，共青团还未能充分发挥文化引领功能：一是缺乏优秀的青年文化作品，目前部分团组织提供的文化作品缺乏反应

① 国务院新闻办公室，中央文献研究室，中国外文局．习近平谈治国理政[M]．北京：外文出版社，2014：105.

青年思想和个性的内容，感染力不够，未能以青年人喜闻乐见的方式宣传先进典型，弘扬社会正气，较难获得青年群体的认同。二是与传统文化的结合不足。共青团还未能积极引导青年人传承中国的优秀传统文化，并结合时代特点进行不断地创新和发展。三是共青团对意识形态工作主导能力不强，对意识形态工作极端重要性认识不足。当前部分青年受拜金主义、利己主义、享乐主义、奢靡之风的影响严重，对西方文化产生亲近感、信任感，对敌对势力和平演变的警惕性不够。面对网络舆论对核心价值观的挑战，共青团组织还缺乏技巧和应对能力，对互联网、新媒体、新技术运用不够，对西方意识形态渗透的抵御能力不足。

四、共青团在社会治理中的定位

过去一段时间，部分共青团组织存在较为严重的"四化"问题，即机关化、行政化、贵族化和娱乐化，其中尤为突出的是行政化问题，习惯于以"政府"自居，损害了共青团在青年群体中的形象，与党和国家的要求有较大差距。新时代共青团如何不忘初心、牢记使命，积极推进社会治理，是当前一个值得研究的敏感和重要课题。定位就是目标，决定发展方向。根据《团章》和习近平总书记对于共青团的要求，结合当前共青团的现状，共青团在社会治理中的定位应包括以下四个方面。

（一）做好中国共产党的助手和后备军，培养具有社会治理才能的建设者和接班人

《团章》规定："共青团是中国共产党的助手和后备军"[①]，这不仅是党建立共青团的目的，也是党赋予共青团的光荣历史使命。习近平总书记指出，"团的所有工作，归结到一点，就是要当好这个助手和后备军""共青团要把巩固和扩大执政的青年基础作为政治责任"[②]，共青团的这一政治定位是所有工作的灵魂。习近平总书记在党的十九大报告中指出，"加强社会治理制度建设，完善党委领导、政府负责、社会协同、公众参与、法治保障的社会治理体制，提高社会治理社会化、法治化、智能化、专业化水平"[③]。这是党今后在社会领域相当长一段时间内的工作主线。共青团作为密切联系青年群体的群团组织，应积极深入地参与到社会治理这条工作主线上来，把培养具有高度责任感和社会治理才能的社会主义建设者和接班人作为核心工作，为党的社会治理事业积极输送优秀人才，引导青年成为维护社会和谐、推进社会发展的时代新人。

---

① 中国共产主义青年团章程[M].北京：中国法制出版社，2018：1.

② 习近平同团中央新一届领导班子成员集体谈话[N].新华日报，2018-7-2(1).

③ 习近平.决胜全面建成小康社会　夺取新时代中国特色社会主义伟大胜利——在中国共产党第十九次全国代表大会上的报告[N].人民日报，2017-10-18(1).

（二）始终代表和维护青年群体利益，服务和引导青年群体参与社会治理

《团章》规定："中国共青团是中国共产党领导的先进青年的群团组织"，共青团要代表和维护青年群体利益是团组织的这一性质决定的，共青团只有代表和维护好青年利益，急青年所急，想青年所想，才能增强共青团的吸引力、凝聚力，才能获得青年群体拥护，才能引导青年参与社会治理，服务社会。社会治理要求共青团必须全方位、深层次代表青年群体的利益，尤其是重点保障困难青年群体的生存和发展权益。共青团组织要以青年需求为本，了解和把握青年群体的现实情况和变化规律，服务和引导青年群体参与社会治理，积极有序将青年群体的利益诉求反馈到党和国家政策层面，推动有利于青年群体发展的政策法规出台和落实。

（三）打造枢纽型组织，承接政府青少年事务管理和服务职能

共青团是共产党领导、由先进的青年群体组成的、团结和教育青年人的群众性组织，是党联系青年群体的桥梁和纽带。共青团是先进性和群众性相结合的组织。在社会治理中，共青团需牢记自身的特殊定位，既是群团组织，又区别于一般的社会组织，具有明显的政治性和先进性。共青团要建成青少年枢纽型组织，在政治上发挥沟通联络作用，在业务上承担指导和管理职能，较好地调动社会力量参与青少年事务，发挥共青团组织在服务社会治理的作用。

新时代共青团组织要找准在青少年事务管理中的定位，围绕青少年教育、就业、社会参与、身心健康等成长成才的基本需求，主动承担政府青少年事务管理和服务职能，调动和引导青年社会组织参与到社会治理中，为青少年提供更多更好的服务。共青团要引导青年社会组织有效承接政府青少年事务，不断提高青年社会组织的社会服务能力，增强共青团组织的吸引力和凝聚力，夯实党执政的青年基础，推进社会治理创新。

（四）发挥文化引领功能，塑造社会治理的价值体系

《团章》规定："共青团是广大青年在实践中学习中国特色社会主义和共产主义的学校"。这一定位要求共青团积极发挥文化引领功能，帮助青年提高思想道德素质、完善人格，为社会治理奠定良好的文化基础和社会环境。习近平总书记强调，"核心价值观，承载着一个民族、一个国家的精神追求，是最持久、最深层的力量"[①]。社会主义核心价值观基于党和政府对当前我国主要矛盾的判断，源于中华传统文化的理念，是中华民族的精神追求，是当前社会治理价值体系的基石。共青团要积极宣传社会主义核心价值观，引导青年群体找到个人

① 习近平.习近平考察北大时纵论青年价值取向，人生扣子从一开始就要扣好[N].人民日报(海外版)，2014-7-24(1).

价值和国家价值的契合点，将社会主义核心价值观转化为青年群体的情感认同和行为习惯，在社会治理过程中坚定道路自信、理论自信、制度自信和文化自信。

五、推进共青团参与社会治理的路径

习近平总书记指出，“加强和创新社会治理，关键在体制创新，核心是人”[①]，共青团参与社会治理的重要性从党和政府的一系列文件中得到了充分的体现，角色定位也在《团章》中得以确定，但在具体实施路径上仍需进一步明确，共青团要在政治层面、社会层面和文化层面探索社会治理的具体路径。

（一）共青团在政治层面参与社会治理的路径

共青团在政治层面参与社会治理的路径包括：一是推动政府职能转变，承担政府青少年事务管理和服务职能；二是反映青年利益诉求，促进社会公平公正；三是完善民主监督机制，提高公共政策的科学性。

1. 推动政府职能转变，承担政府青少年事务管理和服务职能

加快转变政府职能、有序推进政府职能转移是推进“放管服”改革的重要内容。共青团要利用自身兼具“政治性”和“社会性”的身份优势，紧密联系政府部门，整合各种政策资源，积极落实社会政策，主动承接政府青少年事务，提高服务青年的能力。共青团要进一步加强合作意识，减少行政色彩，尊重青年社会组织的主体地位，充分发挥资源、组织和业务优势，构建平等协商、合作共治的关系，用平等、民主、合作的理念与青年群体和青年社会组织共同参与社会治理。共青团针对不同领域不同特点的青年群体，采用因地制宜、灵活机动的形式，提供不同的服务内容；运用互联网新兴技术，打造网上共青团，做好线上线下的相互呼应，打造好项目展示、交流沟通、信息传播等平台。

2. 反映青年利益诉求，促进社会公平公正

共青团要以青年需求为本，了解和把握青年群体的现实情况和变化规律，积极有序将青年群体的利益诉求反馈到党和国家政策层面，推动有利于青年群体发展的政策法规出台和执行，探索构建党委、政府、共青团、社会组织和公众协同参与的青年群体组织工作体系。共青团组织要加强对团干部队伍的选拔和任用工作，优化班子结构，增加代表性，积极培育专业人才，搭建“团干部＋社工＋青年志愿者”的工作队伍，增强团组织内部的活力；在平台上，要壮大区域化团建平台，深入推动组织之间的联系，通过开展丰富多彩、形式多样的活动来引领青年参与社会治理。

---

① 中共中央文献研究室．习近平关于社会主义社会建设论述摘编[M]．北京：中央文献出版社，2017：135.

3. 完善民主监督机制，提高公共政策的科学性

共青团在民主监督方面具有独立性、组织性以及监督成本低、监督形式灵活等优点，党委、人大、政府在制定出台涉及青年利益的法规、政策、规划前，都会征求和听取共青团的意见建议，更好地发挥共青团与社会各界沟通交流的平台作用，促进政府依法科学民主决策。共青团作为第三方评估主体，要积极参与政府公共政策的评价，为青年及青年社会组织参与社会治理提供机会，成为监督政府、减少腐败的有生力量。

（二）共青团在社会层面参与社会治理的路径

“创新社会治理，必须着眼于维护最广大人民的根本利益，最大限度地增加和谐因素，增强社会发展活力”①。共青团在社会层面参与社会治理的路径包括：一是提供多样化的社会服务，提高公共服务水平；二是促进青年就业创业，缓和社会矛盾；三是建设枢纽型组织，构筑参与社会治理的资源体系。

1. 提供多样化的社会服务，提高公共服务水平

共青团要进一步树立服务理念，突出服务属性，提供青年最迫切需求的服务，帮助青年健康成长和发展。共青团要指导青年社会组织在教育、卫生、文化、科技、体育、环保、劳动、民政、法律服务和社会福利等诸多领域提高服务能力，成为推动经济社会发展、推进公益事业、活跃社区文化的重要力量。特别是引导青年志愿者及志愿者组织，弘扬志愿精神和公益精神，提供各种专业化的公共服务，增强和提高整体社会公共服务的水平。

2. 促进青年就业创业，缓和社会矛盾

青年就业关乎社会的安定团结，青年创业正成为经济发展的生力军，促进青年就业创业是推动经济增长、促进社会和谐的有效方式，共青团要以促进青年就业创业作为工作重点，要经常性开展青年创新创业服务，搭建服务创业青年的学习交流平台，积极发现、推荐、培养青年创新创业人才，为他们提供资金扶持、创业咨询、成才服务和配套扶持，在企业注册、财税办理、开业贷款担保及贴息、企业融资等方面给予支持，促进青年创新创意成果转化，协助解决青年创业中的各种困难和问题。

共青团要进一步加强群众意识，应当积极关注困难青年、弱势青年的需求，提供贴心的青年服务，激发青年服务社会的活力。共青团要贴近基层青年群体，发现青年群众问题和需求，形成解决问题的政策方案，引导优秀的青年群体参政议政，发挥政府和青年群众的沟通桥梁作用，提升社会治理的效率。共青团及时发现、预防和化解青年社会矛盾，不仅要成为社会问题解决的稳定器，而

① 中国共产党第十八届中央委员会第三次全体会议公报[N]. 人民日报，2013-11-12(1).

且也要是社会发展的促进器。

3. 建设枢纽型组织，构筑参与社会治理的资源体系

社会治理强调多方的共同参与，共青团要建设好枢纽型社会组织，发挥自身独特政治社会优势，构筑好资源共享体系。一是明确枢纽型组织的职能定位，共青团构建枢纽型组织，以服务创新吸引凝聚广大青年，采用新颖的公益服务运作理念方法，打造社会治理和社会服务品牌项目。二是共青团要建立高效的枢纽型组织运作机制，积极争取政府委托、服务购买，帮助青年社会组织获取参与社会治理资源，鼓励其积极承接青少年事务，对优秀的青年社会组织予以激励和支持。共青团要加强与妇联、工会、残联、工商联、文联、侨联等群团组织密切合作，形成资源共享网络，整合其他群团组织的资源共同推动青年社会组织的发展。三是搭建综合服务的阵地，发挥枢纽平台的兼包并容的优势，吸引和凝聚各类青年群体，让其能在平台内找到发挥所长的机会，打造综合多元服务功能的工作平台，探索形式多样的青年社会参与方式。

（三）共青团在文化层面参与社会治理的路径

共青团在文化层面参与社会治理的路径包括：一是塑造青年文化，培养良好社会心态；二是弥补公共文化投入不足，推动公共道德建设；三是促进青年国际交流，维护国家利益。

1. 塑造青年文化，培养良好社会心态

党的十九大报告提出，加强社会心理服务体系建设，培育自尊自信、理性平和、积极向上的社会心态。共青团要推动青年制度化政治参与，增加青年的主人翁意识，促使他们把个人目标融合于国家目标，达到个人、社会和国家利益的高度统一。要鼓励青年在自愿自主的基础上参与志愿服务事业，自愿成立青年社会组织，实行民主参与、民主管理，共同致力于社会公益事业。鼓励青年以平等和互信的方式相处，用民主协商的方式处理分歧和矛盾，培养青年民主协商的意识和价值观，培育自尊自信、理性平和、积极向上的社会心态。

2. 弥补公共文化投入不足，推动公共道德建设

公共文化对于塑造我国文化自信有着重要的意义，当前公共文化投入总量不足、投入结构失衡、投入主体单一、投入管理不足、投入评价缺失。社会治理是一种更加柔和、平等、持续的治理机制，共青团是广大青年在实践中学习中国特色社会主义和共产主义的学校，共青团是公共道德建设的重要主体，既是道德规范的重要制定者，也是道德实践和道德监督的重要主体。共青团把思想政治工作贯穿于所开展的公共道德建设中，积极提供公共文化服务，为青年提供各种不同类型的公共文化服务内容和形式，满足青年的多样化文化需求。要注重党的历史文化对青少年的思想熏陶，通过向青少年宣传党的优秀革命传统和

革命历程，帮助其建立正确的理想和信念。要发挥新媒体的作用，采用青年人喜闻乐见的文化传播形式，贴近青年，将党和先进青年代表的文化传播给青年群体，用社会主义核心价值观引导青年，把核心价值观的宣传工作融入学校教育、社区教育、企业教育、家庭教育中，渗透到青年工作、学习、生活的各个领域，牢牢把握意识形态工作的主导权，帮助青年群体树立正确的世界观、人生观、价值观。

3. 促进青年国际交流，维护国家利益

青年是全球治理的主要力量，青年社会组织是促进国际交流的重要主体。随着综合国力的增强，“全球化”与“一带一路”倡议的推广，共青团和中国青年社会组织在国际治理体系中的作用日益凸显。全球治理给各国青年交流合作开启了机遇大门，也为我国青年群体及青年社会组织“走出去”搭建了广阔舞台。共青团要高举爱国主义旗帜，坚决维护和发展全世界各族青年之间的平等团结互助和谐，多领域、多渠道、多层次地深入开展青年国际交流活动，将“请进来”和“走出去”相结合，积极参与全球治理，共同推进人类命运共同体。共青团及青年社会组织“走出去”也有助于提升我国的外交形象及国际地位，维护国家利益，提升中国在设置议题、制定规则、争取话语权的能力。近年来，随着我国经济社会的发展，海归年轻化趋势日益明显，大规模海外青年人才回国投身社会主义建设。共青团要积极发挥桥梁纽带作用，广泛团结并服务海内外留学人才，为国家发展引进和凝聚海归青年力量。

第三章　惠州市社会组织参与社会治理现状及对策研究

广义的社会组织是指人类一切共同活动的群体，既包括家庭、家族和邻里等初级社会群体，也包括政府、政党、企业、学校、医院和宗教团体等次级社会群体。[①] 狭义的社会组织主要是指在各级民政部门登记注册的社会团体、基金会和民办非企业单位；在街道办事处备案的社区社会组织。为适应国内形势的变迁，我国社会组织的称谓经历了从人民团体、社会团体、民间组织到社会组织的转变。民间组织是与“官方”相对应的一个词语，它反映了长期以来构成中国传统社会中政治秩序基础的“官”与“民”之间的角色关系。它在我国开始被正式使用是在 1998 年，当年国务院将民政部社会团体管理局改为民间组织管理局。2016 年，中共中央办公厅、国务院办公厅《关于改革社会组织管理制度促进社会组织健康有序发展的意见》决定，民政部民间组织管理局（民间组织执法监察局）正式更名为社会组织管理局（社会组织执法监察局），对外可称国家社会组织管理局。2016 年 9 月 1 日施行的《中华人民共和国慈善法》赋予民政部门对社会组织的重要管理职责。社会治理既是对全社会的治理，也是需要全社会共同参与的治理。社会组织被称为现代社会的“三大支柱”之一，是社会治理体系不可或缺的一部分。

一、惠州市社会组织的发展现状

惠州市在全国率先成立社会组织党工委，博罗县率先在人大、政协中设立社会组织界别，积极引导社会组织有序参与社会治理和精准扶贫事业。2016—2018 年，全市仅慈善总会就筹得善款约 9.77 亿元。其中，市慈善总会筹得善款 7.05 亿元，各县（区）慈善总会筹得善款 2.72 亿元，大多用于扶贫济困等社会慈善事业。社会组织已成为我市政治经济社会发展的一支重要力量。

（一）整体规模和发展速度情况

从整体规模和发展速度上看，惠州市社会组织呈现稳定、有序发展的态势，但社团出现负增长，三类社会组织发展严重不平衡。截至 2018 年 12 月 31 日，惠州市各县区民政部门登记的社会组织共 3 021 家，其中社会团体

① 郑杭生. 社会学概论新修[M]. 北京：中国人民大学出版社，2017：208.

1 697 家，民办非企业单位 1 314 家，基金会 10 家。从 2015—2018 年的 3 年间，惠州市社会组织数量从两千多个增加到 3 000 多个，年均增长率达到 8.79%，进入快速发展阶段。截至 2022 年 5 月 31 日，惠州市社会组织共 3 516 家，其中社会团体 1 468 家，民办非企业单位 2 033 家，基金会 15 家；全市性社会组织 892 家，其中社会团体 591 家，民办非企业单位 286 家，基金会 15 家；在各县区民政部门登记的社会组织 2 624 家，其中社会团体 877 家，民办非企业单位1 747 家，基金会 0 家。

基金会的数量在 2015 年和 2018 年缓慢发展，2015 年数量为 7 个，2016 年发展到 8 个，2017 年维持 8 个，2018 年增长到 10 个，2021 年 15 家，但数量的扩张并不明显，发展的势头远远跟不上时代的要求，难以适应当前惠州市社会发展的需要。

（二）结构类型情况

从结构类型上看，社会组织涉及各个行业，但社会团体和民办非企业单位结构不够合理，基金会发展严重不足。

目前，惠州市民办非企业单位活跃在经济、科技、教育、文化、体育、劳动、卫生、社会服务等社会生活的各个领域，基本上涵盖了第一、二、三产业的各行各业，但总体而言，类型结构不够均衡合理，各行业数量区别很大。其中教育类民办非企业单位一支独大，占比达到 70%，这可能与社会对教育的需求很大，而国家提供的教育资源又严重短缺有很大关系；其中社会服务类民办非企业单位数量排在第二位，占比为 7.7%，应归功于惠州市近几年来大力发展公益服务类社会组织的政策；其中体育类、卫生类、文化类、其他、科技与研究占比分别为 7%、5%、4.3%、4.1%、1.7%；其中生态环境、农业与农村服务数量稀少，占比都只有 0.1%。总体来看，惠州市教育类、社会服务类、体育类民办非企业相对较多，但卫生类、文化类、科技与研究类所占比例较少，而维权类、环保类民办非企业则为零，整体结构成失衡状态（表 1）。

惠州市社会团体分为联合、行业、异地商会、公益、学术、专业六大类。联合类社会团体几乎占到总数的一半，占比达到 48%；其次是行业、公益和专业类，占比分别达到 16%、12%、12%；而异地商会、学术类则数量偏少，占比为 4.4% 和 7.6%。总体来看，惠州市联合类社会团体相对较多，公益、行业和专业类占比较少，而异地商会、学术类较少，整体结构趋向不够合理（表 2）。

惠州市基金会都为公益慈善类，数量为 15 家，基金会发展的类型和数量严重不足，限制了其在募集资金、社会救助、慈善捐款、公共服务等公益事业中的作用（表 3）。

表 1　2021 年惠州市民办非企业单位分类

分类		市/县(区)	市直	惠城区	惠阳区	博罗县	惠东县	龙门县	大亚湾区	仲恺区
民办非企业单位	经济	工商服务业	0	0	0	0	0	0	0	0
		农业及农村发展	1	0	0	0	0	0	0	0
	科学研究	科技	21	1	0	0	2	0	0	9
	社会事业	教育	49	579	198	186	119	40	37	116
		卫生	6	63	5	6	4	1	0	2
		文化	51	3	10	3	8	1	2	3
		体育	36	54	22	23	11	6	2	17
		生态环境	0	0	0	1	0	0	0	1
	慈善（社会服务）	劳动	8	31	2	0	7	0	1	20
		民政	50	19	13	21	12	8	23	20
	综合	法律	0	0	0	1	0	0	0	0
		宗教	0	0	0	0	0	0	0	0
		职业及从业者组织	0	0	0	0	0	0	0	0
		国际	0	0	0	0	0	0	0	0
		其他	65	17	2	1	7	0	4	2
	慈善组织数		0	0	0	0	0	0	0	0
	公开募捐资格数		0	0	0	0	0	0	0	0
	新增		2	3	2	3	1	0	0	5
	变更		6	21	6	0	3	3	1	6
	撤销/注销		3	1	0	0	0	0	0	16

表 2　2021 年惠州市社会团体分类

分类 / 市/县（区）	社会团体										
	行业	学术	专业	联合	异地商会	公益	慈善组织数	公开募捐资格数	新增	变更	撤销/注销
市直	83	46	60	271	81	26	23	3	1	12	1
惠城区	23	3	18	76	0	0	1	1	3	0	0
惠阳区	10	5	39	51	0	15	2	1	1	0	0

表 2(续)

分类 / 市/县(区)	社会团体										
	行业	学术	专业	联合	异地商会	公益	慈善组织数	公开募捐资格数	新增	变更	撤销/注销
博罗县	21	10	11	101	0	43	10	0	1	1	0
惠东县	22	5	9	64	0	38	5	1	0	2	1
龙门县	17	0	0	92	0	5	0	0	0	2	0
大亚湾区	12	1	0	48	0	12	1	0	0	1	0
仲恺区	34	6	6	55	0	4	3	1	0	2	9
全市合计	222	76	143	758	81	143	45	7	6	20	11

表 3　2021 年惠州市基金会分类

分类 / 市/县(区)	基金会						
	非公募	慈善组织数	公开募捐资格数	新增	变更	撤销/注销	总数
市直	1	14	0	0	0	0	15
惠城区	0	0	0	0	0	0	0
惠阳区	0	0	0	0	0	0	0
博罗县	0	0	0	0	0	0	0
惠东县	0	0	0	0	0	0	0
龙门县	0	0	0	0	0	0	0
大亚湾区	0	0	0	0	0	0	0
仲恺区	0	0	0	0	0	0	0
全市合计	1	14	0	0	0	0	15

(三) 区域分布情况

从区域分布上看，社会组织的发展不平衡，主要集中惠城区和惠阳区。这种显著的区域性差异主要与各区域的人口数量及经济发展状况密切相关，社区社会组织主要集中在惠城区、惠阳区(表 4)，作为国家级开发区的仲恺区呈快速增长趋势；社区社会组织也呈现出相同的趋势(表 5)。

表 4　2021 年惠州市社区社会组织登记备案数量

市/县(区)	登记数	备案数	公开募捐资格数
市直	892	0	3
惠城区	888	195	1
惠阳区	374	906	1
博罗县	438	2 113	0
惠东县	313	1 637	1
龙门县	170	1 022	0
大亚湾区	143	180	0
仲恺区	298	62	1
全市合计	3 516	6 115	7

表 5　2021 年各县(区)备案社会组织分类数量统计表

县(区)	类别(数量)								
	公益互助	文化体育	水户(农村用水)	计划生育	综治维稳	联合类	环保	养老敬老	总数
惠城区	26	105	40	3	7	0	3	11	195
惠阳区	374	389	24	20	37	6	15	41	906
博罗县	1 693	16	344	0	0	60	0	0	2 113
惠东县	153	481	0	0	0	1 003	0	0	1 637
龙门县	239	347	161	0	0	275	0	0	1 022
大亚湾区	80	73	0	0	0	27	0	0	180
仲恺区	6	21	17	8	1	0	0	9	62
合计	2 571	1 432	586	31	45	1 371	18	61	6 115

（四）参加年报的情况

从社会组织参与年报的情况上看，社会组织参与年检的比例高，参报率情况较好。年报可以有效检查社会组织遵守法律法规、法人自治、机构管理、人事和财务管理、业务活动、承接政府职能转移和购买服务、信息公开、涉外活动、党建工作等方面事项，对于促进社会组织规范化运作有着积极的作用(表 6)。

表6　全市性社会组织2021年度参加年报情况统计表

社会组织类别	应年报数量	已年报数量	未填报数量	参报率
社团	552	509	43	92.21%
民办非企业单位	273	249	24	91.21%
基金会	13	11	2	84.62%
合计	838	769	69	91.77%

（五）社会组织业务主管单位情况

从社会组织业务主管情况上看，业务主管单位负责的社会组织数量分布不均衡，主要集中在惠州市文化广电旅游体育局、惠州市教育局、社会科学界联合会等单位，并有大量的社会组织无业务主管单位（表7）。

表7　全市性社会组织业务主管单位情况统计表

业务主管单位	社会团体	民办非企业	基金会	合计
直接登记，无业务主管单位	297	116	9	422
惠州市文化广电旅游体育局	49	28	0	77
惠州市教育局	3	54	0	57
市民政局	5	29	0	34
社会科学界联合会	20	3	0	23
科学技术协会	17	1	0	18
卫生和健康局	6	7	0	13
文学艺术界联合会	17	2	0	19
残疾人联合会	1	11	0	12

其中，直接登记而无业务主管单位的社会组织达到了422家，基数较大，难以监管；达到10家以上，排名前八的业务主管单位分别为：惠州市文化广电旅游体育局79家，惠州市教育局57家，市民政局34家，社会科学界联合会23家，文学艺术界联合会19家，科学技术协会18家，卫生和健康局13家，残疾人联合会12家，从中可以看出文化广电旅游体育局和教育局负责的社会组织数量较多，而其他部门业务主管的社会组织数量则相对较少，不均衡状态较为明显。

二、惠州市社会组织参与社会治理的现状

近年来，惠州市积极引导社会组织参与社会治理并取得了不少成绩，特别是助兴乡村振兴和精准扶贫等方面，释放了社会组织的优势。但与此同时，社会组织也存在诸多不足之处，限制了社会组织更好地在社会治理中发挥作用。

（一）惠州市社会组织参与社会治理取得的成绩

惠州市在引导社会组织参与社会治理方面在政治层面、文化层面、社会层面都取得了不少成绩。

1. 社会组织在政治层面参与社会治理的成绩

社会组织在政治层面参与社会治理的成绩包括：一是促进政府职能转变，提供公共服务；二是反映公众诉求，促进社会公正；三是推动民主监督机制完善，增强公共政策的科学性。

第一，促进政府职能转变，提供公共服务。社会组织的发展不断推动政府职能转变。如惠州市好小子机器人研究中心承接政府职能，中心在科技馆、学校、社区持续开展了以体验与展示相结合的创新形式的公益科普活动，活动分布广泛，收益人次多，能够满足不同人群的需求。惠州蓝天救援队参与活动保障及重大灾难事故救援，如深圳光明滑坡、陈江洪水救援，惠东天路千人的骑行保障，台风“山竹”白花、淡水、潮南、阳江 7 天 3 夜救援；连续 8 天配合深圳特警在惠阳淡水河 50 公里河道寻找深圳男童绑架抛尸案失踪儿童；中信大桥坠车救捞，深圳地下河内涝 11 名失踪人员联合搜救，河源抗洪救灾，河源断桥事故救援，惠东白马山被困驴友救援，等等。蓝天救援队累计成功转移人民群众 3 650 多人，多频次出勤及执行各类救援任务，与市应急管理局、军分区武装部、公安机关、消防特勤、市 120 急救中心、蓝天救援各兄弟队、心连心救捞队形成广泛联动应急救援机制。惠州市社会组织总会先后组织多场社会组织负责人培训班，参训对象是社会组织的会长、副会长、秘书长等，旨在提升社会组织自身的能力建设，培养人才，建立人才储备库，向社会组织推荐和输送人才。惠州市企业建设促进组织开展诚信宣传活动 226 场，其中包括开展常态化的“诚信建设万里行”诚信宣传“五进”活动，进机关、进企业、进乡村、进社区、进学校开展诚信兴商宣传活动。2018 年 9 月，在惠东县白花镇洪灾中，市心连心公益协会、市汽车摩托车运动协会成立了以党员骨干为主体的公益救援队，开展了大量公益救援活动，协助政府部门参与了多处的紧急抢险救灾，受到社会广泛赞许。惠州市心连心公益协会志愿者救捞队已经实施救援 80 场次，出动 400 多人次，成立至今共救起 65 人，打捞 435 具遗体。2021 年，惠州市招标投标行业协会受惠州市住房和城乡建设局委托起草《惠州市房屋建筑工程和市政基础设施工程监理、施工招标示范文本》《惠州市工程建设项目招标代理机构信用考评管理办法》《关于在惠州市房屋建筑和市政基础设施工程招标中开展“评定分离”改革试点的工作指引》《惠州市工程建设项目招标投标管理办法》，协助惠州市住房和城乡建设局完成《招标采购常用法律法规汇编（2021 年版）》，联合建筑业协会等六大协会发布惠州市建设工程企业不良行为扣分标准和良好行为加分标准管理办法，为政府相关部门制定行业规划提供政策建议和行业依据，以“优秀招标投标代理机构评选”活动为契机，加快提升行业竞争力。

第二，反映公众诉求，促进社会公正。随着经济社会的不断发展，人民群众的利益诉求日益多样化，党和政府与群众之间需要有畅通的渠道进行沟通。社会组织涵盖各行业各领域，覆盖社会各类群体，直接联系不同方面、不同利益群众。这些社会组织充分吸纳不同方面的合理意见和建议，反映不同群体的利益诉求，成为民生需求的“扫描仪”、诉求表达的“传感器”，成为党和政府联系不同方面群众的桥梁纽带。惠州市福建商会成立调解维权委员会，主要目的是为商会会员提供法律咨询、学习及交流的平台；为商会会员提供日常法律咨询和定期或不定期法律培训服务，帮助会员单位规范经营管理制度，提升管理水平，促进商会和会员守法、自律，切实提升会员的依法维权意识。提供法律服务，依法维护会员的合法权益。福建商会法律顾问指导协调解决医患纠纷、工程质量纠纷、拖欠货款纠纷、劳动争议纠纷、人身损害赔偿纠纷、婚姻家庭纠纷、商品房买卖合同纠纷等诸多法律纠纷，避免了事件的冲突恶化；还为 8 家会员单位提供了诉讼指导帮助，维护了会员企业的合法权益，有效避免了冲突恶化，促进了社会公平公正。惠州市社会组织创新服务基地收集了党员群众意见，反映了群众诉求。惠州市保险行业协会共受理了 69 宗保险合同纠纷投诉案件，涉案金额 220.41 万元，成功协商 51 宗，和解成功率为 73.91％；受理了 42 宗保险合同纠纷调解案件，涉案金额达 105.69 万元，调解成功率为 76.19％；受理了 177 宗非保险合同纠纷投诉案件，和解成功率为 100％。

第三，推动民主监督机制完善，增强公共政策的科学性。社会组织参与社会治理有助于将社会组织内的群众意见纳入决策程序，让公共决策具有相关利益群体协商和共识的基础，完善民主监督机制，推动决策科学化民主化。社会组织可以利用专业知识对群众进行宣传教育，引导民众有序参与公共事务。2017 年 4 月以来，惠州市依托社会组织创新服务基地的平台，建成了市社会组织党群服务中心，在为社会组织提供办公场地、能力建设、管理咨询、项目扶持等基本孵化服务的同时，对党群组织同步孵化，实现社会组织和党群组织“双孵化”。基地先后有 39 家机构入驻，已通过评估出壳 10 家，孵化成立党组织 4 个，群团组织 5 个。全年共接待参观调研组（团）26 个，累计接待 300 余人次。搭建联系党员群众的平台，多次召开社会组织建言献策主题座谈会，解决党员群众关心关注的有关问题（诉求），共收集党员群众意见建议 29 条，每条意见建议都得到妥善解决。2018 年 12 月 21 日，博罗县政府与惠州市福建商会在县政府会议室召开关于促进民营企业发展座谈会，会议各方积极讨论献策，有效解决了民营企业发展问题。社会组织总会会长陈俊希作为惠州市社会组织界唯一的市十二届人大代表履职尽责，多次深入基层调研，提出多项高质量建议议案，积极推进惠州市社会组织健康有序发展。由他领衔提出的《关于社会组织如何高效履行社会服务和社会治理》《关于社会组织如何积极践行社会责任，完善社会组织管理》等建议，受到上级重视并转为议案。

2. 社会组织在文化层面参与社会治理的成绩

社会组织在文化层面参与社会治理的成绩包括：一是塑造公民文化，引领社会良好风气；二是弥补公共文化投入不足，满足人民群众多样化文化需求；三是加强国际交流，提升我国外交话语权。

第一，塑造公民文化，引领社会良好风气。近年来，惠州市社会组织积极与文化事业单位共同提供公共文化服务，提供各种丰富多彩的公共文化服务产品，广泛开展群众喜闻乐见的文化惠民活动，不断提升公共文化设施的使用效率和服务效能，满足市民的文化服务需求。特别是惠州市政府出台《惠州市社会力量参与公共文化建设的工作实施方案》，社会组织更加主动承接文化服务。经过几年时间，社会组织参与进一步推动了惠州市政府优化公共文化服务的政府采购程序、建立动态化价格管理机制、逐步扩大政府购买公共文化服务的范围等。目前，惠州市建设了“惠民文化大讲堂”“西湖花灯博览会”“快乐时光”“百姓欢乐舞台”“博罗卡拉 OK 大家唱”“欢乐仲恺行”等一批群众文化品牌，让群众登上家门口的艺术舞台；广泛开展广场文化活动，大力扶持一批基层文艺团队，形成“一社区一队伍、一队伍一特色”的分布格局；依托公共阅读服务阵地大力组织开展“世界读书日”系列活动和读书征文、公益讲座、亲子阅读等活动，让全民阅读活动丰富多彩；文化艺术中心每年奉献百场高端演出，送戏下乡、送书下乡、送电影下乡、送展览下基层等流动文化服务成为常态。其中，惠州市山东文化经济促进会和惠州市惠城区传统服饰文化促进会联合发起和主办的“爱我新中国　奋斗新时代”文艺汇演活动向新中国成立 70 周年献礼，让人民群众受优秀文化的熏陶，激发新时期爱国主义热情。活动由来自惠州市直和县区的 20 多家社会团体参加展演，近 500 人观看了当天文艺演出，丰富公民的精神世界，促进其积极参加健康有益的文化活动，增强公民的精神力量，培养良好社会心态。

第二，弥补公共文化投入不足，满足人民群众多样化文化需求。中共中央在十八届三中全会《关于全面深化改革若干重大问题的决定》中明确提出，要“鼓励社会力量、社会资本参与公共文化服务体系建设”，“打造现代公共文化服务体系”。推进公共文化服务体系建设，对于满足人民群众文化需求、保障人民群众文化权益，维护社会公正，促进社会和谐具有十分重要的意义。2011 年 12 月，嘉应商会积极响应惠州市委、市政府大力加强文化建设、创建文化惠州的号召，在江北白马商城筹建 20 000 多平方米的客家文化广场，给居民提供了文化活动场地。2019 年 6 月，嘉应商会捐款 86 万元，为惠东县白盆珠镇幼儿园购买了一台 21 座校车，并承担今后 5 年校车运营费用，帮助贫困地区学生解决上学难的问题；惠州市企业诚信建设促进会自 2016 年起，每周六组织开展国学公益讲座，受益家长孩子超过 14 000 人次，让人民群众感受国学之韵，丰富精神生活；汕头商会在 2015 年 9 月，捐赠《平凡的世界》励志读物 1 000 多套，丰富了人民群众的课外阅读，有利于满足人民群众多样化的文化需求。

第三，加强国际交流，提升我国外交话语权。习近平总书记指出，民间组织是推动经济社会发展、参与国际和全球治理的重要力量。社会组织开展国际交流与合作是新时代中国特色社会主义大国外交的重要组成部分，对推动打造新型国际关系、打造人类命运共同体具有重要意义，特别是在讲好中国故事、传播中国声音、树立中国负责任的大国形象、夯实国家关系的民意基础等方面可发挥重要作用。社会组织发挥了政府和市场难以取代的积极作用，通过“请进来”和“走出去”，为惠州经济社会发展牵线搭桥，贡献力量。惠州社会组织开展国际交流与合作，培养了一批熟悉国际惯例、掌握国际规则、精通语言的专业化人才队伍。通过参与相关专业领域的活动，扩大了自身在相关领域的影响力和话语权。如成立于 2006 年的惠州市港澳慈善基金会，为推动惠州民生事业发展、促进社会和谐稳定作出了积极贡献。13 年来累计筹得善款超过 1.5 亿元，所筹善款全部用于在惠州地区开展的“扶贫济困、助残救急、医疗救助、兴教助学”等系列慈善公益活动。港澳慈善基金会在弘扬“慈善为怀，幸福万家”理念、实施慈善项目救助、建立现代社会捐赠体系、完善组织建设等方面都取得了显著成绩，精心打造了“慈爱助学”“农村贫困白内障患者免费复明工程”“幸福新居工程”“慈爱救‘心’医疗救助工程”等众多慈善爱心品牌项目。

3. 社会组织在社会层面参与社会治理的成绩

社会组织在社会层面参与社会治理的成绩包括：一是积极参与精准扶贫工作，促进社会公平；二是促进社会就业，促进社会和谐；三是整合社会资源，推动公民参与。

第一，积极参与精准扶贫工作，促进社会公平。2017 年 5 月，惠州市民政局发动社会组织积极参与精准扶贫工作，在 160 家社会组织与 148 个省级、市级贫困村结对帮扶共建的基础上，向全市社会组织发出参与乡村振兴建设的倡议，开展“百会扶百村”活动，按照“发挥优势、精准对接、互助共赢”的思路，采取“一村一会”“一村多会”“一会多村”等形式和“物质＋智力＋N”等多种方式，从资金、物资、技术、信息、就业、助学、解困、社工介入、医疗卫生、文化体育、人居环境、村风民风建设等方面开展帮扶，使社会组织与贫困村、贫困户的帮扶与需求之间更加有效对接。

2018 年,惠州市民政局全面落实新时期精准扶贫工作,在 160 家社会组织与 148 个省级、市级贫困村结对帮扶共建的基础上,向全市社会组织发出参与乡村振兴建设的倡议,2018 年 5 月 18 日,市民政局、市扶贫办、市社会组织总会向全市社会组织发出了参与精准扶贫倡议书;5 月 26 日,举行了社会组织参与精准扶贫签约仪式;6 月 16 日,召开了“百会扶百村”活动——社会组织参与精准扶贫工作推进会。截至 2018 年 6 月,全市共有 160 家社会组织与惠州全市 46 个省级贫困村和 102 个市级贫困村结对帮扶,投入对口帮扶资金 1 934 万元。惠州市桓公慈善会自成立以来,在帮扶济困、救灾赈灾、助学奖学和抗击新冠肺炎疫情等方面做了一些应做的工作,3 年的奖学助学活动中,圆梦助学学生 26 名,奖学学生 41 名,总计金额约 37 万元。2022 年 4 月 10 日,捐赠防疫消毒洗手液 6 000 瓶,防疫口罩 50 000 个。向半岛小学捐赠防疫消毒洗手液 4 000 瓶,防疫口罩 80 000 个及捐读书雕塑 8 万元。截至 2022 年 3 月,惠州市挺秀慈善基金会共定向募捐社会公益民生建设项目和教育设施建设项目 12 宗;通过合作定向资助贫困学子 480 人,激励优秀学子 480 人;走访慰问贫困家庭和老党员超 280 户;累计募捐资金已超过 1 600 万元。社会组织始终坚持恪守宗旨,广泛动员社会力量,积极倡导慈善意识,弘扬慈善精神,凝聚社会力量,努力开拓慈善工作的新领域、新格局,已经成为惠州市精准扶贫工作的重要补充和辅助力量。

惠州市进一步深化和创新帮扶方式方法,确保精准帮扶工作落地见效。遴选第二批参与精准扶贫社会组织名单和重点项目。如市福建商会牵头设立 1 000 万扶贫基金;市家长协会对接惠东县梁化屯村启动 100 千瓦光伏发电扶贫项目;市潮州商会对接博罗杨村石滩村广告牌等一批扶贫项目落地,市社会组织总会捐款 30 万元,市嘉应商会捐款 120 万元,市湖南商会捐款 20 万元,市汕头商会捐款 30 万元,市天鸿安居基金会捐款 20 万元,市投融资商会、市挺秀慈善会捐款 10 万元,市中小企业协会捐赠价值 1 000 万元的助听器等。2020 年,面对席卷全国的新冠肺炎疫情的严峻形势,全市社会组织勇于担当,主动作为,为支持抗疫工作捐资捐物 6 000 多万元,深入抗疫一线,做了大量卓有成效的工作。

第二,促进社会就业,促进社会和谐。社会组织能够弥补就业系统中市场和政府功能的有限性,可以成为促进社会充分就业、公平就业和均衡就业的一个重要渠道。随着惠州市社会组织的发展,社会组织数量不断增加,社会组织已为社会创造了可观的就业岗位,是一条不可忽视的就业渠道。惠州市社会组织的发展,为广大人民群众提供了多个就业岗位。惠州市沼气协会聘请专家为养殖户、农民举办多次大小型的培训讲座，提高其技术知识水平。惠州市农学会3年间组织技术人员开展科技下乡和科技培训20多场次，培训乡镇技术人员及农业种植户1 000多人次，组织科普宣传和科技下乡活动50多场次，发放农作物栽培、水产养殖、林业保护、农机维护、动物疾病防治、农产品质量安全等技术资料5 000多份，6 000多人次接受科技咨询服务。在服务“六稳”“六保”方面，2020年7月惠州市社会组织总会举办线下招聘活动，发动42家社会组织，为高校毕业生提供就业岗位800多个。

第三，整合社会资源，推动公民参与。“惠民空间”老旧社区微改造项目是一项关乎和谐、提升城市品质、助力公益的惠民工程。2019年9月，惠州市正式启动“惠民空间”老旧社区微改造项目。2019年12月17日，惠州市微旧小区慈善之夜筹款活动上，惠州市社会组织总会动员旗下20多家会员单位共认捐200多万元。2021年，总会积极参与“惠民空间”惠州市区老旧小区微改造工作，力所能及帮助解决老旧小区居民生活难题，改善人居环境，搭建社区治理平台。近年来，总会共发动爱心社会组织和企业资助资金1 500多万元，目前全市已完成84个老旧小区微改造，成为惠州社区治理的一张名片。

（二）惠州市社会组织参与社会治理方面存在的困境

惠州市引导社会组织参与社会治理方面存在的困境包括：社会组织参与社会治理的角色定位不清晰，社会组织参与社会治理的途径较少，导致社会组织参与治理的能力不足。

1. 社会组织参与社会治理的角色定位不清晰

目前，惠州市社会组织成立一段时间后，普遍存在主动性差、安于现状、活力不足的现象。在创新组织开展业务的形式、不断学习行业内新知识、提高组织产品和服务质量、拓宽社会资金筹集渠道等方面大多数的社会组织都缺乏主动性。许多社会组织无法找准自身在社会治理背景下的角色定位，无心参与政府购买和承担政府转移职能。

2. 社会组织参与社会治理的途径较少

社会组织自身缺乏参与社会治理的途径，社会组织的政治参与和政治影响力处于低水平状态。社会组织政治参与更多的是通过合法性集会或研讨会等方式，代表所在的组织或行业向决策部门反映问题、提出要求，以促使相关政府部门制定相应的政策或措施。从总体看，社会组织的社会性参与较多，政治性参与较少。

3. 社会组织参与治理的参与能力不强

首先，专业人才严重稀缺。惠州市社会组织专职工作人员不多，主要依靠志愿者开展活动，社区社会组织的参与人员也主要来自离退休人员，专业的社会工作人才明显不足。其次，参与能力不强。惠州市社会组织整体发育尚不成熟，许多社会组织面临资金和人才等社会资源短缺的现实困境。目前，惠州市社会组织形成和发展主要是靠政府扶持，大部分的社会组织行政色彩较浓，依赖心理较强，不敢主动积极参与社会治理，导致参与社会治理的能力不强。

三、其他周边城市的经验做法

借鉴周边城市的经验做法，特别是广州和深圳的做法，有助于惠州市更好地发现自身不足之处，更好地推动社会组织在社会治理中发挥参与作用。

（一）广州市的经验做法

广州市坚持“有序放开、有力扶持、有效监管、有固党建”的工作思路，不断深化社会组织登记管理体制改革，健全培育扶持体系，完善综合监管机制，加强社会组织党建，社会组织发展呈现出良好态势，2014 年 2 月，广州市被民政部确认为“全国社会组织建设创新示范区”。2021 年，广州市登记注册社会组织共计 8 030 家，其中，社会团体 3 467 家，社会服务机构（民办非企业单位）4 440 家，基金会 123 家。2021 年，全年新成立社会组织 367 家，社会组织发展保持一定活力。2021 年，广州市社会组织管理局通过发布《广州市社区社会组织管理办法（试行）》，开展社区社会组织 3 年专项行动，重点培育社区社会组织，为社区治理添加动力。目前，全市已有 20 000 余个社区社会组织，每个街镇建成 1 个社区社会组织联合会，社区慈善组织、社区志愿服务组织在此推动下也发展迅速。全市社会组织围绕广州、广东及国家发展战略，在做好自身防控的前提下，深入参与社会面疫情防控，服务送达一线，甚至国外；构建广深社会组织“双城联动”机制；深入实施贵州东西部协作、西藏新疆对口支援、四川甘孜巩固拓展等 7 项活动。

1. 发展社会组织的经验做法

广州市发展社会组织的主要做法包括：打造更加完备的政策法规体系；打造更具活力的创新发展体系；打造更加科学的品牌发展体系；打造更加完善的培育扶持体系。

(1) 打造更加完备的政策法规体系。

一是推动社会组织立法。贯彻落实好《广州市社会组织管理办法》，紧抓《社会团体登记管理条例》《基金会管理条例》《民办非企业单位登记管理暂行条例》修订以及《广东省社会组织条例》制定的契机，积极推进广州市社会组织立法工作。通过立法进一步对现有行政规章、政策法规进行整合，建立统一的社会组织管理体制框架，进一步厘清政府与社会组织的权责边界，为社会组织真正实现政社分开、权责明确、依法自治提供法制保障。

二是推进政策制度创新。贯彻落实《慈善法》，推动修订《广州市募捐条例》,出台相关政策法规。探索推进社会服务机构登记界定问题,进一步明确社会服务机构的企业属性和社会属性,健全社会组织承担社会责任的社会监督体系,逐步实现社会服务机构的自我生存发展与解决社会问题的双赢目标。巩固提升广州市社会组织登记改革成果,优化社会组织登记工作流程,出台培育发展社区社会组织的措施政策。落实社会组织登记的“三证合一”,将法人登记证、组织机构代码证、税务登记证等证书整合统一,逐步铺开换发新证的工作,简化办事手续、节省行政成本。

三是提高社会组织依法自治水平。加强社会组织法人治理指引,引导社会组织以章程为核心建立健全财务管理等内部管理制度,完善民主选举、民主决策、民主管理、民主监督、诚信自律和廉洁从业机制,在法律框架和章程范围内规范管理和开展活动。督促社会组织健全完善财务管理制度,建立公开、透明、高效的社会组织管理机制,加强社会组织法制宣传教育,提高社会组织的法制意识、主体意识及责任意识,保障社会组织依法自治。

(2) 打造更具活力的创新发展体系。

一是推进社会组织“互联网+”工程。紧密结合互联网发展趋势,通过“互联网+”促进互联网与社会组织深度融合,有效激发社会组织活力,提升自我发展能力。依托“互联网+”搭建全市统一的公益慈善募捐网络平台,开展互联网众筹,打造便捷、通畅的社会组织募捐渠道,增强社会组织“造血”功能,提升社会组织筹资能力。依托“互联网+”拓展资源对接及社会参与途径,发挥互联网平台“零距离”优势,通过“线上+线下”相结合,促进社会组织服务项目与社会需求有效对接,为社会公众参与志愿、公益服务活动提供便捷渠道、途径,增强社会组织的社会动员能力。依托“互联网+”加强社会组织公益评价和宣传,顺应新形势下网络、移动互联网的传播规律,进一步利用网站、微博、微信等宣传平台创新宣传方式,促进社会组织与媒体、公众良性互动,凝聚社会组织正能量,扩大社会组织的社会效应,营造全社会支持社会组织发展的氛围。

二是创新社会组织作用发挥载体途径。进一步总结和规范政府购买服务,准确把握社会公共服务需求,加大社会组织承接政府购买服务支持力度,继续编制具备政府转移职能和购买服务资质的社会组织目录,增强社会组织平等参与承接政府购买公共服务的能力,有序引导社会力量参与服务供给。深入开展社会组织公益创投、公益慈善项目大赛等活动,创新载体形式,激发社会组织参与社会服务的积极性、创新性,拓宽社会组织成长和作用发挥空间。推进“三社联动”,建立以社区为平台、公益性为宗旨的多样化、多层次社区社会组织体系,推动社区、社会组织、社工专业人才资源共享、优势互补、相互促进、有机联动。依托网格化服务管理平台、街道家庭综合服务中心、幸福社区创建等,支持引导社会组织植根社区，开展与社区居民需求相契合的服务项目和活动。

三是积极引导社会组织发挥作用。加强等级评估，将社会组织评估等级与政府购买服务、转移职能、资金扶持、税收优惠等政策相挂钩，通过“以评促建、以评促管、以评促创”激励社会组织对照评估标准加强自身建设。对长期不开展活动、不按规定提交年度报告的社会组织进行专项治理，加大监管力度。依托各类支持性、服务型、枢纽型社会组织，发挥其资源集聚、辐射联动优势，积极推动政社合作、社企合作、社社合作，为社会组织拓展更加多样化的生存发展环境。加快去行政化、去垄断化改革，继续推行“一业多会”，鼓励适度竞争、优胜劣汰，创新行业协会商会管理体制和运行机制，激发内在活力和发展动力。积极引导广州市社会组织参加全国、省、市有关评选、表彰活动，鼓励先进、鞭策后进，发挥示范带动作用，推广可复制、可借鉴的经验，促进全市社会组织健康发展，积极引导社会组织作用发挥最大化。

(3) 打造更加科学的品牌发展体系。

一是全面实施社会组织品牌战略。制定品牌社会组织评价指标体系，及时总结试点经验，全面启动全市社会组织品牌创建活动。坚持问题导向、目标牵引、重点突出、特色鲜明、布局合理的原则，着力培育一批党建引领好、内部治理好、服务能力好、社会公信力好、示范作用好的品牌社会组织，促进广州市社会组织发展由数量规模型向质量效益型深度转变。加强创建活动组织实施，对符合条件的创建组织进行资助，通过公开招标确定第三方机构全程指导与督导创建工作，确保品牌社会组织培育质量，实现品牌建设目标。“十三五”期间，打造10个在全国范围内具有较高知名度、美誉度的广州品牌社会组织，30个在广东省有一定影响力和信誉度的广州品牌社会组织，50个在全市有代表性和示范性的品牌社会组织。2016年，广州市开始实施社会组织品牌战略，制定《广州市品牌社会组织评价指标体系(试行)》，广州市义务工作者联合会等10家社会组织获评首批广州市品牌社会组织。2017年，广州市民政局委托第三方机构开展品牌创建评估，经专家集中评议、实地评估，广州市白云区不动产服务协会等10家社会组织获评第二批广州市品牌社会组织。截至2021年12月，广州市社会组织管理局已开展了6个批次的品牌评选，共命名49家广州市品牌社会组织。

二是大力引进品牌社会组织。采取经验引进、项目引进、机构引进相结合的方式，多渠道引进国内外品牌社会组织，充分发挥国内外品牌社会组织的示范引领作用。邀请国内外知名品牌社会组织来广州分享发展经验，举办广州市品牌社会组织发展交流会，搭建学习交流平台。鼓励和支持全国知名品牌社会组织来广州承接或开展以民生保障、公益慈善、社会服务等为主要内容的公益项目，推动优质项目落户广州。优化品牌社会组织来广州发展环境，推动全国知名品牌社会组织来广州设立分支机构或代表机构，创造便利条件让其在穗成立相关社会组织，进一步促进各地知名品牌组织扎根广州，共同促进广州品牌社会组织集群式发展。

三是着力打造社会组织品牌项目。以社会服务需求为导向，以社会组织公益创投为平台，以能力提升为重点，以项目推广为抓手，有计划、有步骤、有重点培育一批创新性强、公益性优、示范性好、影响力大的公益项目，力争打造50个富有特色、充满活力、在全国叫得响的品牌项目。

(4) 打造更加完善的培育扶持体系。

一是加大社会组织分类扶持发展。出台关于培育和发展城乡社区服务类、公益慈善类、行业协会商会和科技类社会组织的实施意见，大力发展适应社区建设和群众需求的为民服务、养老照护、公益慈善、促进和谐、文体娱乐和农村生产技术服务等活动的社区社会组织，引导和鼓励承担政府购买或资助的服务项目，设立项目资金、补贴活动经费等措施，加大对社区社会组织扶持力度，推动成立每个街(镇)社区社会组织联合会，满足群众多层次多样化服务需求。大力发展符合市场经济需要的行业协会商会、科技类社会组织，发挥其人才、技术、资金等资源上的优势，规范发展传统优势产业，推动广州市新兴产业快速发展。

二是完善社会组织培育平台。打造完善职能明确、层次清晰、功能互补、覆盖全市的社会组织培育基地三级网络，进一步完善社会组织培育(孵化)基地市、区、街(镇)、社区四级网络搭建，打造社会组织培育基地培育交流合作新平台。探索建立社会组织培育网上服务平台，学习和借鉴其他地区社会组织培育基地的“云孵化”“服务置换”等创新突破概念，推进社会组织培育基地和社会组织培育网上服务平台相结合，打造信息互动、公益互助的社会组织服务平台，逐步建立和完善“能力提升”“资源聚合”“在线评价”“项目落地”四大网络孵化功能，开创“人人帮助人人”的社会建设与公益新模式。在已有社会组织培育基地的基础上，继续规划建设不同类型的社会组织培育基地，创新培育孵化模式，扩大培育基地对社会组织的辐射范围，形成上下联动、市区合力、各方参与的社会组培育基地发展局面。2017年，新建成6家培育基地，其中包括广州市首个社区社会组织培育基地“荔湾区西村社区社会组织培育基地”。截至2017年12月底，广州市各级各类社会组织培育基地共有45个，其中市级培育基地2个、区级培育基地12个、群团组织培育基地12个、街道(镇)级培育基地19个，入驻社会组织1 336个，市、区、街(镇)、社区四级社会组织培育基地网络基本建成，能够为社会组织提供党建指导、办公后勤、政策咨询、专项培训、资源链接等培育服务。

三是加快推进社会组织“三库三基地”建设。建立以社会组织法人库为基础，社会组织项目库为支撑，社会组织专家库为保障的社会组织服务管理系统，推动社会组织信息化管理，为广州市社会组织发展搭建人才梯队，打造社会组织发展智库。升级打造广州市社会组织培育基地网络，建立以社会组织培育基地为载体的社会组织创新基地及社会组织党建基地，加强对社会组织及其人才的培育扶持力度，提升社会组织的发展能力，逐步推动建立覆盖广泛、门类齐全、层次丰富、结构优化、布局合理、作用明显的社会组织发展体系。

四是加强社会组织教育培训。完善社会组织培训教育体系建设，依托广州社会组织研究院、广州社会组织学院建立专业化社会组织培训机构，合理配置教育培训资源，继续编制社会组织培训教材丛书，评选社会组织精品课程，增强教育培训的专业性、针对性和实效性。完善社会组织人才政策，制定加强社会组织人才工作意见，建立社会组织负责人培训制度，明确不同领域、不同层次、不同类型社会组织人才教育培训重点任务和保障措施。

2. 监管社会组织的经验做法

广州市在监管社会组织方面的经验做法包括：打造更加全面的综合监管体系；打造更加有力的党建保障体系。

(1) 打造更加全面的综合监管体系。

一是完善综合监管。建立与社会组织直接登记相适应的综合监管制度。完善市、区两级发展和规范社会组织联席会议制度，加强民政部门牵头，公安、司法、财政、审计、税务、物价、工商和各业务主管(指导)单位参与的联合监管、联动执法机制以及重大问题通报、监管信息共享机制，推动部门参与联动，形成监管合力。进一步加强对社会组织负责人、社会组织资金、社会组织活动的管理，提升政府事中、事后监管水平，实现由过度监管向适度监管、由限制性监管向激励性监管、由单一监管向多维监管、由前置监管向后置监管的转变，并进一步完善健全社会组织退出机制。

二是加强分类监管。遵循社会组织发展规律，根据社会组织的不同类型、不同性质和不同发展需求，研究制定社会组织分类监管指标，突出分类监管重点。对重点发展领域，简化登记程序，加大扶持力度，严格控制业务宽泛、不易界定的社会组织，禁止设立违背法律法规的社会组织。对行业协会商会类社会组织侧重于维护市场经济秩序和收费行为的监管，对科技类社会组织侧重于科技创新和科技服务引导工作的监管，对公益慈善类社会组织侧重于资金筹集和使用情况的监管，对城乡社区服务类社会组织侧重于服务和引导工作的监管，进一步提高社会组织监管工作的科学性、针对性和有效性。对社会组织活动实行日常监管。加强与相关部门的协作监管，有效规范社会组织涉外活动，有力引导社会组织有序开展对外交流合作。对社会组织成立登记条件进行严格审核把关，完善社会组织年度报告、分类评估、抽查监管制度，建立科学有效的社会组织评估制度，充分发挥评价的导向、激励和约束作用。完善社会组织信息公示、异常名录管理制度，完善撤销、注销登记制度，健全社会组织退出机制和违法违规案件移送机制，及时查处社会组织违法违规活动和非法社会组织。

三是鼓励社会监督。完善信息公开机制，搭建社会组织信息公开、慈善捐赠信息、投诉举报等为一体的多元公众参与监管网络，实现全市社会组织信息共享，方便社会监督，提高社会组织公信力。鼓励支持新闻媒体、社会公众对社会组织进行监督。探索建立专业化、社会化的第三方监督机制，建立健全社会组织第三方评估机制，确保评估信息公开、程序公平、结果公正。拓宽公众参与渠道，建立对社会组织违法违规行为及非法社会组织投诉举报受理和奖励机制，依法向社会公告行政处罚和取缔情况，接受社会公众关于社会组织的投诉举报和建言献策。

四是创新监管方式。建立全市统一的社会组织信息平台和社会组织法人信息数据库，整合全市社会组织信息资源，建立社会组织大数据库，运用现代信息化技术手段对社会组织相关数据进行统计、分析、预警、追踪。对重点社会组织的敏感信息进行整合分析，对非法社会组织和社会组织违法违规行为进行定向追踪。加强各相关部门信息共享，按照统一的信息标准和技术规范，建立健全社会组织信息电子档案，记录和整合社会组织信息，实现社会组织信息实时更新、实时监控，以及互联互通互查。推动社会组织网上身份认证及信用制度，加强信用信息的数字化管理，运用互联网思维和大数据手段，加快社会组织信用体系建设，将促进社会组织信用信息的交换共享，为褒扬诚信、惩戒失信创造条件。

(2) 打造更加有力的党建保障体系。

一是完善党建工作机制。完善广州市社会组织党建管理体系，建立责任明确、运行顺畅的社会组织党建工作机制。建立社会组织负责人审核机制，全面落实《社会组织党组织负责人任职管理办法》。健全社会组织党建工作指导机制，进一步优化市社会组织党委委员与社会组织党组织联络指导机制。全面推进党建工作与登记管理工作全程同步开展，完善党建工作与社会组织业务工作全程嵌入机制，充分发挥党组织的战斗堡垒作用和党员的先锋模范作用。鼓励引导社会组织探索开展社会组织协商，坚持党的领导和政府依法管理，健全与相关社会组织联系的工作机制和沟通渠道，推进社会组织依法参政议政，有序参与基层协商、立法协商、政策制定等，引导社会组织成为社会治理的重要协商主体，更好为社会服务。

二是扩大党的组织和工作覆盖。按照应建尽建的原则，加大社会组织党组织组建力度，实现党的组织和工作全覆盖。采取单独组建、联合组建、挂靠组建、相关单位组建或纳入片区党组织等形式，确保社会组织的每一名党员都纳入一个党组织，正常参加组织活动。在规模较大、会员人数较多的行业协会和异地商会中建立行业党委，对会员单位党员统一登记、统一管理、统一组织活动。指导广州市社会组织联合会等枢纽型社会组织率先成立党委，统筹管理及其所属会员单位的党建工作，形成更广泛、更有效、更紧密的社会组织党建新阵地。各有关部门要结合社会组织登记、检查、评估以及日常监管等工作，督促推动社会组织及时成立党组织和开展党的工作。到"十三五"末期，在市、区、街(镇)级和群团组织社会组织培育基地中建立40个党建工作站，在全市打造20个以上的党建示范点，形成一批知名度较高、影响力较大、具有鲜明特色的党建品牌。统一部署、推动社会组织工会、共青团、妇联工作。

三是加强党务工作者和党员队伍建设。完善广州市社会组织党委党校各项建设，加强对全市社会组织的理论学习、党性教育、道德建设和党务业务培训。加强党务工作者和党员队伍建设，开展全市性社会组织党组织负责人专题培训，做好入党积极分子培训。积极开展党员先锋岗、党员责任区、党员公开承诺等活动。注重在社会组织负责人、管理层和业务骨干中培养和发展党员。

3. 引导社会组织参与社会治理的经验做法

广州市引导社会组织参与社会治理的经验做法包括：一是"党建＋公益"，激发基层社会治理活力；二是"品牌＋公益"，品牌驱动提升社会治理服务成效；三是"党建＋扶持"，引导社会组织大力加强党建工作；四是"党建＋平台"，引导社会组织有序参与社会治理；五是"党建＋服务"，引导社会组织党员发挥先锋模范作用。

(1)"党建＋公益"，激发基层社会治理活力。

2018年，公益创投活动首次探索运用"党建＋公益"的模式，运用"红色创投"形式筹集资源开展党建公益活动，以"红色创投"活动作为改革的基层党建起点，进一步发挥党建引领作用，引导和鼓励广州市社会组织党组织联系服务群众、参与社会治理。作为公益创投"广州模式"的深化和创新，"党建＋公益"的模式，"党建"牵手"公益"，不仅创新了"党建"的载体，加强社会组织党组织与群众的直接联系，创新服务群众的组织形式，使社会组织党组织和党员在服务群众、贴近群众、团结群众、引导群众更好地发挥战斗堡垒和先锋模范作用，事实上也拓宽了公益创投服务项目的对接平台，将社会组织党建与社会组织服务结合在一起，以项目化的形式来推动广州公共服务的精准化和多元化。一方面实现社会组织党组织的信息阵地资源、专业技术资源、人才队伍资源等各类资源充分集聚，最大效用地服务群众；另一方面使社会公益力量、多元主体积极参与到社会治理创新中来，更好地营造党委领导、政府负责、社会协同、公众参与、法治保障的共建共治共享社会治理格局，为推进社会治理体系和治理能力现代化、促进社会和谐善治提供坚强的组织保证。

2021年，广州出台发布了全国首个《社会组织应对突发公共卫生事件防控规范》(DB4401/T139—2021)(以下简称《防控规范》)地方标准，2022年2月1日起正式实施。这是自2020年5月，广州市社会组织管理局、广州社联编制发布全国首个团体标准《社会组织应对突发公共卫生事件防控规范》后，再次率先发布社会组织应对突发公共卫生事件的地方标准，这是一次制度的升级。《防控规范》地方标准结合广州市社会组织两年来的实战经验，延续了《防控规范》团体标准的编制思路，针对不同类型、不同业务范围的社会组织参与疫情防控的场景进行合理规范，主体内容包括基本原则、防控管理机构、常态化防控、应急处置、防控参与、监督检查与评估改进等6部分。《防控规范》突出“常态化”和“应急性”，提升社会组织领域疫情防控的科学水平；兼顾“分类”和“统一”，明确社会组织内部职责要求，列出涉及养老服务、儿童服务、救助服务等重点相关社会组织防控标准，指导慈善组织、志愿服务组织、社会服务机构等类型社会组织发挥自身特长优势，参与社会面疫情防控；实化“自身防”和“外参与”，充分发挥社会组织参与社会面防控的积极作用。

(2)“品牌+公益”，品牌驱动提升社会治理服务成效。

根据《广州市民政局关于开展第五届广州市社会组织公益创投活动的通知》，“广州市品牌社会组织或参加社会组织等级评估且评估等级在3A以上的，在同等条件下享有优先权”。公益创投活动还鼓励广州市品牌社会组织和等级评估优良的社会组织等积极参与公益创投活动，以发挥示范引领作用。伴随着广州市社会组织公益创投深入开展，不少具有连续性的创投项目在实践探索中走向更加规范化、品牌化，培育出了一批批品牌项目和优秀服务机构，促进了社会组织自身能力提升，产生了良好的社会效益。“品牌+公益”模式的引入，同广州市社会组织品牌战略的激励扶持措施不谋而合，通过鼓励和支持品牌社会组织承接或开展公益项目，引领促进品牌社会组织集群式发展，利于提升广州创投的整体品牌效应。

(3)“党建+扶持”，引导社会组织大力加强党建工作。

完善政策措施，将社会组织党建情况列入购买服务、业务审批等重要参考指标，在社会组织等级评估中赋予党建工作重要分值，党建工作不过关的，不能获得4A及以上等级称号。实施重点培育，依托市社会组织培育基地建立社会组织党群服务中心，重点培育扶持社区服务类等社会组织。近3年共立项社会组织发展专项资金1 300万元，重点培育了一批党建基础好、服务社会治理的社会组织。注重提升能力，编写出版《社会组织党的建设》等教材，举办广州社会组织讲坛，精准开展系列专题培训，提升社会组织从业人员和党务工作者的能力素质。

(4)“党建+平台”，引导社会组织有序参与社会治理。

一是搭建共治议事平台。依托社会组织党组织引导社区居民共同协商解决社区事务，如白云区三元里村依托市法泽城市与公益研究中心党组织成立共治议事会，一跃成为全市社会综合治理示范村。

二是搭建参与治理平台。发挥社会组织党组织的优势，为居民解决切身利益问题，如广州市普爱社会工作服务社党支部联合社区机关单位党组织成立旧楼加装电梯联盟，推动社区加装14部电梯，惠及875户居民。

三是搭建项目推进平台。实施社会组织公益创投活动，截至2021年年底，广州市共资助社会组织参与社会治理相关项目530个，直接服务人群超过150万人次。

(5)“党建+服务”，引导社会组织党员发挥先锋模范作用。

组建党员志愿服务队，依托社会组织党组织成立党员志愿服务队，深入社区开展矛盾纠纷调解、社会环境整治、社会治安巡逻等社区服务管理。开展党员进社区义工服务行动，推动“党员义工进社区”常态化发展，如市义工联成立广州义工党建指导中心，开展党员社区义工服务大行动，参与党员义工超2 000人次，服务对象超15 000人次。发挥专业人士党员作用，引入律师党员等专业力量参与社会治理。

(二) 深圳市的经验做法

近年来，深圳坚持培育发展与规范管理并重，不断提升社会组织发展质量，有序引导社会组织参与社会治理和公共服务，初步打造了一套符合实际需要，具有深圳特点的制度框架、工作机制、组织体系，形成了共建共治共享的新格局。截至2021年7月30日，全市共登记有社会组织10 611家。其中，社会团体4 805家，民办非企业单位5 362家，基金会444家。市级社会组织4 210家，区级社会组织6 401家。

1. 发展社会组织的经验做法

深圳市在发展社会组织的经验做法包括：加强社会组织立法；加强政府职能转移和购买服务；加强对社会组织培育扶持；建立一站式社会组织服务平台；加强社会组织人才建设。

(1) 加强社会组织立法。

社会组织法律法规不健全，成为多年来制约深圳乃至我国社会组织发展的重要瓶颈。一是积极推动社会组织立法。2013 年 12 月，深圳市利用特区立法权，制定出台了《深圳经济特区行业协会条例》，极大地促进深圳市行业协会的发展。2015 年，深圳市民政局开始启动《深圳经济特区社会组织条例》立法工作。在与深圳市人大常委会充分沟通的前提下，创新立法方式，坚持开门立法，向社会广发“英雄帖”，公开征集社会组织立法草案和立法建议。经专家评审，评选出优秀立法草案和立法建议，在此基础上形成了《深圳经济特区社会组织条例》初稿。2016 年 9 月，《中华人民共和国慈善法》正式施行；国务院的“三个条例”（《社会团体登记管理条例》《民办非企业单位登记管理暂行条例》《基金会管理条例》）一直在修订，多次征求意见，但目前尚未正式公布。结合国家关于社会组织的立法进展情况和深圳市社会组织发展实际，深圳市民政局将适时重启社会组织立法工作，推动出台《深圳经济特区社会组织条例》。二是加强社会组织制度建设。近年来，为规范社会组织管理，深圳市民政局先后制定了一系列政策文件，对社会组织培育扶持、承接政府转移职能和购买服务资质、综合监管、评估、活动异常名录管理、年度工作报告、信息公开、法人治理、党建工作等作出了具体的规定。为贯彻落实中央《关于改革社会组织管理制度　促进社会组织健康有序发展的意见》，以及广东省《关于改革社会组织管理制度　促进社会组织健康有序发展的实施意见》，深圳市民政局正结合深圳市实际，起草了深圳市《关于深化社会组织管理制度改革　促进社会组织健康有序发展的若干措施》。

（2）加强政府职能转移和购买服务。

近年来，深圳市结合行政管理体制和事业单位改革，加大政府职能转移力度，积极推进政府职能转移和购买服务，将政府承担的部分社会管理和公共服务职能交给社会组织承接，拓展社会组织发展空间。一是制定出台相关政策文件。2014 年 12 月，深圳市政府办公厅印发了《关于政府购买服务的实施意见》及《深圳市政府购买服务目录（试行）》《深圳市政府购买服务负面清单（试行）》等两个配套文件；深圳市民政局制定了《深圳市社会组织承接政府职能转移和购买服务推荐目录编制管理办法》。深圳市对政府购买服务目录、承接政府职能转移和购买服务社会组织推荐目录，均实行动态管理。经社会组织自愿申请，深圳市民政局审核并公示，目前共有 574 家市级社会组织编入深圳市承接政府职能转移和购买服务社会组织推荐目录。二是加大政府购买服务工作力度。近年来，各职能部门在深圳市政府关于政府购买服务的相关政策指导下，加大了向社会组织购买服务工作力度，购买服务项目列入部门年度预算。据不完全统计，2016 年度全市共有 1 553 家社会组织承接了政府购买服务项目 2 701 个，涉及项目资金 8.09 亿元。三是加强政府转移职能和购买服务的监管。完善社会组织承接政府职能转移和购买服务监管体系，对社会组织实施公共服务职能的进行全过程动态监管，规范社会组织承接行为。深圳市民政局起草了《深圳市社会组织承接政府转移职能监管办法》。出台《政府购买社会工作服务项目库管理办法（试行）》《政府购买社会工作服务项目评审专家管理办法（试行）》后，深圳市民政局再次出台了政府购买社会工作服务项目的有关配套文件——《政府购买社会工作服务项目评估管理办法（试行）》，将于 2021 年 9 月 5 日起正式实施与此同时，推进社会组织信息公开，完善社会监督机制。积极采纳建立一站式政府购买社会组织服务信息平台的建议，在社会建设"织网工程"的总体框架下，努力打造社会组织综合管理服务平台，依托该平台，政府部门、社会组织和公众均可便捷高效地获取社会组织承接政府购买服务等相关信息。

（3）加强对社会组织培育扶持。

近年来，深圳市不断深化社会组织登记管理体制改革，推出一系列培育扶持措施，不断优化社会组织发展环境，使得社会组织在数量上大幅增长。一是加大财政扶持力度。近年来，市、区两级政府通过设立社会组织专项发展资金、公益创投、政府购买服务等方式，不断加大对社会组织的财政投入。目前，深圳市福田、南山、龙岗、龙华、坪山、光明等区（新区）都设立了社会建设或社会组织发展专项资金，深圳市民政局牵头起草了《深圳市社会组织发展专项奖励资金管理办法》。二是落实社会组织税收优惠政策。2010 年以来，深圳市财政、国税、地税部门联合开展非营利组织免税资格认定共 8 批次，认定非营利组织 1 404 家。改进公益性捐赠税前扣除资格审核方式，免去社会组织申报的烦琐手续，直接对社会组织进行筛选，通过审核社会组织年检、行政处罚等信息，征求税务部门意见，提供符合条件的社会组织名单，经市财政、税务、民政部门联审，2016 年度共有 218 家社会组织享受公益性捐赠税前扣除资格。三是加大金融支持力度。推广政府和社会资本合作 PPP 和公益金融的运作模式，创建多元化的资金环境。深圳市民政局将会同市金融管理部门进行研究。在实际工作中，深圳市民政局主动与工商银行、建设银行、中信银行等金融机构沟通协调，反映社会组织诉求，目前已在社会组织开设银行账户、验资、社工机构小额信贷等方面给予了一定的支持，鼓励银行等金融机构加大对符合条件社会组织的金融支持力度。

（4）建立一站式社会组织服务平台。

2015 年以来，利用深圳市被民政部评为"全国社会组织建设创新示范区"之机，深圳市民政局加快了深圳市社会组织创新示范基地建设，努力建成一站式的社会组织综合服务平台，致力于打造成为"五大平台八大系统"，即培育聚集平台、展示交流平台、创新研发平台、服务支持平台、统战工作平台，组织培育系统、人才培养系统、宣传发布系统、资源对接系统、研究发展系统、评估标准建设系统、保障服务系统、信息公开系统。建立以市社会组织孵化基地为龙头，市、区、街道、社区四级联动、功能有别的社会组织孵化基地集群，仅市区两级就有15个孵化基地投入运营。搭建慈善交流平台，2012年起连续举办中国公益慈善项目交流展示会，成为中国公益慈善领域的年度盛典及知名品牌。

(5) 加强社会组织人才建设。

目前，除社工以外，其他社会组织人才暂未纳入我国及深圳市人才工作体系和人才规划，无法享受到人才应有的待遇和补贴，导致社会组织人才流动性大，难以吸引高端专业人才。目前，广东省已明确提出将社会组织人才工作纳入我国、我省人才工作体系，推进社会组织人才建设“百千万”工程。深圳市民政局也把社会组织人才工作纳入深圳市党管人才的总体格局和人才工作体系。当深圳市民政局与市人力资源和社会保障局联合开展社会组织薪酬专项调查，该项目通过社会组织从业人员的薪酬调查，制定2017年度深圳市社会组织从业人员工资指导价位，供政府购买服务、社会组织用工管理规划以及员工择业参考。

2. 监管社会组织的经验做法

深圳市在监管社会组织的经验做法包括：加强社会组织立法；完善社会组织登记管理体制；加大执法力度；扎实开展社会组织质量提升年活动；加强社会组织党建工作；规范社会组织内部治理。

(1) 加强社会组织立法。

深圳充分利用拥有特区立法权的优势，多管齐下，推进法律法规体系建设。制定出台《深圳市关于改革社会组织管理制度促进社会组织健康有序发展的实施细则》《深圳市社会组织评估管理办法》《深圳市社会组织重大事项报告指引》《深圳市深化行业协会商会与行政机关脱钩实施方案》《深圳市社会组织行政约谈办法》《社会组织负责人审核办法》《社会组织名称管理规定》《社会组织负责人任职条件》等一系列政府规章和文件，完善法律法规体系。

(2) 完善社会组织登记管理体制。

第一，完善双重负责的管理体制。对直接登记范围之外的其他社会组织，继续实行登记管理机关和业务主管单位双重负责的管理体制。业务主管单位须健全工作程序，完善审查标准，切实加强对社会组织名称、宗旨、业务范围、发起人和拟任负责人的把关，支持符合条件的社会组织依法成立。第二，严格登记审查。深圳市民政局将会同行业管理部门及相关党建工作机构，加强对社会组织发起人、拟任负责人资格审查。对跨领域、跨行业以及业务宽泛、不易界定的社会组织，按照明确、清晰、聚焦主业的原则，加强名称审核、业务范围审定，听取利益相关方和业务主管单位意见。第三，强化社会组织从业人员责任。加强对社会组织关键岗位从业人员的分类培训，督促其学法规、懂制度、守规矩，尤其加强对社会组织法定代表人，会长、秘书长、财务人员的培训。深圳市民政局参照上级文件精神，将社会组织发起人的资格、人数、行为、责任等事项纳入有关行政法规予以规范，尤其加强法定代表人、秘书长、财务人员任职审查，从源头上提升社会组织的质量。

(3) 加大执法力度。

第一，依据《深圳市社会组织抽查监督办法》，加大对社会组织的抽查执法力度。第二，通过综合监管机制沟通、协调公安、国安、税务、外事、金融、市场监督等各部门加大对社会组织的执法力度，严厉惩处违法违规的社会组织。同时，用好《社会组织法人约谈办法》，对小微违法行为通过行政约谈进行提醒和训诫，及时修正社会组织违法违规行为。第三，改革执法流程，制定简易执法程序，对小微违法实行简易执法，快速处理，提高执法效率。第四，探索建立主动退出提示制度。当社会组织不再具备登记条件、长期不开展业务活动、决策机构长期不能有效履责，登记管理机关可建议社会组织主动办理注销登记，提示社会组织主动退出，同时通报其业务主管单位。社会组织应主动办理注销登记但不及时办理的，登记管理机关可将社会组织有关情况向社会进行公示。

(4) 扎实开展社会组织质量提升年活动。

围绕加强社会和谐稳定的总体目标，充分发挥社会组织服务深圳、服务社会、服务群众、服务行业的积极作用，自 2017 年 3 月至 12 月在深圳范围内组织开展“社会组织质量提升年”活动。活动从优化政策制度环境、加强登记审查、完善管理服务体系、开展史上规模最大的专项大检查、加强社会组织党建等方面入手，一手抓依法监管，一手抓引导扶持，全面提升社会组织发展质量，促进社会组织健康有序发展。

(5) 加强社会组织党建工作。

旗帜鲜明地加强党对社会组织的领导。第一，继续扩大党在社会组织中的有效覆盖面，采取不同措施，不断提升党在社会组织中的组织和工作覆盖。第二，巩固提升党在社会组织中的地位。进一步健全完善“三同步”“五嵌入”机制，全面推广社会组织党建“3＋2”工作模式，推动党建工作与业务工作的有机结合、相互促进。按照国家发展改革委、民政部等 10 部门联合印发的《行业协会商会综合监管办法(试行)》要求，落实社会组织负责人人选审核制度，在社会组织特别是行业协会商会换届时，由上级党委负责做好社会组织负责人人选的审核工作。第三，拓宽党组织和党员作用发挥途径。强化党组织政治引领作用，加强对社会组织从业人员诚信教育，推动社会组织建立自律诚信机制、制定诚信行为准则，督促社会组织更好地履行社会责任，引导社会组织树立良好形象。

（6）规范社会组织内部治理。

近年来，深圳市民政局重视加强社会组织自身建设，采取多种措施不断提升社会组织质量。一是完善以章程为核心的法人治理结构。出台《深圳市行业协会法人治理指引》等政策文件，按照广东省民政厅《关于社会组织法人治理的指导意见》的要求，指导社会组织完善内部治理结构，规范换届选举，加强自身建设。二是加强社会组织负责人管理。创设社会组织法定代表人谈话制度。创新社会组织管理方式，组织新成立（变更）登记的市级社会组织的法定代表人进行集体谈话，解读相关政策规定，明确法定权利和义务。按照法律法规的要求，严格落实法定代表人离任审计制度。三是积极开展社会组织等级评估工作，以评促建。注重评估结果的运用，与政府购买服务、税收优惠、财政资金奖励、评先评优等挂钩。四是加强社会组织诚信自律建设。推动建立社会组织诚信承诺制度，落实守信激励和失信惩戒。探索建立各领域各行业社会组织自律联盟，通过发布公益倡导、制定活动准则、实行声誉评价等形式，引导和规范社会组织行为。规范社会组织评比达标表彰活动和收费行为，严禁巧立名目乱收费。制定出台《深圳市社会组织活动异常名录管理办法》，强化信用约束，扩大社会监督。2016 年，285 家因存在未按规定参加年检（年报）、受到撤销登记处罚后未主动注销等情形的市级社会组织，被列入异常名录；2017 年，已有 118 家市级行业协会商会、基金会因未按规定填报 2016 年度报告，被载入社会组织活动异常名录，并纳入信用监管体系。五是引导社会组织总会、商业联合会、企业联合会等会员多、覆盖面广的枢纽型社会组织，制定社会组织行为规范、行为标准、自律公约、服务规范、行业惩戒制度，增强社会组织自我教育，自我约束，自我监督的能力。

3. 引导社会组织参与社会治理的经验做法

深圳市在引导社会组织参与社会治理的经验做法包括：推动社会组织参与基层共治；支持社会组织参政议政和参与协商；理顺社会组织参与社会治理的机制；完善社会组织参与社会治理的平台；明确社会组织参与社会治理的重点领域；打造参与社会治理的社会组织品牌。

（1）推动社会组织参与基层共治。

近年来，深圳市非常重视社区社会组织建设，通过大力培育扶持，发挥其在参与社区治理中的积极作用。一是大力培育社区社会组织发展。2012 年，深圳市委、市政府出台《关于进一步推进社会组织改革发展的意见》，明确提出社区社会组织实行登记和备案双轨制，降低准入门槛，简化登记程序。深圳市民政局制定了《深圳市社区社会组织登记与备案管理暂行办法》，各区结合实际重点在降低登记备案门槛、简化登记备案流程、搭建孵化支持平台、加大资金扶持力度、提升管理服务水平等方面进行了一些探索和创新，较大地促进了社区社会组织的发展。重点培育在社区开展养老照护、公益慈善、文体娱乐、公共事务等活动的社区社会组织，探索创新管理体制机制，对于达不到登记条件的社区社会组织，由街道办事处实施管理；推动在街道成立社区社会组织联合会，发挥管理服务协调作用。二是发挥社区基金会在社区治理中的作用。深圳市是中国最早地方政府推动社区基金会成立与发展的城市，从 2014 年 3 月《深圳市社区基金会培育发展工作暂行办法》出台至今，深圳社区基金会也达到了 26 家。深圳市曾一度将社区基金会注册资金从 200 万元降至 100 万元，突破了公益基金不允许社区冠名的限制，大大降低了社区基金会成立的门槛，开创了全国社区基金会制度化的先河。2014 年起深圳市开始探索登记社区基金会，发挥其在培育社区组织、整合社区资源、解决社区问题、推动基层自治等方面的积极作用。社区基金会试点改革工作被评为 2015 年度深圳市全面深化改革优秀项目。光明社区基金会作为全国首个区级社区基金会，专注于整合公益资源、培养专业人才、推进社区基金会品牌化运营等业务，服务覆盖新区 28 个社区，被授予深圳“十大创新型社会组织”。三是引导社会组织有序参与社会治理。由市委政法委（社工委）牵头，整合政府扶持资源，通过政策优惠、项目资助、资源对接、拓宽筹资渠道、入住孵化基地、场地租金减免、人才培训等方式，加大力度引导社会组织在专业性要求较高的心理健康、矫治安帮、法律援助、纠纷调处等领域开展服务，发挥社会组织在创新社会治理、化解社会矛盾、维护社会秩序、促进社会和谐等方面的积极作用。

（2）支持社会组织参政议政和参与协商。

近年来，深圳市民政局主动与市委组织部、市人大、市政协沟通协调，积极呼吁，努力提高“两代表一委员”中社会组织代表的名额比例，最大限度地发挥社会组织在依法参政议政中的作用。此外，深圳市民政局还提出，要支持社会组织参与社区协商，促进社区自治共治，发挥社会组织在社区治理的功能作用。出台专门的文件和措施鼓励社会组织参与社会治理，引导社会组织对社会治理的问题和关系进行研究分析，向政府提供切实有效的数据和资料，帮助政府更好地解决社会矛盾，不断发挥自身专业优势，提出更好的解决措施。

（3）理顺社会组织参与社会治理的机制。

社区中存在着社区工作站、社区居委会、社工服务机构、社区社会组织等多种主体，深圳市对各主体的职责权限进行了划分和明晰，并通过社区议事会、社区联席会议等形式，实现统筹整合。近年来，深圳市政府对社区社会组织实行备案制，推动其发展壮大。培育社区基金会，以本土资源链接本土利益相关者，通过社会创新方式解决本土社会问题，为基层社会治理创新和加快发展慈善公益事业探索新路子。这一系列措施大大激发了社区参与的活力，推动了社会治理的深入发展。

激发社会组织参与社会治理的主动性积极性创造性。社会组织通过组建社区居民议事会，居民在社区建设中的参与权、表达权、监督权得到充分保障；通过开发社区公益服务项目，为有社区服务意愿的特殊群体提供平台和机会；通过推广楼栋长制，最大程度发动社会力量和群防群治力量，使市民群众成为社会治理的主体之一。

(4) 明确社会组织参与社会治理的重点领域。

深圳着力培育发展和规范管理社会组织，全市登记社会组织达 1 万多家，年均增长率超过 20%。社会组织在参与社会治理、提供社会服务、促进社会和谐稳定方面发挥着积极作用，已成为社会治理的重要主体，特别是在心理健康、矫治安帮、法律援助、纠纷调处等社会治理重点领域，专业化的社会组织更是崭露头角，发挥着越来越重要的作用。

(5) 打造参与社会治理的社会组织品牌。

深圳市民政局不仅对心理健康等四大社会治理重点领域的内涵和外延作出明确定义，而且提出了“三步走”的目标：到 2017 年年底，在社会治理重点领域涌现一批优质的社会组织服务项目；到 2018 年年底，在社会治理重点领域培育一批以维护社会和谐稳定为宗旨、积极发挥作用的社会组织；到 2020 年年底，打造一批参与社会治理的社会组织品牌，深圳市社会治理社会化、法治化、智能化、专业化水平明显提升，防范应对各类风险挑战的能力明显加强。2021 年 7 月 31 日，深圳市社会组织管理局举办深圳市社会组织交流服务展示项目”，入选的十大社会组织交流服务展示点分别从党建引领、内部治理、诚信建设、人才建设、社区治理、科创信息、国际交流、乡村振兴、生态环保、文教卫体十大领域多领域、多维度、多手段展示社会组织对深圳经济社会的推动作用。

四、促进惠州市社会组织参与社会治理的对策

习近平总书记指出，社会治理是一门科学，管得太死，一潭死水不行；管得太松，波涛汹涌也不行。要讲究辩证法，处理好活力和秩序的关系。推进社会治理制度建设，需要坚持问题导向，把专项治理与系统治理、综合治理、源头治理结合起来，构建人人有责、人人尽责、人人享有的社会治理共同体。近年来，惠州市大力发展社会组织，提供扶持社会组织发展资金，在发展社会组织、监管社会组织和引导社会组织参与社会治理方面获得了许多成果。但在如何进一步做好惠州市社会组织监管工作，更好地规范社会组织发展，并引导其参与社会治理上面临着多方面的挑战，本研究借鉴广州和深圳的经验做法，并结合惠州实际，提出以下建议。

(一) 促进惠州市进一步发展好社会组织的建议

促进惠州市进一步发展好社会组织的建议包括：尽快制定购买政府服务目录和负面清单；加大对社会组织的金融支持力度；尽快建立市、县(区)两级联动机制；尽快制定社会工作者和社会组织从业人员工资指导价位；推进社会组织"互联网+"工程；全面实施社会组织品牌战略；加快推进社会组织"三库三基地"建设；加强社会组织教育培训。

建议1：尽快制定购买政府服务目录和负面清单

建议惠州市尽快制定《关于政府购买服务的实施意见》《政府购买服务目录》《政府购买服务负面清单(试行)》等购买办法文件；并配套制定《社会组织承接政府职能转移和购买服务推荐目录编制管理办法》。对政府购买服务目录、承接政府职能转移和购买服务社会组织推荐目录，均实行动态管理。

完善社会组织承接政府职能转移和购买服务监管体系，对社会组织实施公共服务职能的进行全过程动态监管，规范社会组织承接行为。建议尽快起草《社会组织承接政府转移职能监管办法》。与此同时，推进社会组织信息公开，完善社会监督机制。加快建立一站式政府购买社会组织服务信息平台，在社会建设的总体框架下，努力打造社会组织综合管理服务平台，依托该平台，政府部门、社会组织和公众均可便捷高效地获取社会组织承接政府购买服务等相关信息。

建议2：加大对社会组织的金融支持力度

推广政府和社会资本合作和公益金融的运作模式，创建多元化的融资环境。建议惠州市会同市金融管理部门进行研究。在实际工作中，建议惠州市主动与工商银行、建设银行、中信银行等金融机构沟通协调，反映社会组织诉求，目前已在社会组织开设银行账户、验资、社工机构小额信贷等方面给予了一定的支持，鼓励银行等金融机构加大对符合条件社会组织的金融支持力度。

建议3：尽快建立市、县(区)两级联动机制

建立以惠州市社会组织孵化基地为龙头，市、县(区)两级联动、功能有别的社会组织孵化基地集群，尽快推动市、县(区)两级孵化基地投入运营。打造职能明确、层次清晰、功能互补、覆盖全市的社会组织培育基地两级网络，进一步完善社会组织培育(孵化)基地市、县(区)两级网络，打造社会组织培育基地培育交流合作新平台。

建议4:尽快制定社会工作者和社会组织从业人员工资指导价位

建议惠州市民政局与惠州市人力资源和社会保障局联合开展社会组织薪酬专项调查,通过社会工作者和社会组织从业人员的薪酬调查,制定惠州市社会工作者和社会组织从业人员工资指导价位,供政府购买服务、社会组织用工管理规划以及员工择业参考。

建议5:推进社会组织"互联网+"工程

紧密结合互联网发展趋势,通过"互联网+"促进互联网与社会组织深度融合,有效激发社会组织活力,提升自我发展能力。依托"互联网+"搭建全市统一的公益慈善募捐网络平台,开展互联网众筹,打造便捷、通畅的社会组织募捐渠道,增强社会组织"造血"功能,提升社会组织筹资能力。依托"互联网+"拓展资源对接及社会参与途径,发挥互联网平台"零距离"优势,通过"线上+线下"相结合,促进社会组织服务项目与社会需求有效对接,为社会公众参与志愿、公益服务活动提供便捷渠道、途径,增强社会组织的社会动员能力。依托"互联网+"加强社会组织公益评价和宣传,顺应新形势下网络、移动互联网的传播规律,进一步利用网站、微博、微信等宣传平台创新宣传方式,促进社会组织与媒体、公众良性互动,凝聚社会组织正能量,扩大社会组织的社会效应,营造全社会支持社会组织发展的氛围。

建议6:全面实施社会组织品牌战略

制定品牌社会组织评价指标体系,及时总结试点经验,全面启动全市社会组织品牌创建活动。坚持需求导向、目标牵引、重点突出、特色鲜明、布局合理的原则,着力培育一批党建引领好、内部治理好、服务能力好、社会公信力好、示范作用好的品牌社会组织,促进惠州市社会组织发展由数量规模型向质量效益型深度转变。加强创建活动组织实施,对符合条件的创建组织进行资助,通过公开招标确定第三方机构全程指导与督导创建工作,确保品牌社会组织培育质量,实现品牌建设目标。着力打造社会组织品牌项目。以社会服务需求为导向,以社会组织公益创投为平台,以能力提升为重点,以项目推广为抓手,有计划、有步骤、有重点培育一批创新性强、公益性优、示范性好、影响力大的公益项目,力争打造一批富有特色、充满活力、在全国叫得响的品牌项目。

建议7:加快推进社会组织"三库三基地"建设

建立以社会组织法人库为基础,社会组织项目库为支撑,社会组织专家库为保障的社会组织服务管理系统,推动社会组织信息化管理,为惠州市社会组织发展搭建人才梯队,打造社会组织发展智库。升级打造惠州市社会组织培育基地网络,建立以社会组织培育基地为载体的社会组织创新基地及社会组织党建基地,加强对社会组织及其人才的培育扶持力度,提升社会组织的发展能力,逐步推动建立覆盖广泛、门类齐全、层次丰富、结构优化、布局合理、作用明显的社会组织发展体系。

建议8:加强社会组织教育培训

完善社会组织培训教育体系建设,依托惠州高校建立专业化社会组织培训机构,合理配置教育培训资源,继续编制社会组织培训教材丛书,评选社会组织精品课程,增强教育培训的专业性、针对性和实效性。完善社会组织人才政策,制定加强社会组织人才工作意见,建立社会组织负责人培训制度,明确不同领域、不同层次、不同类型社会组织人才教育培训重点任务和保障措施。

(二) 促进惠州市进一步监管好社会组织的建议

促进惠州市进一步监管好社会组织的建议包括:加强社会组织立法;规范社会组织内部治理;持续打击非法社会组织;加强分类监管。

建议1:加强社会组织立法

建议惠州市充分利用拥有地方立法权的优势,多管齐下,推进法律法规体系建设。制定出台《关于改革社会组织管理制度促进社会组织健康有序发展的实施细则》《社会组织评估管理办法》《社会组织重大事项报告指引》《深化行业协会商会与行政机关脱钩实施方案》《社会组织行政约谈办法》《社会组织负责人审核办法》《社会组织名称管理规定》《社会组织负责人任职条件》等一系列政府规章和文件,完善法律法规体系。

建议2:规范社会组织内部治理

建议惠州市进一步重视加强社会组织自身建设,采取多种措施不断提升社会组织质量。加强社会组织负责人管理。一是完善以章程为核心的法人治理结构。指导社会组织完善内部治理结构,规范换届选举,加强自身建设。二是加强社会组织负责人管理。创设社会组织法定代表人谈话制度。创新社会组织管理方式,组织新成立(变更)登记的社会组织法定代表人进行集体谈话,解读相关政策规定,明确法定权利和义务。按照法律法规的要求,严格落实法定代表人离任审计制度。三是积极开展社会组织等级评估工作,以评促建。注重评估结果的运用,与政府购买服务、税收优惠、财政资金奖励、评先评优等挂钩。四是加强社会组织诚信自律建设。推动建立社会组织诚信承诺制度,落实守信激励和失信惩戒。探索建立各领域各行业社会组织自律联盟,通过发布公益倡导、制定活动准则、实行声誉评价等形式,引导和规范社会组织行为。规范社会组织评比达标表彰活动和收费行为,严禁巧立名目乱收费。制定出台社会组织活动异常名录管理办法,强化信用约束,扩大社会监督。五是引导社会组织总会等会员多、覆盖面广的枢纽型社会组织,制定社会组织行为规范、行为标准、自律公约、服务规范、行业惩戒制度,增强社会组织自我教育,自我约束,自我监督的能力。六是强化社会组织从业人员责任。加强对社会组织关键岗位从业人员进行分类培训，督促其学法规、懂制度、守规矩，尤其加强对社会组织法定代表人，会长、秘书长、财务人员的培训。建议惠州市民政局参照上级文件精神，将社会组织发起人的资格、人数、行为、责任等事项纳入有关行政法规予以规范。尤其加强法定代表人、秘书长、财务人员任职审查，从源头上提升社会组织的质量。

建议3：持续打击非法社会组织

针对非法社会组织违法开展活动的情况，惠州市应当坚决持续打击两大类非法社会组织。第一，未经民政部门登记擅自以社会组织名义开展活动，以及被撤销登记后继续以社会组织名义开展活动的组织，也包括筹备期间开展筹备以外活动的非法社会组织。第二，未经登记、备案，擅自在境内以社会组织名义开展活动的“离岸社团”“山寨社团”等境外非政府组织及冠以“中国”“中华”“广东省”“广东”“惠州市”“惠州”等字样，设址和活动在惠州市内的非法社会组织。

建议4：加强分类监管

遵循社会组织发展规律，根据社会组织的不同类型、不同性质和不同发展需求，研究制定社会组织分类监管指标，突出分类监管重点。对重点发展领域，简化登记程序，加大扶持力度，严格控制业务宽泛、不易界定的社会组织，禁止设立违背法律法规的社会组织。对行业协会商会类社会组织侧重于维护市场经济秩序和收费行为的监管，对科技类社会组织侧重于科技创新和科技服务引导工作的监管，对公益慈善类社会组织侧重于资金筹集和使用情况的监管，对城乡社区服务类社会组织侧重于服务和引导工作的监管，进一步提高社会组织监管工作的科学性、针对性和有效性。对社会组织活动实行日常监管。加强与相关部门的协作监管，有效规范社会组织涉外活动，有力引导社会组织有序开展对外交流合作。对社会组织成立登记条件进行严格审核把关，完善社会组织年度报告、分类评估、抽查监管制度，建立科学有效的社会组织评估制度，充分发挥评价的导向、激励和约束作用。完善社会组织信息公示、异常名录管理制度，完善撤销、注销登记制度，健全社会组织退出机制和违法违规案件移送机制，及时查处社会组织违法违规活动和非法社会组织。

（三）促进惠州市进一步引导好社会组织参与社会治理的建议

促进惠州市进一步引导好社会组织参与社会治理的建议包括：推动党的基层组织建设三年行动计划落实；“党建＋公益”，激发基层党组织社会治理活力；“党建＋服务”，引导社会组织党员发挥先锋模范作用；支持社会组织参政议政；理顺社会组织参与社会治理的机制；明确社会组织参与社会治理的重点领域；打造参与社会治理的社会组织品牌；加强社会治理政策研究和经验总结。

建议1：推动党的基层组织建设三年行动计划落实

目前，惠州市社会组织的党建工作仍然比较薄弱。进一步推动全面从严治党向基层延伸，全面规范基层党组织设置和规范化建设，抓好基层党组织带头人队伍建设，强化党员教育管理，完善党建工作机制，促进基层党组织战斗堡垒作用更加坚强，党员先锋模范作用发挥更加充分，基层党组织保障更加有力，发挥党的政治引领作用，推动社会组织党建工作与业务工作深度融合。

建议2："党建＋公益"，激发基层党组织社会治理活力

建议惠州市探索运用"党建＋公益"的模式，运用"红色创投"形式筹集资源开展党建公益活动，以"红色创投"活动作为改革的基层党建起点，进一步发挥党建引领作用，引导和鼓励惠州市社会组织党组织联系服务群众、参与社会治理。加强社会组织党组织与群众的直接联系，创新服务群众的组织形式，使社会组织党组织和党员在服务群众、贴近群众、团结群众、引导群众更好地发挥战斗堡垒和先锋模范作用，事实上也拓宽了公益创投服务项目的对接平台，将社会组织党建与社会组织服务结合在一起，以项目化的形式来推动惠州公共服务的精准化和多元化。一方面实现社会组织党组织的信息阵地资源、专业技术资源、人才队伍资源等各类资源充分集聚，最大效用地服务群众；另一方面使社会公益力量、多元主体积极参与到社会治理创新中来，更好地营造党委领导、政府负责、社会协同、公众参与、法治保障的共建共治共享社会治理格局，为推进社会治理体系和治理能力现代化、促进社会和谐善治提供坚强的组织保证。

建议3："党建＋服务"，引导社会组织党员发挥先锋模范作用

组建党员志愿服务队，依托社会组织党组织成立党员志愿服务队，深入社区开展矛盾纠纷调解、社会环境整治、社会治安巡逻等社区服务管理。开展党员进社区义工服务行动，推动"党员义工进社区"常态化发展。发挥专业人士党员作用。引入律师党员等专业力量参与社会治理。

建议4：支持社会组织参政议政

目前，惠州市社会组织参政议政的情况还比较少。建议惠州市努力提高"两代表一委员"中社会组织代表的名额比例，最大限度地发挥社会组织在依法参政议政中的作用。《广东省社会组织管理制度促进社会组织健康有序发展实施意见》明确提出了要建立社会组织依法参政议政机制。推动社会组织参与协商，给政府民主监督寻求理性解决之道创造了其他可能，政府民主决策可以从生机勃勃的社会组织整合智慧和力量。这些社会组织涵盖了改革开放以来的新兴产业、行业和新社会阶层和利益群体。将这股新兴力量融入社会参政议政洪流，将有利于形成社会和政府决策合力，建构和夯实自下而上的民主决策体系，进一步提升政府民主决策的合法性和实效性。

建议 5:理顺社会组织参与社会治理的机制

社区中存在着社区综合服务中心、社区居委会、社区党支部、社工服务机构、社区社会组织等多种主体,建议惠州市对各主体的职责权限进行了划分和明晰,并通过社区议事会、社区联席会议等形式,实现统筹整合。建议惠州市对社区社会组织实行备案制,推动其发展壮大。培育社区基金会,以本土资源链接本土利益相关者,通过社会创新方式解决本土社会问题,为基层社会治理创新和加快发展慈善公益事业探索新路子。激发社区参与的活力,推动社会治理的深入发展。

社会组织通过组建社区居民议事会,居民在社区建设中的参与权、表达权、监督权得到充分保障;通过开发社区公益服务项目,为有社区服务意愿的特殊群体提供平台和机会;最大程度发动社会力量和群防群治力量,使市民群众成为社会治理的主体之一。

建议惠州市民政局制定《社区社会组织登记与备案管理暂行办法》,结合实际重点在降低登记备案门槛、简化登记备案流程、搭建孵化支持平台、加大资金扶持力度、提升管理服务水平,促进社区社会组织的发展。发挥社区基金会在社区治理中的作用。探索登记社区基金会,发挥其在培育社区组织、整合社区资源、解决社区问题、推动基层自治等方面的积极作用,专注于整合公益资源、培养专业人才、推进社区基金会品牌化运营等业务。

建议 6:明确社会组织参与社会治理的重点领域

社会组织在参与社会治理、提供社会服务、促进社会和谐稳定方面发挥着积极作用,已成为社会治理的重要主体,建议惠州市明确社会组织参与社会治理的重点领域,特别是在精准扶贫、青少年成长、妇女儿童、助学助老服务、职工健康、公益慈善、志愿服务、社会公共服务、可持续发展、文化建设、社会治理、环境保护等社会治理重点领域,发挥专业化的社会组织的重要作用。

建议 7:打造参与社会治理的社会组织品牌

建议惠州市民政局在社会治理重点领域打造一批优质的社会组织服务项目,在社会治理重点领域培育一批以维护社会和谐稳定为宗旨、积极发挥作用的社会组织,打造一批参与社会治理的社会组织品牌,推动惠州市社会治理社会化、法治化、智能化、专业化水平明显提升,防范应对各类风险挑战的能力明显加强。

鼓励惠州市品牌社会组织和等级评估优良的社会组织等积极参与公益创投活动,以发挥示范引领作用。伴随着惠州市社会组织公益创投深入开展,很多具有连续性的创投项目在实践探索中走向更加规范化、品牌化,培育出了一批批品牌项目和优秀服务机构,促进了社会组织自身能力提升,产生了良好的社会效益。惠州市鼓励和支持品牌社会组织承接或开展公益项目，引领促进品牌社会组织集群式发展，提升惠州社会治理的整体品牌效应。

建议8：加强社会治理政策研究和经验总结

建议惠州市建立社会治理专家库，每年都组织专家学者对社会组织参与社会治理进行政策研究，解读和研究相关的政策文件，出台符合惠州实际的社会治理服务标准和规范指引，为更好地推动社会组织更好地参与社会治理指明方向。建议惠州市每年对社会组织参与社会治理的情况进行经验总结，撰写出年度发展报告，定期评选优秀案例集，促进社会组织不断地检讨自身不足，总结成功经验做法，给社会组织树立良好的榜样，进一步扩大惠州市社会治理在全国的影响力。

案 例 篇

惠州市各县区基层社会治理典型案例

第一章　大亚湾区塘尾村基层治理模式：打造“五社联动”的社会治理格局

一、大亚湾区塘尾村基层治理探索的背景

大亚湾开发区位于南海北部，西南面毗邻香港，西邻大鹏湾，东接红海湾，是国家级的经济技术开发区，于 1993 年经国务院批准成立，辖陆地总面积 283 平方公里。距离惠州市区 48 公里，距离惠州机场 40 公里；西靠深圳市，距深圳市区 55 公里；陆路距广州 214 公里，水路距香港中环码头仅 47 海里。大亚湾有临港临深的区位优势，区内的经济状况良好，楼盘小区众多，人口结构在急剧变化，往返深圳和大亚湾两地的居民成为该地区一大特点，也给基层治理提出了新的挑战和机遇。

塘尾村位于惠州大亚湾经济技术开发区西北面。进入 21 世纪以来，塘尾村在党和政府领导下，脚踏实地、真抓实干，在社会经济、生态环境、社会治理方面均取得显著成绩。2006 年，塘尾村被评为省市“生态示范村”；2007 年，新屋村民小组被评为惠州市村企合作共建“新农村示范村”，2008 年被评为惠州市“绿色社区”；2010 年，大亚湾区统筹城乡发展示范点，被评为“惠州市宜居村庄”，2011 年被评为“广东省宜居示范村庄”，2013 年被评为“大亚湾区文明创建示范点文明村”，2014 年被评为“广东省法治文化建设示范点”和“广东省卫生村”，2015 年被评为“惠州市文明村镇示范点”，2016 年被评为“广东省文明村”等。

二、大亚湾区塘尾村基层治理模式的经验做法

（一）以文化为纽带，突出家庭文化特色

塘尾村以“家庭文化建设”为主题特色，依托利用朱子历史文化资源，把家庭文化和朱子文化连接起来，把历史文化和现代文化贯通，推出“打造朱子学堂，传扬古训家风”家庭文化建设项目；利用硬件等资源优势，结合朱家传统文化特点，以朱子家训为主要载体设计阵地蓝图；以项目推动通过项目化管理运作模式，引入社会工作理念及方法；以塘尾村居民（主要是妇女儿童）为主体，深度开展家庭家风建设，实现文化传承及家庭建设双重目标，推进社区及社会和谐。塘尾村力求把朱氏宗祠作为传承家风家训传统文化的重要载体，在全村努力营造朱子优秀传统文化育人环境：在村主干道和村委会张挂有关朱子文化的知识介绍；开展朱子文化研究学习活动，省朱熹思想学术研究会曾两次在该村

召开;该村还将朱子文化汇集成册,编写了《龙虎山下的文化奇葩》一书,村民人手一册,让村民在日常的休闲娱乐中受到熏陶。大亚湾区妇联联合西区街道妇联、塘尾村委会、塘尾村妇联以保护和传承朱氏宗祠文化为核心,从"朱子礼仪教育"和"社区社会服务"两个方面开展文化活动,服务当地村民。在"朱子礼仪教育"方面,社工利用周末时间组织开展"童蒙养正班"和"教子有方班",同时开设"文化导师班",培养本土朱子文化导师队伍。另外,社工还对朱氏宗祠、朱氏望楼等古建筑进行走访拍摄,对《文公家训》《弟子规》等经典文献资料进行采编记录,并带领当地学生参观宗祠,学习经典,传承传统美德。项目运营两年来,倍受村中青少年儿童和家长们的欢迎。每到周末,朱子学堂在朱氏宗祠旁的"龙福厅"准时开课。书法、绘画、唱诵、茶艺等丰富多彩的传统文化课程与朱子家训融为一体,让青少年儿童和村民们不知不觉中涵养良好的品性。

(二) 积极购买社工服务,关爱社区特殊人群

大亚湾区塘尾村通过政府购买服务形式,把社工组织引入社区、农村,开展帮扶活动,关爱特殊群体,在一定程度填补了政府组织治理社区方面的不足,使特殊人群得到了社会的关爱,促进了社区的和谐。社工服务机构作为非营利性组织,运用个案、小组、社区工作等方法,在社区、老年人、残疾人、妇女家庭、青少年、特殊儿童康复、司法、禁毒等领域提供专业服务。社工服务覆盖至霞角、万顺、红星、白云综合服务中心,塘布、塘尾、新联、上杨、荃湾社工站,朱子学堂家庭文化建设项目,良井镇妇女领袖能力培养计划,"益苗计划"项目之"三工一专"联动平安创建计划,壹基金海洋天堂计划,共建中区华府文明示范区服务计划,"青春梦 e 起来"关爱青少年成长计划,特殊儿童家庭情感护理计划等 70 个服务项目,为社会有需要人士提供多元化、专业化和持续化服务。社工服务进驻塘尾村以来,开展了多项工作活动,为塘尾村及附近社区的文化、社会事业和谐发展发挥了重要作用,有力地支持了和美社区的建设,受到塘尾村村民的欢迎。社工站对志愿者进行培训,组织了多个志愿活动,如整理农家书屋书籍、卫生清洁活动、小志愿者团建活动、塘尾村舞蹈队团建活动、健步行宣传活动等。此外,关注老年人、残疾人、妇女家庭、青少年、特殊儿童等特殊人群是社工的重要工作,他们经常上门慰问孤寡老人、低保户、残疾人士,送与政府和社会的关爱。调研组采访了几个老人、低保户,他们对社工都表示满意。

(三) 全区推广"大亚湾社会服务"App 项目

塘尾村作为大亚湾的一个特色村落,与大亚湾其他地区保持一致,走上了积极运用信息技术开展社会服务的创新之路。"大亚湾社会服务"App 作为 2017 年十大民生实事项目之一,2018 年 3 月正式上线后依托 39 个村居,致力于建立"党工+社工+义工(志愿者)"服务模式,为社区居民提供多样化、专业

化社工服务。2018 年 1 月，全面上线试运行的新版"大亚湾社会服务"App 运用创新"社会职能基层管理互联网＋服务群众平台"模式，致力于建立党员、社工、义工与居民便捷化沟通服务平台。目前，该 App 主要有"村居公告、社区服务、志愿者服务、邻里互帮和关爱老人、两学一做、信访法制宣传、公安局微警务"等模块。App 是大亚湾区加强社会治理，加快建设服务型政府建设，落实服务群众"最后一公里"的惠民举措。居民可在手机上点击浏览社区公告、通知、新闻、生活小贴士等信息。目前，全区 39 个社区、村委会每天及时更新村民公告内容，已形成常态化。社区居民可以通过 App"社区服务"模块预约服务，目前可预约的项目有老人关爱、功课辅导、邻里关爱、家电维修、水电安检等。该区党员、社工、志愿者还可以通过 App 平台系统自愿报名服务群众项目，根据每个人的技能特点及服务方向，通过预约为群众提供"点对点"帮扶需求的服务。同时，志愿者和居民如果参与邻里互助的志愿服务，可以获得积分充值、积分商城兑换等奖励。同时，大亚湾区公安局借助"大亚湾社会服务"App 打造互联网＋社区的基层社会治理创新平台，注重打防结合，增加防控信息，密织防控网络，搭建公安微警务模块，市民可通过 App 实现了解信息咨询、法规政策、办事指南，实现查询、报警、举报、信访等功能。"大亚湾社会服务"App 还为党员干部建立了"两学一做"模块，鼓励党员通过实名注册申领"电子学习卡"，进行一人一卡，掌上学习；同时，为群众学法懂法，开辟了法制宣传板块。

（四）积极参与大亚湾区社会建设创新项目活动

塘尾村近年来积极参与大亚湾区社会建设创新项目活动，丰富了精神文化生活，活跃了社区的氛围。现代社区的治理特点变得更为多元，异质性增强的情况下，需要有更多面向的社会服务予以回应，而每年举办的社会服务创新大赛能够有针对性地解决特殊的社会问题。2021 年，《大亚湾区社会治理创新项目专项扶持资金管理办法》印发实施。大亚湾区财政每年安排 500 万元，用于支持和引导社会力量进入社会建设与社会治理领域，进一步统筹推进全区社会治理协同发展，提升大亚湾市域社会治理总体水平。2016 年，大亚湾区通过学习借鉴周边城市先进经验，并结合大亚湾实际，出台了《大亚湾区社会建设创新专项资金管理暂行办法》，在全市首创设立了"社会建设创新专项资金"。2017 年 8 月，大亚湾区委政法委落实《大亚湾区社会建设创新专项资金管理暂行办法》，组织开展了该区第一届社会建设创新项目评选活动。经过一系列评审，最终在年底确定大亚湾区东升海上救助志愿服务队项目、"古韵美·乐传承"老手艺传承项目等 14 个资助项目。2018 年 1 月起，14 个项目全面实施。2018 年 8 月，大亚湾区委政法委启动第二届社会建设创新项目评选活动，主题为"提升社会服务，创新社会治理"，采取"精准扶持、创新项目运营模式"等手段，继续扶持资助一批社会组织开展社会公共服务。共有35个项目参与第二届项目初审，经专家组评审，确定“大亚湾海洋公益与社会基层自治探索”“创建平安大亚湾，从成长一代开始”大亚湾未成年人健康上网行动等19个项目进入公开评审。这19个项目主要围绕志愿者队伍建设、公共服务领域、城乡社区建设管理、社会组织创新发展、社会管理与创新领域党建以及流动人口融合等领域组织开展。为确保社会建设创新项目顺利、高质量开展，大亚湾区委政法委和第三方机构共同对项目进行监督，并开展中期评估和末期评估工作，第一、第二届项目全部按照考核量化指标完成。每个审定项目基准资助金额5万～50万元。2021年1月，重新制定的《大亚湾区社会治理创新项目专项扶持资金管理办法》(以下简称《办法》)经区管委会同意印发实施。根据《办法》，区管委会特设立“大亚湾区社会治理创新项目专项扶持资金”(以下简称专项扶持资金)。专项扶持资金由区级财政预算安排，每年安排500万元用于支持和引导社会力量进入社会建设与社会治理领域，进一步统筹推进全区社会治理协同发展，提升大亚湾市域社会治理总体水平。专项扶持资金由区委政法委办公室拨出，主要用于大亚湾区创新型社会治理项目的资助，包括：社会基本公共服务领域的公益项目；社会组织培育与创新发展项目；志愿者队伍建设项目；公益性、便民类服务平台运行项目；城乡社区建设管理项目；社会管理与创新领域党建项目；流动人口融合项目；社会工作人才队伍建设项目；社会治理领域课题研究类项目；其他社会治理创新项目。

（五）以法治为抓手，为建设平安乡村提供保障

塘尾村一手抓文明建设，一手抓法治建设，通过创建平安村建设、开展普法宣传等，在建设法治平安乡村方面取得较大成效。

第一，强化班子建设，落实创建责任制。在西区街道平安创建领导小组的指导下，塘尾村村成立了创建平安塘尾工作领导小组，党支部书记朱利彬任组长，组员包括村“两委”全体成员、区驻村干部、大学生村官以及各村小组的组长。领导小组下设办公室，负责日常工作。制定了《创建平安塘尾考核办法(试行)》《创建平安塘尾十大工程分工方案》《创建平安塘尾行动方案(2012—2022年)》等制度措施。创建平安塘尾工作领导小组领导下的村小组干部、专职联防员、义务巡逻员形成三级治安防范网络，运用一系列的安全防范措施，扎实地开展群防群治工作。落实创建工作责任制，村委会主任为一把手负总责，村治保主任具体负责创建“平安村”各项工作的落实，谁主管，谁负责，把维护稳定的措施与责任层层分解，落实到村民小组，村民小组的责任人是村民小组长，一并纳入年终考核，并把考核结果与个人工资、奖金钩，奖惩分明。提高平安塘尾村创建工作的认识。把平安创建工作贯穿于各项工作之中，强化平安创建工作组组

员的政治、责任、使命意识。

第二,综合治理,营造平安和谐环境。塘尾村以建立祥和安定的村治安环境为目标,创建“平安村居”为目的,开展了一系列工作,为全村营造了一个文明祥和的氛围,安定了生活环境。一是组建了专职联防队,发动村民、党员当义务联防员,维护村居环境的安全。二是针对封闭式管理的商业住宅小区,如秋谷阳光,对小区的机动车辆进行管理,并作了详细的登记。三是专职联防队员佩戴袖标和胸挂工作证,按时在辖区区域内进行巡逻,禁止收废品人员和流动进入小区,尤其是对流动人口和外来人员进行注册登记。与退伍军人服务中心站共同组建了业余巡防队伍。每月集中 2 次例会制度,汇报各小组巡查情况和治安防范情况,发现问题及时与民警联系,为司法机关及时提供可疑线索。四是加强对出租楼房的管理。配合民警进行不定期的检查,建立出租楼房管理档案。催促楼主与办事处房管站签订出租合同及治安保证书,使小区管理到位,确保了辖区的治安防范工作,减少了治安案件的发生。五是加强商业网点的治安防范。由于村辖区内聚合村民小组商业网点较为密集,对每家商业网点建立了档案管理,做到心中有数。六是加强对夜市的管理,成立了“五老”监督队伍,对辖区的网吧酒吧进行夜查管理,减少未成年人进入网吧,预防青少年犯罪。

第三,重视隐患排查,扼杀矛盾纠纷苗头。塘尾村坚持“预防为主、疏导为主”原则,大力加强村辖区内治保、调解、信访队伍建设,加大矛盾纠纷的排查和调处力度。在纠纷排查工作中,在落实好每半个月排查一次的基础上,实行重点时期重点排查,特别是在村“两委”换届选举、重大节假日、计生服务月、文明城市迎检期间,实行每周纠纷排查汇报制度,将纠纷积案件、信访案件全部落实到专人负责,限期处结,从而确保了各项工作的顺利完成,未发生恶性上访与集体上访事件。加强工作沟通、协调和督查,有效地防止了各类矛盾纠纷的激化。在纠纷调处工作中,建立了“谁包片,谁负责”的工作机制。由于近几年农村土地征用的情况较多,土地纠纷十分明显,朱×石、石×背两个村民小组都出现过此类纠纷。2013 年,共协调解决 12 起,成功率达到 9%以上,没有发生一起因调处不及时、不得当而酿成的恶性案件,真正做到了将纠纷化解在萌芽状态,有力地维护了全村的稳定。积极探索施行股份合作制,为农村社会的长期稳定奠定了基础。

第四,大力开展群防群,加强社会治安综合治理。一是建立专职治安巡逻队。2015 年初,塘尾村成立 18 人的护村巡逻队,进一步强化群防群治力量,增强本村治安联防队伍建设,治安巡逻做到 24 小时不失控,加强人防、物防、技防,有效防止各种治安刑事案件的发生。二是认真排查调处矛盾纠纷。做到小纠纷不出户,大纠纷不出村。不发生影响本地稳定的群体性事件,防止上访或个案重访问题，避免因调处不力产生“民转刑”案件的发生，严格抓好安全生产管理。进一步加强消防安全、严防重大事故发生；开展村不稳定因素排查调处工作。针对农村股份制落实、征地拆迁、置换土地等纠纷问题，进行逐一的排查登记，并制定落实好调处措施，切实解决塘尾村存在问题。开展社会治安排查整治。根据塘尾村实际，把影响治安稳定因素的聚众赌博、吸食毒品、入室盗窃等治安问题，影响公共安全的苗头隐患逐一摸清并且进行登记，落实责任，进行整治。三是积极发挥群防群治队伍作用。在搞好宣传发动的同时进一步发挥群防群治队伍的作用，保证群防群治队伍正常运转。

第五，加强政策宣传，增强法制意识。塘尾村重视法律的宣传工作，坚持采取多种形式，抓好法律法规的宣传教育，努力提高全体村民的法律意识与遵纪守法观念。一是发放普法宣传资料，如《农村法律问题解答》《农村实用法律小常识》等。二是经常邀请法律顾问、法制专职副主任王立平律师到村里进行法律讲座，提高了居民的自我安全意识、家庭法律意识、青少年自我保护意识。三是积极宣传“八荣八耻”的内容，提高广大居民热爱祖国的热情。四是在开展法制宣传的同时积极进行《公民道德纲要》的宣传教育，不断提高居民道德素质，引导辖区居民自觉弘扬中华民族传统美德，勇于同不良风气及违法犯罪行为作斗争。做好创建“平安村”工作的宣传活动。创建“平安村”离不开群众的积极配合，因此，一定要认真组织发动每一位群众积极参与。加强平安村建设的宣传工作，使村民了解到创建“平安村”活动的目的和意义，以及自己的责任和义务。让每位农户自觉做好，各户保各户，邻里互帮助，同时要求有条件的住户尽快安装防盗门、防盗窗等物防设施。

第六，提高服务水平，注重流动人口管理。一是抓好重点人口的管理。村治保会将积极配合派出所抓好重点人口的管理，并注意管控。塘尾村地处大亚湾与惠阳区交界，毗邻响水河工业区，车辆流量大，流动人口和外来人口较多，流动人口的服务与管理难度较大。村委会认真摸底，将外来人员与流动人口的信息详细登记造册，加大对流动暂住人员“三点一证”（居住点、经营点、工作点和有效证件）管理，特别是对人员流动量大，暂住人口集中、治安隐患多的工地、小区进行全面清理整顿，切实做到底数清、情况明、控得住和管得好。同时抓好出租房的手续办理、登记与挂牌工作，对利用出租房进行违法活动的，予以严厉打击。积极主动做好刑满释放人员的安置帮扶工作，监控“五类”外执犯，拓宽安置途径，严格帮教和监控。坚决扫除村辖区内“黄赌毒”等社会不良现象，净化全村的风气。配合街道派出所对辖区暂住人口租赁房屋进行了一次大规模清查和清理行动，增强了村民的安全感。二是抓好外来人口的管理。主要措施如下：谁主管，谁负责，对房屋出租户、暂住人口进行法律法规的宣传教育；谁租赁,谁负责,抓住房屋出租户这个源头,与房主签订治安责任书,承租对象必须三证齐全,对违反规定的出租户主,由公安机关依法处理;谁用工,谁负责,与用工单位责任人签订责任书,督促用工单位加强对暂住人口的管理,被雇用的外来人口发生违法乱纪行为,用工单位负一定责任。

第七,严格创建工作评选标准。评选工作要坚持实事求是,注重实绩、群众认可、社会公认,按照评选标准和程序公开考评,认真筛选,严格审核,确保质量,优中选优,要以人民群众满意为根本,采取群众满意度测评方式,检验创建工作成果。对评选过程中弄虚作假者取消本年度评选资格,问题严重的,进行严肃查处,并追究责任人员责任。组织制度体系健全、领导重视、宣传到位,并且充分调动和依靠广大村民共同参与治安防范,形成村小组长、专职联防、义务联防“三位一体”的治安防范机制,积极推进法律服务工作向村延伸,狠抓法律宣传服务和人民调解工作,就一定能够提高依法治村的水平。村民“住小区、爱小区、建小区”共居一地,共同管理、共保平安,共建文明、共谋发展的观念深入人心,本地户籍居民与外来务工人员和睦相处,整个辖区呈现安定、和谐、稳定的景象。

三、大亚湾区塘尾村基层治理模式的启示及借鉴意义

(一)紧跟时代脉搏,基层治理快速发展

大亚湾区作为惠州市经济发展的火车头,基层治理也走在全市的前列,其举措凸显了“快速发展”型的治理特点,在许多方面都求新、求变以适应不断变化的时代发展,此外还能保持好传统的文化底蕴,让传统与现代化的元素在基层治理场域得以交融,共同组成了大亚湾的基层治理体系。大亚湾区塘尾村的基层治理以防范化解各类矛盾风险为重心,把各类矛盾风险化解在基层、控制在基层,确保不外溢不扩散;以推进“多格合一”为手段,整合公共管理资源、提升公共服务水平,促进社会治理规范化精细化;以社区、居村等基本单元治理为基础,推动基层治理与经济社会发展同频共振;以加快智能安防建设为支撑,推动全面数字化治理的实践探索;以广泛凝聚各方力量为动力,调动各方主体积极性,构建人人有责、人人尽责、人人享有的社会治理共同体。

(二)弘扬传统文化,赋能基层治理

大亚湾区塘尾村以先进的传统文化引领群众、服务群众,是加快实现基层治理向基层自治转变的前提和保障。提升基层治理成效,群众是受惠者也是推动者。但就文化而言,不同地域、不同风俗、不同的经济条件,群众需要的文化类型也不一样。基层文化建设要树立群众导向,对标群众实际需求,制定适合群众建设发展的文化项目清单,开展针对性强、社会效益高的文化活动,实现基层文化建设精准化、高效化,加快推动文化建设成果向治理效能提升转变。把

基层文化建设落实到内容丰富的活动中，是基层群众汲取传统文化精粹的方法途径，更是促进基层社会和谐稳定、提升群众素养的有效手段。

四、大亚湾区塘尾村基层治理模式的典型经验：推动“三社联动”向“五社联动”转型

近年来，大亚湾塘尾村推动“三社联动”向“五社联动”转型，初步形成“社区＋社会组织＋社会工作者＋社区志愿者＋社会慈善资源”的“五社联动”服务模式，构建了以提升社区治理能力、建设共建共治共享的社区治理共同体为目标，坚持党建引领，社区居委会（村委会）发挥组织作用，以社区为平台、以社会工作者为支撑、以社区社会组织为载体、以社区志愿者为辅助、以社区公益慈善资源为补充的现代社区治理行动框架，有效盘活了社区各方资源，汇聚形成合力，提高了社区治理和服务效能。为了满足社区特殊群体多元化的需求，大亚湾塘尾村积极推进“爱心商家联盟”项目，探索“党建引领＋民政统筹＋社工推动＋商家参与＋居民互助”的社会治理模式。在大亚湾区民政局党委、社会组织党委的领导下，以“爱心商家联盟”为平台，整合一批热心公益、富有社会责任感的爱心商家，为社区独居空巢老人、高龄老人、残障群体等提供个性化、专业化的优质普惠服务。自“爱心商家联盟”项目运作以来，有30多家爱心商家入盟，服务近2 000人次。如今，社区志愿者的积极性和社会慈善资源被充分调动，形成基层社会治理的合力，创新推出了“四事分流、三层一议、N社联动”的“4＋3＋N”一体化社区治理新模式；地区发展模式下的志愿者协同社区治理模式等。大亚湾区民政局要高度重视社区志愿者和社区社会组织培育工作，进一步完善社区服务资源，增强社会治理力量。截至2021年年底，全区已培育成立245个社区社会组织队伍、9家社区社会组织联合会，培育成立61支社区志愿服务队伍、发展社区志愿者8 500多人。

第二章　仲恺区陈江街道基层治理模式：社会综合治理网格精细化管理

一、仲恺区陈江街道基层治理探索的背景

陈江街道是著名民主革命先驱廖仲恺先生的故乡，位于广东省惠州市西南部，处于惠州通往东莞、深圳的要道之上。外部交通网络发达，广梅汕铁路和京九铁路贯穿陈江全境；境内有惠盐高速、惠河高速、广惠高速，交通网络完善顺畅。陈江-仲恺组团与惠城区组团、惠阳-大亚湾组团并列为惠州未来三大功能组团，同时，陈江已被规划为“市级商业副中心”。全街道地域总面积 83 平方公里，辖 11 个村、2 个社区，总人口 15 万人，其中外来人口 12 万多人。近年来，陈江街道广大干部群众开拓创新，团结奋进，取得了三个文明建设的显著成就。陈江街道先后获得了“全国先进基层党组织”“全国文明村镇”等 10 个国家级荣誉称号。

二、仲恺区陈江街道基层治理模式的经验做法

（一）推行“党建＋”治理模式，加强党组织战斗力

陈江街道创新思路，推出了“党建＋楼宇”“党建＋征拆”“党建＋服企”“党建＋治水”“党建＋帮学”“党建＋普联”等新治理模式，即把党组织建立在工作一线，党建工作有机融合到党群服务中心工作、民生实事和日常工作中，充分调动党员的积极性与主动性，发挥党员的先锋模范作用。以陈江街道御湖社区为试点，建立惠州首个社区区域化党建联盟。该党建联盟是以“党组织领导、区域联动、多方参与、共促和谐”为理念，在区党群办的指导下，陈江街道党工委牵头组织御湖社区、职能单位、“两新”组织以及商圈市场、商务楼宇等领域基层党组织，共同组建区域化党建联盟，建立联席会议制度，设置联盟办公室负责日常运作，制定区域化党建联盟章程，旨在打通基层党建神经末梢，提高党组织服务经济发展、引领基层治理的整体能力，实现多元合作，资源共享，良性互动，构建共建共治共享的社会治理新格局。由社区党总支统筹调度联盟成员单位开展共驻共建活动，各联盟成员单位编制党员活动需求“菜单”，为联盟单位之间的党员开展志愿服务、参观学习交流、结对帮扶等活动提供平台。建立完善评价激励机制，将党组织和党员在区域化党建中的表现情况作为评价激励的重要依据，与干部选拔任用、星级评定活动结合起来，加强党员队伍建设，充分发挥党员先锋模范作用，提升社会治理能力。

（二）推进网格化管理，促进基层治理精细化

陈江街道非常注重利用智能化手段，促进社会治理向精细化、科学化转变。2014年，陈江街道成立城市智能管理中心，以“智慧社区网格化社会服务管理系统”为应用支撑，整合园区“智慧惠民”各项创新举措的智慧平台，借鉴曙光智慧社区试点建设工作经验，筹建数字化城市管理系统，以曙光社区为试点，将曙光社区科学划分为6个综合业务网格，每个网格实行“一格四员”精细化管理机制（社区工作人员、网格督导员、综合业务网格员、户籍管理员）。自2015年6月开始，中心配备了38名工作人员、8名视频监控员、2名调度员，按照“网中有格、格中有人、人在格上、事在格中”的原则，将网格员落实到每一个区域，以片带面、以面带块、上下联动、资源共享，形成全面掌握实情、及时反映民情、迅速解决问题、有效化解矛盾的社区管理服务长效机制，较好实现基层治理的现代化。陈江街道智慧城市管理系统以城市智能管理中心为核心，智慧社区社会服务管理系统为抓手，一方面，通过网格管理员、外勤工作人员、视频监控员主动发现问题，并借助微信、综合调度系统、电话等媒介反馈到智能管理中心，由中心进行审核、任务派发、收集处理结果，形成任务闭环；另一方面，网格员和智能管理中心可接收居民投诉、举报、咨询等，实现信息技术与政府管理服务职能的有机融合，从整体上提升城市运行、管理和服务的效能。无人机不定期进行航拍巡查，动态监控管辖区域。

按照省市统一部署，2016年6月，陈江街道被列为综治网格化市级试点单位后，在街道全面推进“中心＋网格化＋信息化”工作，推进社会治安综合治理网格，以治安维稳为主，进一步围绕防控违法犯罪、化解矛盾纠纷、排除公共安全隐患三大工作重点，以网格为基本单元、以综治维稳力量为主导，以综治信息系统为支撑，覆盖各村（社区）、条块结合、横向到边、纵向到底的“中心＋网格化＋信息化”工作体系。按照网格化服务管理事件处置“发现上报、受理派遣、处置反馈、任务核查、事件归档、考核评价”六步闭环工作流程，结合属地管理、分级管理原则，充分发挥网格服务群众、协调利益、化解矛盾、维护稳定的作用。社会综合治理网格化管理工作主要负责深入辖区进行巡查排查，将辖区所有单位、场所、大街小巷纳入监管巡查视线，实现“全覆盖、无盲区”的社会综合治理网格化管理网络。街道纪检监察办公室、纪工委联合督查工作组每月对各网格组运行情况、工作台账等进行检查抽查，并对各网格工作运行情况进行通报，网格化管理实施绩考核与评优评先挂钩。网格组成员由相关职能部门组织开展网格组的业务培训，加强对网格员的工作指导，进一步明确网格队伍职责、制度、工作流程以及网格任务清单。实现工作从被动应对向主动发生转变，从专项行动到常态防控转变、从静态数字到动态实情转变、从专项行动到常态防控

转变，使违法犯罪防控到底，矛盾纠纷化解及时，公共安全隐患排除有效，社会安全指数和人民群众安全感明显提升。2020 年 1 月，面对突如其来的新冠肺炎疫情，“少出门、不聚集”是群众居家抗疫的刚性要求。陈江街道推广运用网上办、掌上办、邮寄办、电话帮办等服务，及时推出疫情防控期间的便利化举措，推动政府部门建设“互联网＋政务服务”平台，努力实现网上可办、无纸可办。创新运用大数据技术，以“健康码”畅通人流物流，运用微信群及时了解群众需求；根据群众特长，探索建立镇、村、组三级社区应急保障队伍，将危机管理意识延伸到最基层，提升风险防范意识和危机应对能力。

（三）推进政府购买服务，鼓励多元主体参与治理

陈江街道通过向社工机构购买公共服务，不断加强社会组织建设，发动社会力量参与社会治理。陈江街道在推进政府购买社工服务方面的举措包括：东江村东楼居家养老服务中心、御湖社区居家养老服务中心向惠州仲恺高新区大同社会工作服务中心购买社工服务，陈江街道残疾人康园中心向惠州仲恺高新区大同社会工作服务中心购买社工服务，陈江街道甲子、曙光、御湖三个社区综合服务中心向惠州仲恺高新区大同社会工作服务中心、慈朋社会工作发展中心、仲恺福源社会服务中心购买社工综合服务项目。陈江街道试推行“时间银行”志愿服务项目。志愿者时间银行项目是在原有的社区志愿服务基础上，通过社区志愿服务的线上线下平台，建立系统化、实体化的志愿服务管理机制。居民、社区商家、企事业单位及其热心人士均通过相应的爱心值兑换生活用品或服务，获得各挂点单位的相应用品、各挂点商家的免费服务，如维修、理发、理疗等，倡导低龄长者服务高龄长者，获得志愿者临时照看孩子的服务等。此外，陈江街道还采取了一系列措施推进志愿者组织发展，例如，通过日常户外宣传和专项的志愿招募活动，招募社区居民参与到志愿服务中来，同时，针对社区的公共问题，成立专项的志愿服务组织，进一步增加参与志愿服务的人数，志愿服务的成效更加明显。

（四）积极开展公共法律服务，促使基层治理法制化

陈江街道通过积极开展法律送到基层的服务，让社会大众对法律具有基本的认识，能够做到知法、懂法、守法，为实现基层法制化创造良好的社会氛围。“148”是司法行政机关设立和开通的一个法律服务专线电话号码，法律服务专线的设立是为了更好地为广大群众提供便捷、优质、高效的法律服务，方便人民群众特别是农村群众寻求法律帮助。2019 年上半年，陈江街道法制部门通过“148”解答各种法律咨询 80 余次，大部分涉及人身损害赔偿、债权债务、合同纠纷等法律问题。“148”专线的开展和公共法律服务咨询服务，促进了人们对法律的理解，有效地维护了社会的稳定。组织开展多种形式的普法活动，主要在

辖区内采用法律咨询、横幅、涂鸦、宣传单等多种形式展开法制宣传工作，内容涉及《宪法》《中华人民共和国禁毒法》《青少年保护法》《劳动合同法》《治安管理处罚法》等与群众生产、生活密切相关的法律法规知识。扎实开展普法教育工作。目前，陈江街道有 15 名法制副主任，服务街道 15 个村(居)，开展法律咨询，提供法律意见，参与协调矛盾纠纷，参与人民调解，开展法治宣传，有力推进了基层法律顾问工作的实施，充分发挥了法制副主任担任基层普法工作者和法律志愿者的作用，达到互相促进的效果。充分发挥村(居)法制副主任资源优势的作用，在法治宣传教育工作中根据基层不同普法对象的特点，深化法律进农村(社区)工作，例如，法制副主任帮助村委修改《村规民约》，为村民修改经济合同，参与讨论村委议事和村委调解工作，给村民上法治教育课和到学校进行法治讲座，开展法律咨询，参与人民调解，开展法律援助等活动，提高了农村基层和学校普法教育的效果，增强了基层群众法治意识，使基层普法工作落到实处，确保了基层农村发展、平安、稳定、和谐。

(五) 借助先进科技力量，锻造智慧化社会治理

在陈江街道，共有各类大小工厂企业 1 000 余间、在册出租屋 8 000 余栋，常住人口约 5.3 万人，外来人口 20 万余人。大量流动人口聚居在企业工厂、出租房屋，容易成为违法犯罪人员藏匿点和作案地，出租屋和流动人口管理一直是困扰仲恺公安和综治部门的难点和痛点。为此，陈江街道按照“党政主导、公安主力、依托村居、多方参与”的工作思路，采用“谁使用、谁支付”和“以补促建”的方式，联合仲恺公安分局陈江派出所建立起“集中式管理门禁、联网式人证一体机、二维码应用采集、手机 App 自助采集”等可全面覆盖各类型社会单元的 4 种采集模式，全面加强流动人口信息采集。同时，陈江派出所围绕接处警工作，在中心区域接入工厂企业、商铺等社会视频 278 路，建立视频监控汇聚平台，结合“1、3、5 分钟”应急快反机制，打造“警民防控一条街”。围绕平安小区建设，在条件成熟、硬件设施完善的 4 个万人级小区，利用科技手段来预防和减少村(居)刑事、治安案件的发生。仲恺以社会综合治理网格精细化智能化管理为突破口，积极探索基层治理体系建设新模式，坚持“多网融合、一体推进”的原则，突出人工与科技的双结合，整合各方资源，延伸管理触角，扩大服务阵地，进一步织密织细织牢治理网格，不断打破基层封闭的条块结构，全力构建共建共治共享的社会治理新格局。仲恺推动“雪亮工程”视频监控平台建设，在辖区范围内各村组共安装高清视频监控设备，引导辖区企业、学校等重点场所重点部位安装视频监控，进一步加大了该镇视频覆盖率，结合智能网格精细化管理，发挥“1＋1＞2”的效能，推动该镇社会稳控日益扎实，治安隐患得到有效遏制。全镇治安秩序持续好转，无发生重大治安和刑事案件。消防安全管理是社会综合治

理的一个重点和难题。在仲恺高新区科技园内有 2 家粉尘涉爆企业、4 家天然气门户站场、50 家危化品使用企业。如何实施安全生产多维化管理，成为惠南科技园社会综合治理的一个重要课题。仲恺响应市域社会治理和结合园区管理痛点，推出了“市域社会治理平台”。该平台以数据运转代替人力跑动，运用全方位多维感知设备，一图感知全域，结合网格治理，力图打造市域社会治理新高地。利用高科技感知设备，如无人机、前端视频监控、卡口等进行周界防范、易燃易爆品实时监控、危化品车辆“严管理”，形成视频全覆盖，保证在第一时间发现并处置险情，为惠南科技园区安全生产、维稳治安和社会治理工作的开展提供更加准确、丰富的数据辅助支撑，提高应急处置能力，事前预警、事发管控和快速定位隐患点。借助先进科技，实行智慧治理是市域社会治理现代化的大势所趋，也是力量所在。借助先进科技力量，还能对各类人口进行精细化的管理。

（六）发动群众参与，激发集成化社会治理新动能

陈江街道在基层治理上特别注重广泛发动群众积极参与社会综合治理，为仲恺区的治安好转提供了强大的支撑。事实上，按照共建共治共享社会治理理念，仲恺高新区大力发动广大网格员作用的同时，大力发动广大干部群众积极参与其中，形成了“人人参与，人人共享”的新局面。在“村委＋网格＋村警”联合巡查的基础上，不定期组织集中治安夜查行动，由“街道办＋村委干部＋网格组＋派出所＋特保人员”五方力量联合，不断加强村内出租屋、公寓、三小场所等的检查。巡查中，对存在无证、一证多人、假证、冒用他人证件入住和不符合消防安全规定等现象依法查处。同时，大力宣传疫情防控、消防安全、法律法规等知识，切实筑牢平安防线。此外，仲恺各社区还针对电信诈骗，开展“线上＋线下”两个阵地，实现全域全民共同参与。在线上，利用微信群定期推送反诈信息及真实案例，开展网络宣传；在线下，把打击治理工作融入区域社会治理和网格化管理服务体系，深入开展“网格员走千家进万户”，由村警带领网格员，组团式进入居民小区、企业、工厂、商场等开展防诈骗宣传工作，联防电信网络诈骗犯罪，持续不断紧盯高发群体，针对性地推动反诈宣传精准覆盖。在陈江街道御湖社区的大街小巷、小区、学校周边总能见到“义警”的身影。日间，他们义务巡逻守护“平安区”；夜间，他们义务巡逻点亮“平安灯”。“义警”是仲恺高新区在社会综合治理中，建强基层组织、夯牢自治基础的缩影。在仲恺公安分局的大力支持和陈江派出所的联动下，陈江街道充分发动群众、组织群众，从“民力无穷”的富矿中挖掘“真金”，御湖社区于 2021 年 4 月首创组建“义警”队伍并规范运作、深度融合，补充完善立体化社会治安防控体系，与驻点民警、辅警共同筑牢“平安御湖”新阵线。在陈江派出所指导、社会协同、公众参与下，“义警”队

伍已成为群防群治的重要力量，在治安巡逻、矛盾调处、群防群治中发挥了重要作用。“义警”主要负责协助社区及民警开展矛盾纠纷调处、禁毒宣传、反诈宣传、治安防范、疫情防控、线索收集、校园和小型活动安保以及交通指挥等工作，防控力量形成互补。自“义警”队伍成立以来，累计出动“义警”成员120人次，解决居民身边“关键小事”23件，调处矛盾纠纷52起，提供救助26人，提供有利线索10条，排查安全隐患89起，协助破获各类违法犯罪案件8起，辖区治安形势持续向好。

三、仲恺区陈江街道基层治理模式的启示及借鉴意义

（一）强调党建引领的重要性，夯实基层治理根基

仲恺区陈江街道基层治理的重要经验之一就是强化党组织的核心领导地位。基层党组织是领导基层治理的核心力量，基层的党委和政府要加强对基层治理的持续组织领导，抓实党员队伍发展，加大党务人员培训，抓实农村党建工作，着力强化组织功能，激发党员集群效应，以此达到提高组织能力，扎实基层治理根基的效果。基层治理要坚持党建统领，满怀对基层、对群众的奉献之情，要有实实在在履职尽责的使命感，要把优秀人才放在基层去锻炼，组建一支能力强、专业精、素质高的基层干部队伍，才能更好地提高基层治理水平。基层治理要以群众需求为导向，切实解决老百姓生活中遇到的问题，优化基层网格设置。社区是基层治理的重要部分，也是难点要点。将社区常住在册党员、机关干部纳入网格管理体系，构建起“党支部建在社区、党小组建在楼栋”的党组织体系，就能保证强力执行上级党委决策部署。

（二）强化法治思维，将治理纳入法治轨道

仲恺区陈江街道的经验还在于增强法治思维，弘扬法治思想，协调矛盾纠纷，把权力关进制度的笼子，维护基层社会和谐稳定，提高基层“法治”的治理效能。要培育践行社会主义核心价值观，大力推进基层文化建设，充分发挥模范典型引领作用，不断涵养文明之风，提升城市软实力。加快提升基层社会治理效能，必须把基层社会治理纳入法治轨道，强化法律在维护群众利益中的作用。坚持人民至上，就要坚持法律至上；站稳人民立场，首先是站稳正义的立场；厚植人民情怀，必须厚植法治情怀。推动全面形成办事依法、遇事找法、解决问题用法、化解矛盾靠法的良好基层社会治理格局，让社会充满活力又和谐有序。加快提升基层社会治理效能，必须把基层社会治理纳入法治轨道，强化法律在维护群众利益中的作用。

（三）主动探索城市智能管理，积极推进社会治理精细化

早在20世纪90年代，陈江街道即喊出“不保陈江安，不做陈江官”的响亮口号，十分注重基层治理的安定团结作用，注重用先进技术手段来维护社会治

安，为经济起到良好的托底保障作用。从2014年陈江街道成立城市智能管理中心开始，陈江街道一直以习近平新时代中国特色社会主义思想为指导，探索社会治理信息化和智能化，进一步夯实街道综合治理基础，创新网格化社会治理机制，规范综合治理网格化运作，实现“中心＋网格化＋信息化”的全面提升，构建职责明确、管理精细、信息共享、渠道畅通的综合治理管理平台，健全综合治理维稳长效机制，进一步提升街道社会综合治理水平，为经济社会平稳较快发展提供有力保证。

四、仲恺区陈江街道基层治理模式的典型经验：社会综合治理网格精细化管理

陈江街道所在仲恺区作为惠州的高新区，面临着基层的社会根基的快速变迁，由此也产生了一系列的社会治理问题，成为各方面利益竞相角逐的地方。仲恺区陈江街道在保持经济社会高速发展的同时，确保基层社会的安定团结，才能最终为经济发展起到保驾护航的作用，避免黑恶势力对人们的正常生产生活造成不利影响。仲恺区陈江街道最突出的基层治理特点就是确保社会的安定和谐，从而促进基层治理的有效运行，具体举措有以下几个方面：一是注重党委对于基层治理工作的全面领导作用，开展退出“党建＋”的各种项目，如楼宇、征拆、帮学等，通过党建联盟，打通基层党组织的终端，完善党员队伍的力量，发挥先锋模范作用，提升社会治理效能。二是通过网格化的管理，让社会问题得到更加快速的治理，网格员多方面实地排查社会问题、矛盾纠纷，实现“以网管理、格内化解”的治理格局，建立镇村组的三级防护网络，将社会风险管理触及最基层的地方，从而有效提高了基层治理进行风险防范和危机处理的应急能力。三是发动多元社区力量，利用志愿者、社工、爱心商家等队伍形成多元共治的治理局面，推动共建共治共享的机制有效运转起来。四是通过法律服务，使得基层矛盾能够化解在基层，通过普及法律知识，让普通居民都能够获得法律的知识和援助，并做好懂法守法的市民责任。此外，通过村（居）“法制副主任”的制度，让律师参与到基层的基本矛盾调解、法律援助、法治教育等事情上来，从而确保了基层的安定、和谐、稳定。

第三章 惠城区水北社区基层治理模式："法制副主任"助力基层治理法治化

一、惠城区水北社区基层治理探索的背景

水北社区，位于惠州东江河畔，惠城北湖公园旁边，毗邻北湖公园，市民乐园、东江公园、体育馆、科技馆、会展中心、图书馆、博物馆、文化艺术中心、华贸大厦等公益场所，辖区面积 1 平方公里。广汕公路贯穿境内，水陆交通方便，东江渡口水北岸常用码头 3 379 米。1981 年 1 月 22 日，在上水北处建成第一座大桥(东江大桥)沟通南北，1989 年又在下水北兴建第二座大桥(惠州大桥)，与惠州上下连成一片，从此，水北成为惠州新开发区。2002 年，惠州市委、市政府将水北村作为整治"两江四岸"重点改造的"城中村"，将水北村整村搬迁列入市"八项民心工程"。2003 年下半年以后，水北原村民搬迁到江北 8 号小区——水北新村。2002 年，市委、市政府将水北村搬迁列入惠州市"八项民心工程"。2004 年，趁着"两江四岸"整治的东风，社区居民搬进了花园式小区，住上了水电、煤气、网线等设备齐全的高楼。从此，老水北村的村民们成为城镇居民。随着惠州城市化的发展，水北社区居民的口袋越来越鼓，而水北社区这块"城中村"，也随之变成为惠州最火爆的城市中央商务区。从最初的小小村落，到今天的现代化城市社区，水北社区在基层治理方面积累了很多经验。

二、惠城区水北社区基层治理模式的经验做法

(一) 创新股份改革，实现共同富裕

2008 年春节前，水北社区的居民实施股份分配，由农村经济转化为城市化进程的股份制分配经济管理体制，为全惠州市农村股份制分红开创了经典先例，完成股份制改革，集体经济收益实现按"人头"分红到股份制分红的转变，实现了以股份经济联合社为实体发展集体经济的现代管理发展模式。通过股份制改革，唤醒"锁在柜子里"的集体资产，水北社区走上了康庄大道，实现了"城中村"到幸福小区的美丽蝶变。发展集体经济是实现共同富裕的重要保证，只有将资源整合起来，大家拧成一股绳，才能办大事、办好事、办长久之事。但是，在"拿到手上的才是自己的"这种想法占据主导的情况下，要说服所有人"放手"，把土地征收款交给集体，必然会经历许多困难，更需要一部分有着坚定信念和前瞻意识的人站出来，带领大家往前走。正是在"村改居"的关键时期，水北社区党支部集体作出了正确决定，抓住了发展集体经济"第一桶金"的契机，

坚持合作共赢，才激活了水北共同致富的"一池春水"，让村民变"股民"。"抓住'城中村'改造契机，加快产业结构转型升级，推行工商物业并举，大力发展农贸市场、门店、酒店等第三产业和工业园区经济。"当时社区党支部集体讨论，确定了这一总体发展思路。而"发展附加值高、增收空间大、又有可持续性的产业"是社区结合实际走出来的"新路子"，也是非常宝贵的实践经验。经过多年艰难探索和不懈努力，水北社区先后开发出江北丽日购物广场、农贸市场、江景商务酒店、玉州大酒店、亿嘉国际大酒店、万饰城江北店、三栋数码工业园等经济实体，为水北集体经济实现大跨越、大发展奠定了坚实基础。2007 年，水北股份社总收入 1 366 万元，每股分红 250 元；到 2018 年，水北股份社收入达 3 507 万元，每股分红 770 元。而加上商铺出租等收入，2018 年社区总收入达 4 700 万元，上缴税收 1 100 余万元。

（二）推动居民自治，构建温馨的熟人社区

在治安方面，水北社区居委会下设保安队，保安队现有 60 余名保安队员，全部由水北社区居民组成。这一方面使社区可以更好地为居民服务，另一方面也以此解决社区居民的就业问题，实现自己的物业自己管，自己的居民自己管。保安队员分散到一区、二区、三区 3 个居民区，其中分散在一区、二区的保安队员有 20 余名。保安队采取轮班制度，每 8 个小时为一班次，一个班次 8 个人，分散管理。同时，水北社区与辖区派出所采取警民联动的方式加强联系，警民共治，共同维护社区稳定和谐。社区投入 160 多万元装备了一整套先进的智能视频监控系统，建立起了一支整体素质较高的保安治安队伍，实行全天候巡查防控。为保障小区消防安全，建立了每月安全检查制度，定期检查和维护公共场所消防设施设备，还定期组织开展救火逃生等安全知识演练和培训。水北社区是一个由原水北村民安置而成的城市社区，是一个熟人社区，居民大多为老水北村人，人员构成相对简单，居民互相熟识程度较高，邻里关系较为和谐。自搬迁以来，水北社区治安环境良好，社区气氛融洽。当前对于违法人员的管控主要为社区矫正，矫正人员主要为酒驾人员以及提前保释人员。

（三）引入社会力量，打造惠民空间

惠城区水北社区启动"惠民空间"社区微改造项目，通过引入社会资金、创新推动实施"惠民空间"社区微改造计划，以"绣花功夫"对社区进行微改造，实现了由"脏乱差"到"美净齐"的华丽变身，为居民提供了更为舒适的生活居住环境。作为惠州市老旧小区改造的主战场，惠城区 2020 年投资 6 000 万元，以"绣花功夫"对 50 个老旧小区进行改造，并选择其中 12 个能免费提供场所的小区探索建设"长者之家"和"健康之家"。城市老旧小区微改造关系千家万户的切身利益，是重大民生工程，也是一项综合、细致、复杂的系统工程。其中"长者之家”将居家养老服务引入老旧居民小区，搭建一个群众身边的娱乐、养老平台，开展多元化的老年生活服务。“健康之家”则可为社区居民提供便捷的公共卫生服务，将健康管理、免费体检等服务延伸到群众家门口。依托“惠民空间”平台加强创新社区治理，推动在社工协会加挂“社区治理指导中心”，负责协调社区、社会组织、社工等多方力量共同参与社区治理，鼓励更多社会力量参与微改造及其后续治理工作。各个社区还可以探索成立社区基金，实现“自我造血”，利用社会资金购买社工服务，减少财政压力。同时，惠州市还将积极创新老旧小区改造投融资机制，包括探索金融以可持续方式加大支持力度，运用市场化方式吸引社会力量参与。

（四）打造专业化队伍，推动调解规范化

惠城区水北社区在基层治理队伍建设上，强调队伍的专业化，并运用规范化的方式调解基层矛盾。如何让大量简单、类型化案件和部分普通矛盾在前端快速化解，为群众解忧、为正义提速？解决的关键在于制度的建立，在于调解员队伍的搭建。为建立健全调解员管理机制，水北社区设立诉调对接工作室，由民商事审判经验丰富的法官和律师负责管理；设立调解工作室、调解小组，成立由程序分流员、调解法官、特邀调解员、法官助理、书记员组成的专业调解团队。通过充分调动社会力量参与到纠纷解决中，推进社会治理社会化。惠城区水北社区还善于利用高校的专业资源，为基层法律和民事诉讼调解工作注入新活力；惠城区水北社区与律师事务所正式签订诉调对接合作协议，并挂牌成立律师调解工作室，充分发挥律师在人民调解中的积极作用。水北社区所在惠城社区广东达伦律师事务所罗青松律师在仲恺分所会议室主持调解 5 宗劳动争议纠纷案件，以实际行动推进律师调解员工作。惠城区法院还将城区 13 家镇（街）司法所 18 名调解员纳入特约调解员队伍，并通过社会选聘、单位推荐、行业特邀等方式选聘调解员。区法院入库的调解员共 92 人，包括专职调解员、特邀调解员、律师调解员。其中，特邀调解员是从妇联、专家学者、退休法律工作者等各行各业具有专业法律知识和调解经验的人员中选聘的，根据调解员的资历和专长分派案件。另外，出台了《惠城区法院特邀调解员管理办法》《经费使用管理办法》等规定，建立健全调解员正面激励机制和退出机制。对每季度的“调解之星”给予相应奖励并纳入年底评先评优，对调解案件处理方式不合法、被投诉的调解员实行退出机制。此外，为加强调解员的业务指导，惠城区水北社区还通过录制操作小视频、召开座谈会等方式开展业务指导，组建调解员工作群以强化沟通交流，提升调解员队伍的专业素养和团队凝聚力。

（五）建立社区基金，充实社会治理资源

惠城区水北社区近年来基层治理的亮点是建设社区资金，解决群众急难愁盼的问题,投入足够的社会资源以完善和处理社区的微实事和急难事。积极推动社区基金建设发展,将社区基金打造成为社会各界参与社区治理的重要平台,成为解决社区问题的重要抓手,成为加强社区治理能力和治理水平的重要力量。引导全社会广泛参与社区基金建设,形成政府资源与社会资源互补、政府力量与社会力量联动的强大合力,动员社会各界传递友善关怀,更好更快地促进民生的改善,努力建设更有品质的幸福社区。促进企业及个人签署认捐确认书,向社区捐助社区基金。社区的建设不仅是政府部门的事情,作为辖区企业,也有责任参与其中,为社区发展贡献自己的一分力量。募得基金用于社区微实事和居民微心愿,即主要用于“惠民微实事”服务项目内容,具体用于社区居民关注度高、受益面广、单个项目资金量少的惠民微项目、微心愿。社区基金作为“五社联动”(社区、社会组织、社工、社会资源及社区自治组织的联动)的重要内容,在调动社区慈善资源、搭建社会力量参与社区治理的平台方面将起到积极作用。

三、惠城区水北社区基层治理模式的启示及借鉴意义

(一)积极引导居民参与,扎牢基层治理的群众基础

惠城区水北社区的基层治理在于无论是股份制改革还是构建熟人社区,抑或是打造惠民空间,基层治理主体都始终强调居民参与的重要性,激发每一个村民的集体意识,共同参与,共同建设美好家园。居民将社区治理作为重要的载体,在有助于推进民主化进程的同时,能够确保公共政策的有效运行,从而促进社区、社会的良性发展。当前我国正处于社会转型时期,人们在社区生活中必然会出现各种矛盾,阻碍社区治理工作的进行。作为社区治理建设必不可少的参与者,居民也是社区发展不可缺乏的因素,居民通过参与社区治理能够更直接地诉求自身利益、畅通沟通渠道,从而弥补政府服务的不足,缓解政府的压力。因此,提高社区居民的参与能力和水平,对促进社区和社会的整体发展具有重要的作用。社区居民的参与是实现社区善治的重要保障。居民的参与能够在政治体制深化改革阶段充分发挥自身作用。居民在整个发展阶段内,能够承担很大工作任务量,同时也有助于政府职能效用的改变,在提高执行能力与决策能力条件下,拥有较强凝聚力,避免违背合法性要求。居民的参与将提高社会全面改革工作效率。在居民参与阶段内,企业与政府都会加入发挥社区转移职能效用,这样可以在一定程度上解决了公共服务供给不足的问题。同时,居民的参与为促进基层发展、实现民主创造了重要条件。

(二)充分调动社会参与,充实基层治理力量

惠城区水北社区在做好自身发展的同时,还充分调动广泛的社会组织参与基层治理,从而不断充实基层治理的力量构成。随着社会治理重心向基层

下沉，基层社会主体的多样性、基层社会事务的复杂性等都要求基层社会要不断进行体制机制创新，从而为众多主体提供协商与合作的平台。原来建立的以社区为平台、社会组织为载体、社会工作专业人才为支撑的“三社联动”机制，虽然实现了一元主体向多元主体合作治理的转化，社会组织、社会工作者在表达群众意见和满足人民群众需求方面也起到了很好的连接与沟通作用，但在基层群众力量的动员方面仍然不足，还有众多的主体没有纳入基层社会治理的体制机制，基层社会治理也还需要有更多的主体参与。只有“五社联动”，才能让更多的主体都能平等地享受参与治理的权利与义务，才能拓展基层社会治理的社会力量参与渠道，才能真正实现基层社会的协同治理。由于社会组织、社会工作者力量的有限性，以及在资金上对政府的依赖性，使其公共服务能力受到一定程度的限制。因此，将社区志愿者和社会慈善资源吸纳进公共服务供给领域，能够不断壮大公共服务供给的力量，扩充公共服务供给所需要的各种资源；能够更好地实现各种社会力量的优化组合，丰富公共服务供给的项目和内容；能够不断提升“行政吸纳社会服务”的质量，推动基层社会治理的高效发展。

（三）民主协商促进乡村集体资产的股份改革

惠城区水北社区作为惠州最先进行城中村改造的村落，首先，当地农民面临着如何转变身份的问题；如何从一个农业人员向城市社区人员的转变。其次，就是如何进行良好的集体资产股份制改革问题，小村落变为现代化城区之后，地价在不断攀升，成为惠州最为火爆的城市中心，是坐收地租，还是有推行创新性的举措，考验着惠城区基层治理的智慧，而惠城区水北社区则交出了较为满意的答卷。具体总结起来，惠城区水北社区股份制改革治理具有如下经验：一是党支部牵头做出正确判断，加快产业结构转型，大力发展本土经济，而不仅仅是利用收租来增加收益。党支部的主动作为，敢于大胆创新，勇于担责，富有改革创新精神，才能让水北社区经济快速发展，居民身份快速转换，成为现代性的城市。二是协商共治，注重发挥民主精神，引导村民为了村庄共同体的积极发展做出贡献。在股份制改革过程中，惠城区水北社区始终强调居民参与的重要作用，通过激发他们的主人翁意识，引导他们共同参与，群策群力，才能将美好的家园建设起来。居民的广泛参与让股份制改革得以顺利推行，社区得以良性运行。三是大力推动社会力量的联动治理，让基层社会实现系统共治，使得股份制改革的成果最终为所有的居民所共享。通过志愿者服务、慈善事业等不断丰富公共服务的供给内容，推动了基层治理的全面发展。

四、惠城区水北社区基层治理模式的典型经验:“法制副主任”助力基层治理法治化

惠城区水北社区作为“法制副主任”最早试点培育的社区,为探索基层治理法治化提供了诸多经验启示。2010 年,惠州市司法局在尊重惠城(“法制副村长”)、惠阳(法律顾问)两区基层首创的前提下,试点“法制副主任”制度的规范运行,并向惠州市委、市政府提交专题报告。2012 年,在惠州市委、市政府的重视关心和指导下,市司法局会同市委组织部、市委政法委、团市委等有关部门,拓展“法制副主任”制度的内涵和职能、职责范围,发起成立“惠州市法制宣传志愿者总队”,形成了一套相对完善的惠州市村(居)委“法制副主任”制度体系,并逐步在 2012 年底完成“法制副主任”的全覆盖。2013 年,时任中共中央政治局委员、省委书记胡春华,省人大常委会主任黄龙云等人先后深入惠州市五个县区,就“法制副主任”工作的探索和实践进行大范围的专题调研,充分肯定了惠州市的做法,并鼓励惠州市创新基层社会治理模式。2014 年 5 月,广东省委办公厅、省政府办公厅印发工作意见,在全省推广。2012 年,惠州市全面推行“法制副主任”制度之初,共有 886 名法制宣传志愿者担任全市每个村(社区)的法制副主任,志愿者主要由社会律师、公职律师和检察院、法院、司法行政等部门的法律工作人员组成。2014 年,逐步加大了社会律师担任法制副主任的比例,检察院、法院的工作人员逐步退出,不再担任法制副主任,部分村(社区)法制副主任由社会律师以“一挂二”“一挂三”的方式担任。经过多次调整,截至 2015 年年初已有 626 名社会律师担任村(社区)法律顾问,占总数 70%以上。2015 年 10 月,司法局按照省厅要求,将全市 1 274 个村(社区)的法律顾问全部调整为社会律师担任。村(社区)法律顾问工作推行后,惠州市 1 274 个村(社区)已全部配置法律顾问工作室,法律顾问每月到驻点村(社区)开展法律服务工作一次,通过向村(居)民开展法制讲座、提供法律咨询,协助起草、修改和审核村民公约、规章制度、法律文书等涉法事务,参与纠纷调处,帮助村(社区)开展换届选举工作,办理法律援助案件等“一站式”的法律服务,满足基层群众法律服务需求、畅通化解基层矛盾纠纷的渠道。

第四章　惠阳区霞角村基层治理模式：乡贤参与乡村治理

一、惠阳区霞角村基层治理探索的背景

霞角村是广东省惠州市惠阳区良井镇下辖村，是市、区、镇三级建设社会主义新农村示范点，先后被惠州市评为文明村、生态示范村，连续多年被省、市、区、镇授予先进集体等荣誉称号，授予“广东省卫生村”荣誉称号。霞角村由杨氏、翁氏、郑氏定居，起源于明末清初，杨氏始祖由白花新陂仔迁至良井后繁衍生息。霞角村人杰地灵，崇文重教，有着灿烂的文化历史和客家文化底蕴。霞角村村风民风良好，素有“文化之乡”之称。一直以来，该村坚持以经济建设为中心，围绕建设社会主义新农村主题，不断完善村级基础设施建设，不断美化、亮化村容村貌，不断完善、优化农村人居环境和投资环境，大力开展争创省卫生村活动，有力推进了该村经济社会向前发展。村集体经济年收入 12 万元，人均年收入 1.8 万元，是市、区新农村选进单位，被评为全国、省法治示范村，省、市级档案管理示范村，广东省宜居示范村庄。惠阳区霞角村的杨氏宗族资源十分丰富，乡贤有着悠久的资助教育的历史，例如，杨钊先生家族连续三代为家乡教育做贡献，让该村具有丰厚的乡贤和教育底蕴。

二、惠阳区霞角村基层治理模式的经验做法

（一）利用社会资本，激活乡村产业

霞角村所在惠阳区探索形成的“12345”市场化乡村振兴模式，就是以“产城村人”融合为发展导向，探索以“12345”市场化模式推进乡村振兴。“1”是抓住一个关键，即市场化，通过引进社会资本，导入产业项目，带动乡村振兴；“2”是解决两个问题，即农村产业、就业问题；“3”是注重三位一体，即“乡村振兴、新型城镇化、产业园区建设”融合推进、统一谋划、同步落实；“4”是坚持“政府主导、市场运营、股改整合、共建共享”四个原则；“5”是实现“五有目标”，即农村有产业、农民有就业、农村有环境、农村有服务、农村有治理。近年来，通过省级新农村建设示范片建设，惠阳良井镇的霞角村等村公共服务基础设施及人居环境得到显著改善，但仍存在乡村“空心化”、农民收入未显著增加等问题。为此，惠阳区结合区位、交通、资源等优势，创新提出市场化模式推进乡村振兴。具体来说，就是通过政府引导，引进产业集团，发挥村民主体作用，利用社会资本激活农村资源资产活力，形成从市场引入社会资本、由产业集团导入产业、用产业形

成带动基础设施建设、以产业发展带动农民就业持续增收的乡村振兴路径。为使良井农产品走出去、全球商品走进来，霞角村还建有农村电商——新良井农村电商服务中心。该中心由民房改造而成，设有书吧和服务驿站，成为当地群众增加收入的途径之一。中心内还设有共享电单车停放点，扫二维码就可取车，方便村民出行及游客畅游乡村。筑巢引得好凤来。目前，惠阳区与碧桂园集团达成战略合作框架协议，以良井镇作为“三变”改革（资源变资产、资金变股金、村民变股民）试点。按照规划，碧桂园将在霞角村打造花兮田园康养小镇，对集体建设用地，拟用于共享农庄、花兮小镇等文旅项目相关配套设施建设；对客家围屋，拟进行原位修复，恢复围屋风貌，拟改造为客家文化展览馆；对村庄住房，在原址进行修补和改造，建成精品酒店、商铺等。

（二）发挥党员模范作用，创新“书记项目”服务

农村基层党员干部是实施乡村振兴战略的根本推动力量，霞角村近几年发生巨大变化，村内环境优美，村民生活殷实，文体活动丰富多彩。这一切的变化离不开党员先锋模范作用的发挥。一直以来，霞角村坚持以党建为引领经济发展，做好领头雁作用，带领村两委班子，上下一心团结奋进，坚持“党建引领，乡村振兴”，以党建工作为主要抓手，多元并进推动乡村振兴，取得了各方面的成效。在工作中，基层党员“看”大环境的变化和发展机遇；“听”党员代表和群众的意见建议；“跑”遍整个村子，常常和村民们打照面，传政策，解难题，全心全意为群众服务。深入开展“书记项目”，创新推动“群众点题、书记领办”实施承诺制，已推进下园公园、大福地后山公园、古韵公园、中心屋道路建设、“天网工程”等5个“书记项目”落地见效，掷地有声，兑现党组织承诺。建立“掌上村务”智能信息平台，实现党务、村务、财务公开，给群众明白、还干部清白。建立掌上村务“镇村组工作微信群”，群众可以24小时在线反映问题，党组织全天候回应群众关切，打通联系服务群众“最后一公里”。

（三）鼓励乡贤参与治理，助力乡村振兴发展

霞角村民们崇文重教，以杨钊先生为代表的乡贤大力支持教育的发展，村民的文化素质渐渐提高。村里有一所小学，镇上有一所中学，有村民考上大学时，一些乡贤如杨氏促进会，会颁发奖学金，学生不用担心学费问题。惠阳区霞角村有一批乡贤名人，他们对村庄建设发展发挥着重要作用。例如，杨钊一直恪守并实践“取于社会，用于社会”的信念，积极支持公益慈善事业。至今，他在公益总善方面的捐款已超过18亿元，连续3次获得中华慈善奖最具爱心捐赠个人（全国仅10位慈善家受到此表彰）。杨钊先生是良井镇杰出人士的代表，他虽然长期定居香港，但却十分心念故乡，杨钊先生及其家人为良井镇乃至惠州的发展都作出了巨大的贡献。霞角村崇文重教，在教育投入上采取乡贤集资

为主，政府扶持为辅的方式。早年，曾有人希望杨钊先生可以在霞角村内办制衣厂，帮助村民解决生计问题。但杨钊先生认为霞角村面积狭小，土地面积并不大，缺乏经济发展的先天条件。杨钊先生认为发展霞角村首先要发展教育，因此，杨钊先生每年向良井镇捐赠资金，用于发展良井镇的教育事业。例如，乡贤杨钊先生对每年录取的大学生捐资鼓励，重点大学奖励 12 000 元，普通本科生则奖励 10 000 元。为提升小学教师的教学水平，保持教学队伍的稳定性，宏基小学的教师薪酬待遇与市区小学的教师相近，月薪资约 10 000 元。据访谈所知，宏基小学教师退休金为每月 7 000～8 000 元。

从清末民初时期的杨宏谟先生（宏基小学创办人）到现代的杨氏理事会各成员，他们都为霞角村的发展作出了巨大贡献，特别是对家乡的教育事业发展，这已成为几代乡贤传承下来的美德。此外，杨洪先生、杨勋先生、杨玉怀女士等“能人”对乡村发展贡献了不少力量，也传播了正能量。杨洪先生“广植德本，勿犯道禁，慈心专一，忍辱精进”的座右铭影响深刻，被“慈辉”奉行。杨玉怀女士热心于公益事业，长期奔走于全国各地。在关爱老人、学校建设、家乡水利建设等方面，每一处都有她的身影。乡贤是城市和乡村产生联系的纽带，发挥好乡贤对乡村的建设作用，能够加快城乡融合的步伐，助力乡村振兴。这些乡贤内生于霞角村，对村庄有着很深的感情，尽管历经多年的离乡生活，但是他们对村庄有着深厚的感情，乡贤返乡为乡村发展带来资本、人脉、知识、经验等资源，在增强城乡互动、实现城乡融合发展方面具有天然的独特优势，能有效缓解乡村因为“空心化”而带来的衰败。

（四）打造“村民议事厅”，推动村民民主协商

霞角村注重村民对于基层事务的积极参与，并强调在议事过程中的民主化以及协商过程的规范化。村民是基层治理中的主要对象，着重解决居民日常生活中的各种问题，促进居民自治权利的发展是基层治理中的重要内容。随着我国经济建设的不断加快，农村社会矛盾急剧增多，农民土地纷争问题、医疗卫生问题、创业就业问题、生态建设问题、社会保障问题等一系列矛盾交织叠加，给基层干部做好新形势下的基层建设工作带来了严峻挑战。“谁提议”“议什么”“谁来议”“怎样议”“决议实施如何监督”是基层治理中绕不过去的大问题。在此形势下，霞角村通过打通服务群众的道路，虚心听取村民的意见建议，及时解决群众生活生产中遇到的困难问题。例如，“村民议事厅”让党员干部和基层群众共同商量大事小事，为村里的发展献计献策。“村民议事厅”的会议形式多种多样，有会议讨论、意见反馈、自主创意发表等，村民们围坐在一起，参与了解各项工作开展的原因与进度，全力配合工作开展，重点谋划下一步发展策略；进一步提高村干部团结全村、掌控会场的领导能力，促进部分村民提高口头表达能

力和民主参与意识，从而进一步完善这项制度。

(五) 有效盘活资源，打造文化传承基地

霞角村积极探索乡村旅游的新路子，盘活村庄的闲置资源，利用良好的传统文化遗产，打造集休闲、观光、娱乐于一体的美丽乡村。原来破旧的老房子，摇身一变，成为乡创中心、创意书吧、农耕体验中心、精品民宿等，闲置农村资源得到有效盘活；青翠的竹林小径、气息古朴的展厅，之前是破败凌乱的农宅和荒草地，经过精心设计和改造后，既保留了客家元素，又保留了中式传统的园林诗意。以党建为引领，充分调动社会力量，成立乡村振兴大讲堂，把握意识形态主阵地。讲堂采取“主讲堂＋随机讲堂”的形式，不定期在周田村碧滟楼、茶园村木公幌书屋等地，邀请全国各地乡村振兴工作优秀领导人、产业发展指导者及文化发展先行者等与村民分享交流，助推乡村振兴、文化振兴。以村民小组为股份制改革试点，聘请法律顾问、会计师事务所等专业人才，全面摸查村集体资源。组建村民小组股份经济合作社，将村集体资产折股到人、确股到户，赋予村民对集体资产股份占有、收益、有偿退出、继承等权能，确保村民利益最大化。霞角美丽乡村建设已初显成效，乡创中心、创意书吧、农耕体验中心、精品民宿等部分设施对外开放，成为周边地区乡村游目的地。按照规划，霞角村要打造成为深莞惠田园亲子娱乐综合体、广东省市民农庄先行实践区、粤港澳客家文化传承体验地。

(六) 大力推进“头雁”工程，培养党组织书记后备队伍

惠阳区霞角村注重巩固村党组织在基层组织和一切工作中的领导核心地位，实施“强村固组”工程，将党支部建到村民小组一级，成立村民小组一级的党支部 437 个，加强党组织对村民小组事务的领导。该区还建立村民小组经济合同审查制度，推行村民小组公章收归村党组织集中监管。签署重大经济合同前须经村党组织、法制副主任和村民小组代表会议审核把关。惠阳区霞角村大力推进“头雁”工程，统筹抓好选、育、管、用等环节。在上一届村级换届时，高标准选优配强新“两委”班子，提高“两委”干部准入门槛，新进干部必须具备“全日制大专以上学历，35 周岁以下”条件并报区委组织部审核备案，实现了年轻化、高学历化和性别结构优化的“三化”目标。按不低于 1∶2 的比例及时培养农村党组织书记后备队伍，建立了统一管理的后备干部队伍名册。另外，该区每年按照城市社区 20 万元、乡镇社区 10 万元的标准，为社区党组织下拨服务群众专项经费，2018 年以来共完成服务群众项目 67 个，使用经费 483.6 万元。

(七)“警＋N”全民治安群防群治建设

霞角村内有多家企业入驻，做好本地人与外来务工人员的安全治理成为维护好社会安定团结的重要工作，群防群治的方法在基层逐渐扎牢扎实。为缓解

伯恩光学(惠州)分公司落户秋长带来流动人口服务管理方面的压力,区委、区政府牵头组织开展了秋南片区综合整治常态工作,推行“警＋N”全民治安群防群治工作模式。成立了由45名队员组成“四员”(出租屋安全员、治安员、保洁员、内勤员)的塘井片区群防群治大队,并且建立健全了村民小组、业主委员会(按照“谁受益,谁负责”原则筹集管理经费)、沿街商铺“三位一体”的经费保障机制,实行“自我发起、自我服务、自我管理”,分组实行24小时大巡防,结合出租屋监控摄像头(辖区八成以上出租屋安装有监控摄像头,其中30多个摄像头联入公安视频网络),形成“业主委员会＋门禁视频系统＋村治安联防队＋警民群防室”的工作模式。

(八) 整合公共法律资源,建成“实体平台＋互联网”公共法律服务圈

霞角村所在惠阳区近年来积极大力整合各类公共法律资源,形成了既有实体平台,又有线上平台的法律服务圈子,形成了线上线下相结合的法律服务模式。惠阳区打造实体平台,区级公共法律服务中心1个,镇(街道)公共法律服务工作站9个,村(社区)公共法律服务工作室130个,规范化村(社区)公共法律服务工作室52个,为广大群众提供“窗口化、综合性、一站式”的公共法律服务。建设网络平台,建成“法治惠阳・公共法律服务网”1个、“法治惠阳”“惠阳司法行政”微信公众号2个,方便群众实时快速获取法律资讯,得到法律服务。完善热线平台,以省“12348”法律服务热线为依托,打造区“148”法律服务热线1个,镇“148”法律服务热线9个,完善“148”热线座席,安排律师、公证员,专职人民调解员在线值班,为社会公众提供在线咨询解答、信访及投诉等服务。霞角村处在整个惠阳区的公共法律服务圈内,村干部、村民对于这些法律资源具有充分的认知,并善于运用法律资源为解决村落矛盾服务。

(九) 社区治安良好,共同推进群防群治

近年来,霞角村通过对重点场所、村内的管控,重点人员的走访等一系列方式方法来结合党建工作,共同地推动辖区治安的好转。同时,党支部积极搭建党员结对共建平台,深入村内开展安全巡防、消防宣传、群防群治、反诈骗宣传等工作,不断拓宽服务渠道,丰富服务内涵,真正做到了打击效能有力度,社区基础有深度,服务群众有温度,推动辖区治安形势不断向好。社区各项事务无论巨细,派出所和辖区民警都积极参与,反恐、反信息诈骗和消防安全各项工作中联勤联动,第一时间化解各类矛盾,成绩显著,社区的治安环境大为改善。通过一系列的治安环境整治,加上“天网工程”第一期,在村里投放安装多个摄像头,对当地的调查取证、控制犯罪率起到了很大的作用,治安状况也得到了很好的改善。村内的治安状况良好,无恶性的治安事件发生。村内无社区矫正对象,吸毒人员较少。警民联动状况良好,村民遇到险情都会及时向村委会汇报,

邻里之间互帮互助情况较为普遍。

(十) 社区文化底蕴浓厚,实现社会保障兜底

乡村振兴既要塑形也要铸魂,文化即是乡村的魂。霞角村积极培育文明乡风,让村民信仰树立起来、生活充实起来、精神快乐起来,激活了乡村振兴的"文化魂"。霞角村基层文化服务基本实现全覆盖。在霞角村,社会主义核心价值观宣传标识处处可见,各类公园广场亦是日日热闹非凡。百姓欢乐舞台、送戏下乡、免费电影放映,广大农民群众文化活动丰富多彩,书法、绘画等文化培训学习应有尽有。刚进霞角村,占地 3 000 多平方米的古韵公园让人眼前一亮,公园内"社会主义核心价值观"标识牌醒目,道路两边有各种花草树木和健身器材。在大福地客家围屋外,半月形水塘边铺设了鹅卵石,鹅卵石之间镶嵌着一个个不同字体的"福"字,寓意"踏福纳祥"。傍晚时分,许多村民在此处跳广场舞。良好的文化氛围,开始吸引一些艺术家到此处"落户"。在村内祠堂不远处,就有一座两进、带有马头墙的古建筑,是杨氏后人读书的古书院,现在已出租,正计划改造成民宿与艺术工作室。村干部也希望能吸引更多艺术家当地落户,"激活"村内那些历史底蕴丰厚的老屋子,进一步提升霞角村的文化氛围。农村社会救助是国家和各种社会群体对遭受天灾人祸、因各种原因丧失劳动能力以及收入低于一定数额的农村村民进行物质和精神上的救助,维持其基本生活需求,保证其达到最低的生活标准。根据"惠阳区 2018 年第二季度最低生活保障对象公示""惠阳区 2018 年第二季度农村五保供养对象公示",霞角村低保对象 23 人,五保供养对象 16 人。根据"惠阳区 2018 年下半年临时救助审批结果公示",霞角村因病住院困难的有 2 人,分别获得 4 000 元、6 000 元的救助金,低保看病困难的有 3 人,分别获得 1 300 元、3 000 元、3 000 元的救助金,社会救助政策对相关人员实施兜底保障,保证村民基本生活水平。

三、惠阳区霞角村基层治理模式的启示及借鉴意义

(一) 搭建乡贤活动平台,培育良好民风

惠阳区霞角村基层治理最鲜明的特点就是乡贤参与,带动了资源、人脉以及为家乡服务的热情进入到乡村的建设和发展当中去,不仅实实在在地解决了许多村中发展的问题,更是营造了反哺家乡、互帮互助的良好乡村氛围。通过挖掘培育乡贤文化,夯实村民自治根基。挖掘和培育本土先贤和乡贤文化,把本土本乡有德行、有才能、口碑好、威望高的机关企事业单位退休干部、本村致富能人、外出务工经商返乡人员等录入乡贤名录,建立乡贤队伍。着力培育现代乡贤文化,注重发挥乡贤文化的优势,在村民自治、乡村振兴、移风易俗、乡风文明等都发挥了很好的引领作用,走出了一条农村社会治理共建共治共享之路,为乡村振兴注入新活力。发挥乡贤文化软实力,带动乡村振兴建设。每个

村建立以本村屯先贤、乡贤为主，涵盖各类弘扬新风正气的先进人物的“乡村之星”文化墙，大力宣传和传承先贤和乡贤文化，以乡情乡愁为纽带吸引和凝聚一批在外的企业家、专家学者、技能人才回乡参与乡村振兴建设，支持家乡发展。搭建乡贤活动平台，培育良好民风。利用新时代文明实践所（站）大讲堂、百姓讲堂、网格之家等平台，每季度开展“弘扬道德新风、争做时代新人”道德讲堂活动，邀请村屯老人讲授先贤故事，宣讲新乡贤事迹，教化人心。通过榜样力量引领文明风尚，树立新风正气，培育良好民风。

（二）大力推动村民议事，增强村民参与的积极性

惠阳区霞角村在基层治理方面的另一项重要经验就是民主协商的村民议事制度，让村民内部的矛盾得以化解在基层，提供了一个共同商议村中事务的民主平台，促进乡村和谐氛围的生成。作为协商民主在乡村社会实践模式之一，村民议事不仅有利于提升基层群众主体性权利和参与意识，增强治理主体、基层群众等多方主体的积极性和创造性，为基层可持续治理和发展注入源头活水，而且还有利于基层群众之间形成互惠互利规则意识，培育契约精神。村级事务管理水平的高低直接影响基层群众生活质量，也关乎基层群众最重要的切身利益，更是政府权威和公信力的体现。管理和监督好村级事务需要一种既有效果又符合乡村实际的模式，否则就可能陷入形式主义和虚无主义，无法体现乡村治理效果。村民议事是协商民主在基层具体实践形式之一，具有很强的实践性和操作性，其中最直接的作用是广泛动员基层群众参与村级事务管理，规范事务审批程序，监督村务落实，从而全面提升村级管理规范性，推进乡村事务管理公开化透明化，保证乡村各项事务得到全面执行落实，切实提升基层群众的生活水平。村民议事模式是贴近基层生产和生活实际，能够调动人民群众力量的方式，每月定期开展一次主题议事，规范相关流程，鼓励多方积极参与，就乡村发展过程中如何提高农业种植效率、构建产业群、培育和健全特色产业链、提升产业品牌美誉度等方面进行议事协商，进一步扩大特色产业规模，完善相关产业链，为乡村产业发展提供智慧支持。

四、惠阳区霞角村基层治理模式的典型经验：乡贤有效参与乡村治理

惠阳区霞角村基层治理最突出的特点就是乡贤的积极参与。乡贤对于乡村治理的有效影响具体总结起来，主要有如下几个方面的举措。一是利用乡村情感，起到榜样的作用，激发乡村其他村民的见贤思齐，并且利用榜样权威，有效凝结了村庄共同体，通过义行善举让村庄形成良好的道德风气。二是返乡为乡村治理带来了宝贵的资本、技术等外来的资源，能够有效对接大城市的需求，利用先进的技术和理念改进乡村治理中落后的思想做法，为乡村治理提供多维度的社会支持。乡贤往往是在各个行业领域有着特殊才能的能人，掌握了庞大

的社会资源以及技术财富，在他们的牵线搭桥下，乡村发展能获得更多的机遇与平台，并为乡村振兴带来了富有活力的资源要素。三是通过挖掘和培育乡贤文化，讲述乡贤故事，引领乡村文化道德建设，从而弘扬了良好的道德风尚。发挥乡贤的软实力作用，宣扬先贤和乡贤文化，通过乡土情怀链接在外的商人、学者、能人等，不仅支持了家乡的建设，而且通过道德教化，形成互助友爱的乡村氛围。

第五章　博罗县观背村基层治理模式：“六治”协同促进乡村善治

一、博罗县观背村基层治理探索的背景

观背村始建于明末清初，先后由广东省博罗、龙川族人分支迁移至此地而形成。因村庄落基时村中有一长寿观庙，村庄居住于长寿观的背后，村前又有一座观前桥，故取名为观背村。观背村传统经济以农业为主，20 世纪 90 年代以前种植蔬菜、水稻，一度成为县城的蔬菜交易中心。截至 2018 年，观背村全村总户数 208 户，常住人口 1 250 人（其中户籍人口 1 025 人），下辖 5 个村民小组。从地理形态上看，村上无山岭，主要河流为榕溪沥，位于村的南面，由北向南，从村后经过汇入至东江河，流经村河段约为 700 米。观背村内有百年以上树龄古树，以古榕树、朴树、槐树为主，它们是观背村历史的见证，也是观背的历史活名片。20 世纪 90 年代，在市场化和城市化浪潮的裹挟下，观背村也开始了经济开发的进程：村庄土地被不断征用，村民陆续外迁到博罗县城周边区域。村民有了门面出租作为主要收入，又无田地，年轻人纷纷外出打工或者做生意，留下来的老房子由于多年闲置，墙体驳落，长满青苔，破旧不堪，大部分老房子以低廉的价格出租给外来务工人员，或作为废品收购站或小作坊。因此，老观背村的环境越来越差，村子里道路泥泞、垃圾遍地、污水横流，“垃圾靠风刮，污水靠蒸发”成为“常态”。2014 年，博罗县将观背村党支部确定为“软弱涣散基层党组织”。

二、博罗县观背村基层治理“六治”模式的实践做法

2019 年，博罗县政法委出台“六治”协同构建基层治理新格局试点工作方案，坚持发展新时代“枫桥经验”，充分发挥政治、自治、法治、德治、智治、美治“六治”作用，加快推动基层社会治理体系和能力建设，力争把博罗建设成为本固基强、和谐有序、绿色文明、创新包容、共建共享的幸福家园。观背村是“六治”协同基层治理试点地区之一，“六治”模式的探索与实践为博罗县的基层治理提供了宝贵的经验。

（一）政治：“第一书记”引领思想

观背村治理方面发生的改变与惠州市 2014 年开始实施的“第一书记”制度息息相关。2014 年 9 月，在派驻该村任“第一书记”的陈湘的领导下，该村发生了改变。在改造村落的初始阶段，由时任观背村“第一书记”的陈湘带领村委党

员干部大胆探索和创新,进而带动乡贤和骨干村民志愿参与。初来观背村,陈湘经常一个人在村子里转悠,有时和村干部、村民聊天。“北京 798 艺术园利用旧厂房改造成综合文化体,我们能否‘移花接木’改造旧村落,将观背村打造成‘文化部落’?”陈湘在村两委班子成员讨论时,抛出了他的想法。具体的村庄改造陈湘也身体力行,一方面大小事务他亲自参与;另一方面,他利用自己的资源优势,筹集人力和资金入村参与改造。2015 年春节后,陈湘在村里租了一间破房子,然后通过朋友筹集资金的方式,把破房子改造成文化庭院,即如今紧邻村委的“一亩三分地”。此外,为吸引更多城市精英和资金入村参与改造,陈湘带领村干部和村民开始对老村进行净化、绿化、美化活动。这种直接改变村容村貌的行为,增强了村民参与的积极性。与此同时,陈湘动员、游说各文化协会、惠州学院的美术工作者和志愿者在观背村的墙上作画。在乡村改造和治理实践中,观背村党委班子身先士卒,以身作则,起到了良好的带头引领作用。在村庄改造的发展阶段,以党员干部为核心,全面开展村容整治、“文化部落”建设等各项工作。在书记的带领下,观背村党支部开始活跃起来。每位干部负责联系几户村民,号召大家捡垃圾、种树、铺路,以及腾出旧房子打造“文化部落”,为各类文化团体创作交流提供场所,深入贯彻共建共治共享社会治理理念。在整个工作过程中,观背村“两委”班子注意提高党员干部的党性修养和工作能力。在上级政府的指导下,结合“两学一做”工作,严格执行“三会一课”制度,开展党员干部学习,包括举办《党的知识》专题讲座,邀请县委党校校长授课,观看电教片,专题学习习近平总书记系列讲话和党章党规。此外,观背村“两委”干部通过学习“两学一做”教育精神,带头率驻村团队发动党员干部、村民、志愿者、协会等群众对村庄卫生整治、除草大行动,真正做到了将党建工作与业务工作紧密结合,探索出了“贴得紧、行得通、效果实”的乡村基层党建新模式。在观背村打造“文化部落”品牌的过程中,党员干部充分发挥自身资源优势,把几十家社会组织和文化团体陆续吸引进来。在对旧房子进行重新装修和改造的过程中,观背村的党员干部率先无偿做出牺牲。例如,驴吧、观背书吧的改建,村委委员无偿让出自己的土地,从而给整个村庄带来了翻天覆地的变化。

(二) 自治:“文化部落”熏陶氛围

观背村由一个“脏乱差”的城中村落转变为一个“文化村落”,文化部落有限公司(简称“文化部落”)和文化部落理事会发挥了重要的作用。文化部落有限公司是观背村村委会为了发展村庄文化事业而设立的组织,由观背村村委会负责运营,其主要有以下几点功能:一是提供租房合同,二是吸引资源进入观背村,三是吸引资金助力观背村的发展。在这一“村委会+第三方”的机制平台中,观背村文化部落有限公司作为服务管理机构(即“管家”),最大限度地调动了各方资源（人力、财力、物力），提供文化培育、组织建设、村民培力、服务策划、法律咨询、团队招商等专业服务，广泛将不同的利益相关方吸纳进入村庄共建共治共享体系，一方面补充了村委班子在专业力量和治理经验的不足，另一方面也突破了当时村委资金紧张的限制，实现了观背村基层治理的跨越式发展。观背村“文化部落”的打造为村民带来了闲置住宅的资金收益，并且吸引了社会资源在观背村投入高达两千多万的资金进行危旧住宅的改造及装修，并引入旅游、文化产业生态项目。以“文化营造”为抓手的新农村建设模式，通过挖掘农村自身资源，将文化艺术、村落建筑空间、历史文脉及城市生活环境有机结合，不仅将原本破旧的村屋进行修葺粉刷成惬意的居所，还打造成具有各式艺术风格的文化空间。这一社区共治模式逐渐制度化与规范化，推动了观背村的整体治理模式由“上级政府主导＋村委会”的传统模式转变为“村委会＋第三方公司”的政社合作模式，主动引入外部社会力量，充分发挥了基层社会组织活力，激活了农村社区发展内生动力。

（三）法治：民主法治示范作用

观背村“两委”班子在基层治理过程中积极引入“一村（居）一法律顾问”工作机制，成功推动了观背村由过去的“信访矛盾突出村”转变为“法德同治示范村”。观背村在村委会三楼专门开设了“法德大讲堂”，除了村“法制办副主任”（法律顾问）刘家峰律师会定期为村民、“两委”干部、党员和驻村团队开展不同专题的法律知识普及讲座之外，目前，观背村村民法律意识明显提高，村干部依法治村，成功地将观背村打造成了“三无村居”，即无刑事犯罪人员、无登记在册的吸毒人员、无上访人员。2015 年 12 月，观背村被评为广东省“法德同治示范村”，2018 年获得国家级的“全国民主法治示范村”的荣誉称号。除了积极健全村内的公共法律服务体系，保障基层法律服务供给，观背村狠抓落实“平安社区建设”工作，切实推进了基层法律的实施。观背村建立了“一村（社区）一警”的警民联防工作机制，坚持严厉打击农村黑恶势力、宗族恶势力、黄赌毒盗、拐骗等违法犯罪行为。此外，观背村推动成立了“博罗县反邪教协会”，通过开展反邪教宣传，制作反邪教歌曲和反邪教动画宣传视频，举办反邪教主题校园漫画比赛和讲座等，发动村民及社会各界积极营造防范抵御邪教氛围，引导村民培养健康科学的生活理念。

（四）德治：新时代文明实践筑牢根基

在观背村的基层治理实践中，村党组和村委会均将维护村民利益作为首要准则，实行“村民利益优先”，突显了观背村“两委”干部在基层治理中的“德治”服务意识。2015 年，观背旧村民居的出租价格因环境限制，每间居民楼每月租金仅 350 元左右，而且租户普遍以小作坊、仓库、废品回收站为主，导致房子出租后变得脏乱不堪,部分房屋发霉发臭。面对村民老房屋出租和村居环境亟待改善的双重需求,观背村“两委”联合“文化部落”,在积极引入第一批文化组织入驻的同时,与村民代表共同制定新时代村规民约,倡导“诚实守信,天价名片”的价值观,规定每间房屋租金为500元/月,并对入驻组织的经营范围进行严格把关,杜绝任何可能有损环境卫生、危害村容村貌的组织。许多将老屋出租的村民惊喜地发现,他们的“收益”其实远远超过150元/月,而这一举措的受益者远不止村民,事后许多以前不理解的村民也会主动找上“文化部落”和村委,提出要将自家老屋租给已审核的文化组织。在农村基层治理中,村“两委”的德治服务意识以及对村民需求的准确把握,是解决农村社区发展困境的关键因素。观背村在德治方面也依托自身优势,联合多方资源,在青少年教育、尊老敬老、文明家庭方面开展了一系列活动,取得突出成效。通过参与武当别院、国学馆等文化团体的活动,开展“大学酒、开笔典礼”等仪式,朗诵经典,使得青少年在庄重的氛围中感受入学是人生中的大事,以此激励孩子珍惜读书机会、勤奋学习,同时又通过这种特别的方式弘扬尊师重教、知书达理等优良传统文化。通过手有余香志愿者协会,发动村民,带动青少年参与村庄环境整治,让村民感受建设美好社区人人有责的主人翁精神和责任感。通过文明家庭评选、故事分享会、助老助残等活动,促进了文明道德社区的建设。为加强村的文明建设,村委不定期邀请县里、村里涌现出来的好媳妇、好婆婆、志愿者、先进模范等道德典型和身边好人作为宣讲员和讲师,定期给村民讲课。志愿服务是现代文明的标志,志愿服务对观背村的发展起到较大的推动作用。手有余香志愿者协会对观背村的发展起到了较好的促进。手有余香协会每周六都会在文化广场进行志愿活动,提供剪发、艾灸等免费服务,还有会去博罗县的其他地方进行志愿活动,让更多人了解观背村,扩大了观背村的影响力。以手有余香志愿协会为平台,观背村村民广泛参与到乡村自治活动中,从村容村貌的整治、助学助老服务以及最美家庭评选,到处都活跃着村民志愿者的身影。如今志愿者队伍根据不同的活动内容,有妇女的巾帼服务队、老年人服务队、青少年服务队等,通过建立志愿者微信群,大家增强了志愿活动的积极性和便利性,常年参加志愿服务的人数保持在30～50人。志愿者活动和服务非常丰富,2017年7月至2018年6月,开展了十几场集中的服务,每场参与人数上百人次。

（五）智治:智慧乡村提升安全

在智治建设方面,观背村积极运用“互联网＋网格治理”等科技手段,依托市、县、乡镇(街道)、村(社区)四级综治中心,建立多级信息资源共享平台,推动社会治理的精细化和智能化。实行网格化精细管理,科学设定网格划分标准,按“全科网格”标准划分网格、配齐配强网格管理员,构建“横向到边、纵向到底、村(居)不漏户、户不漏人”的基层社会治理“一张网”。以“智慧新警务”为抓手，加快推进“雪亮工程”建设，扩大公共安全视频监控联网应用范围，提高社会治安防范信息化水平。以“小事不出村，大事不出镇”为目标，进一步落实“三三一”法治模式，构建和谐安定的基层治理局面。此外，观背村成功吸引本村青年回乡创业，通过打造观背村“青年之家”暨青年科技工作室，常态化地面向村民及社会公众开展各类科普活动，从而满足本村青少年学习、交流、就业等多种需求，进而了解和掌握青少年的思想脉络，提升青少年的党性修养和政治素质，弘扬社会正能量。目前，该基地被命名为“惠州市科普教育基地”，并成为“博罗县科普游自由行”活动基地。与此同时，观背书吧及其二楼的公益活动空间，以数字文化服务终端为媒介，辅以广场书展、公益讲堂等各类文化服务活动，开启书香驿站和全民阅读，成为观背村提升公共文化服务、推动全民阅读的综合文化服务平台。

(六) 美治：齐心协力留住乡愁

农村基层社区治理既需要方法上勇于创新，也需要扎根基层了解当地文化，懂得顺势而为，“软件”和“硬件”两手都要抓。观背村积极引导文创团队和村民共同参与乡村振兴，美化环境。观背村的美治创新，即是通过文化产业的植入和熏陶，顺势而雕，化废为宝，摒除大拆大建的方式，在不同程度地提高新农村的底蕴和气息的同时降低建设成本的投入，把精神文明建设深度融入新农村建设中，并努力保留自身的文化传统与乡村的田园风光。要“引凤”先“筑巢”，观背村“文化部落”在运营之初就计划打造一个村居改造模板，起到橱窗效应。2015 年春节刚过，陈湘就租下了村委对面的一间旧屋，然后通过朋友筹集资金的方式，仅用 12 天时间就把破房子改造成文化庭院，庭院中古色古香，有篱笆、水池、小桥流水、花草，十分清新典雅。陈湘亲自取名为“一亩三分地”，寓意劳作之余，希望城里人都想到这个幽静的地方聊天、品茶。“一亩三分地”“桃李满天下”等“文化部落”运营起来后，为多个协会和团体的学术交流、创作、展示提供了空间。观背村作为“文化部落”的名片，吸引了越来越多的文化艺术团体、志愿者协会和商家主动租用旧村老屋，并翻新改造成各类文化团体的活动场所和工作室。据调查，截至 2017 年，观背村第一期已有博罗县手有余香志愿者协会、惠州市东坡文化协会、有一间茶馆、航模爱好者协会、驴吧、创·享·家企业家沙龙、摄影家协会、书法家协会、企业家协会、飞行协会等 62 个协会(团体)进驻；第二期拟进驻观背村的协会(团体)共有 78 个，引进资金约 2 000 万，观背村文化休闲旅游产业雏形初显，走在了博罗县新农村建设的最前沿。

在村庄改造的发展阶段，以党员干部为核心，全面开展村容整治、“文化部落”建设等各项工作。在“第一书记”的带领下，观背村党支部开始活跃起来。

每位干部负责联系几户村民,号召大家捡垃圾、种树、铺路,以及腾出旧房子打造"文化部落",为各类文化团体创作交流提供场所。400多幅大小不等共约2 000平方米的壁画精彩亮相,点缀在观背村的村头巷尾。形式上有油画、水彩、水粉、国画等,内容上以围绕中国梦,以客家风情、传统文化故事等主题。与"壁画"名片相辉映的,是观背村的村容绿化美化工程。据村委介绍,道路两边按规划种植了各种合适的花草植被,地面下是排污管道,卫生环境也在升级改造,力争打造"缤纷观背"新名片。与此同时,观背村"两委"干部联合"文化部落"的组织成员,积极调动村民参与并策划乡村主题文化活动、节庆活动和传统庆典。实践表明,成功营造了观背村村民的身份认同,村民只有在身份上认同自己是"观背人",才有可能主动关心和反哺家乡;只有建立在文化自信基础上的自尊,才有可能积极参与乡村治理,为家乡建设贡献自己的一分力量。

（七）法德同治:融入社区教育

观背蝶变离不开驻村"第一书记"带来的治理契机,更与观背村委在乡村治理中充分发挥地缘、人缘等优势,按照法德同治、文化引领发展的思路建立健全乡村治理工作机制有关。该村通过建立"村委会＋第三方公司"的新模式,以众智、众筹、众扶等方式创作主题墙绘,实施旧房改造,引进民宿项目,培育文化休闲旅游产业等一系列方式逐渐形成先进发展的"观背模式"。对涉及村民切身利益的事项,观背村采取"4＋2"全程纪实工作法,把村民最关心、最急迫的事项作为近期的建设重点,通过展示建设成效,进一步激发村民建设新农村的积极性。同时,观背村在打造"文化部落"过程中,引入大量外来文化组织,在对村庄规划、房屋改造、宅基地使用等重大事项均按照村级重要事权清单,民主公开,由党组织和村民代表会议决议。做到了民主,法治也逐步跟进。走进观背村,便可看到一面面宣传法治治村的壁画,除壁画宣传外,诸如"法制副主任"的设立、人民调解等多元的法治教育形式也让法治观念深入人心。普法对象包括村民、"两委"干部、驻村团队、党员等,村干部带头学法用法,全面依法治村。渐进渐推,法治教育成效明显。观背村在改造之前环境比较差,外来人口相对较多,居住人员较杂,导致治安问题。通过多元的法治教育和宣传方式,不仅成为"三无村居",而且成为国家级的全国民主法治示范村。打造法治村之余,观背村也多方联手进行德治教育。观背村在德治方面依托自身优势,联合多方资源,围绕青少年教育、尊老敬老、文明家庭等方面开展了一系列活动。如通过参与武当别院、国学馆等文化团体的活动,开展"大学酒""开笔典礼"等仪式,朗诵经典,使得青少年在庄重的氛围中弘扬尊师重教、知书达理等优良传统文化。通过手有余香志愿者协会,发动村民,带动青少年参与村庄环境整治,让村民感受建设美好社区人人有责的主人翁精神和责任感。通过文明家庭评选、故事分享会、助老助残等活动，促进文明道德社区的建设。

（八）志愿服务：自治激发乡村活力

志愿服务逐步常态化，为乡村发展注入了源源不断的活力。观背村改造之初就意识到志愿者在改造过程中起到的重要作用，以手有余香志愿协会为平台，观背村村民已广泛参与到乡村公共活动中。从村容村貌的整治到助学助老服务，以及最美家庭评选，到处都活跃着村民志愿者的身影。如今，志愿者队伍根据不同的活动内容，有妇女的巾帼服务队、老年人服务队、青少年服务队等，通过建立志愿者微信群，志愿活动的积极性和便利性大大增强，常年参加志愿服务的人数也保持在 30～50 人。据悉，观背村志愿者活动和服务内容丰富，仅 2021 年，就开展了十几场集中服务，参与人数上百人次。通过志愿服务，村民参与乡村治理的积极性有了显著提升，自治成效也十分令人欣慰。观背村村民向记者介绍，他们感触最深的就是环境卫生整洁行动使村民生活环境和生活质量得以提升，整个村庄焕然一新。此外，越来越多的村民愿意并乐于参与到志愿活动中，通过联合手有余香志愿者协会开展新时代文明实践的各类志愿活动，村民、进驻的协会、志愿者得以携手积极在村内开展各类活动。村民的共享精神也有所提升。比如，厕所开放联盟工作，观背村共 20 间向社会免费开放厕所，把公共资源与大家共享。每家厕所开放联盟单位，都统一设置导厕牌、张挂联盟标识。

（九）文化建设：打造特色“文化部落”

文化振兴为乡村振兴“铸魂”，乡村治理不能只注重物质发展，精神发展也要跟上。观背村充分意识到文化振兴对乡村治理的持续性作用，因此，村委会为了发展乡村文化事业而设立文化部落有限公司。“文化部落”的主要功能包括：提供租房合同，吸引资源进入观背村，吸引资金助力观背村的发展。这一“村委会＋第三方”的机制以文化为引领，为村民和入驻组织提供文化培育、组织建设、村民培力、服务策划、法律咨询、团队招商等专业服务，广泛地将不同的利益相关方吸纳进入乡村共建共治共享体系。同时，把精神文明建设深度融入新农村建设中，并努力保留自身的文化传统与乡村的田园风光。摸索中前进，观背村也打造了一套特色的“观背模式”。“观背模式”的要求其一便是文化造景。在“文化部落”的影响和带动下，书法家协会、美术协会、飞行协会、志愿者协会等协会团队纷纷进驻观背村，打造协会之家或创作基地。经过 3 个多月的努力，观背村完成近 2 000 平方米共 300 多幅作品的主题墙绘，“一亩三分地”“观背书吧”“手有余香志愿者协会总部”等文化阵地的入驻，使观背村软、硬件环境逐步完善。村委会负责收集旧房，全部交由“文化部落”统一签订租赁协议，并根据观背村的业态规划引进合适的项目。在实施旧房改造时，老房子必须修旧如旧、保持农村风貌,同时适当引入体现岭南特色、时代特征的各种元素,这样既不破坏旧有风貌,又增添特色地域亮点。

(十) 文化为依:休闲旅游产业见雏形

观背村产业发展迎来了新的篇章。在党建引领、村民自治、多方参与的模式下,观背村以文化旅游、文化休闲、文化体验为依托,休闲旅游产业初见雏形。充分发挥博罗的客家传统美食文化优势,在县城大桥路边打造客家美食一条街,设立特色农产品展示区,引进一批传统型、潮流型的农家乐、小吃店进驻,汇集东江蚬、客家豆腐、窑鸡、麻陂肉丸等客家传统美食品牌,撬动客家美食产业发展。充分利用观背村客家民居资源,由村委会与第三方公司合作,打造民宿休闲度假区,即:将村内的旧房子收集、统筹起来,统一规划、统一改造、统一经营、统一管理,通过“众筹引资”“修旧如旧”“腾笼换鸟”等方式,引入民宿项目,预计对外提供民宿床位300～500个,并配套设置休闲餐吧、手工艺制作等功能体验区,让游客充分体验农村生活与文艺生活,培育绿色、低碳、环保、健康的生产生活方式。蛰伏求变,破茧成蝶,观背村在求变中选择“走出去,请进来”的新农村发展之路,突破固有的思维模式,听取民声,将德治与法治两手抓两手牢,以商业化的经营理念召集各路文化人士,群策群力,共谋发展,文化产业的植入与熏陶也为新农村建设奠定良好的发展基础,拓展未来的发展道路。

三、博罗县观背村基层治理模式的启示及借鉴意义

(一) 重视精英的助力作用,勇于探索“主客共治”模式

在观背村基层治理探索的过程中,除了“第一书记”和村委干部的行动引领外,乡贤的无私奉献精神也为村集体的思想转变有重要示范作用。在打造观背“壁画村”“文化村”的品牌营造过程中,入驻观背村的各个文化团体充分发挥了自身优势,积极组织各种文化活动,并参与文化环境打造。更为突出的是,入驻组织和村委成员一起组建了“文化部落”理事会,通过该平台协商各类组织入驻筛选、文化营造、基础设施服务、各类纠纷等事宜。因此,基层治理一定要重视各类城市精英、农村乡贤的力量,实施“主客共治”。

(二) 清晰乡村基层治理的定位与方向,利用优势资源探索品牌特色

观背村作为一个典型的城郊村,在整个广东地区并不算特例,但是它能充分挖掘自己的历史、文化、地区、人力等资源,并把其他地区(北京“七九八艺术村”)的治理理念活化,探索出一条特色之路。在治理定位上,突出“文化村”的建设,倾力创造文化氛围,吸引城市资源入驻乡村,搭建文化平台;在治理方向上,紧密结合当地政府的“六治”治理理念,以政策为导向,以村民为核心力量,党建带动团建,进而带动村民志愿者参与治理进程,在各个方案作出突出成效。所以,在基层治理方面,一定要呈现出“开放、包容”的心态,让度空间和部分权

力给社会力量，在法治的大框架下，一起出谋划策、一起参与，社区才会更文明和谐。

（三）始终坚持民生优先，让村民共建共治共享乡村发展的成果

要始终坚持民生优先，统筹兼顾，推进基本公共服务均等化，推动社会事业全面进步，缩差共富，提高人民群众的幸福指数。观背村的旅游管理体制要与村民自治制度有机结合，构建社会治理共同体，应对乡村旅游发展过程中的各种治理挑战。要限制过分商业化可能对部分村民的利益带来损害，建立利益统筹共享机制，建立健全科学合理的利益分配与保障机制，协调好各方参与主体的利益，特别是要维护弱势群体和公共利益，防止因为利益分配不均导致基层治理机制失效。村民是农村的基层治理主体，要激活社区发展动力，让村民享受乡村旅游发展的成果。

四、博罗县观背村基层治理模式的典型经验："六治"协同促进乡村善治

从博罗县观背村的基层经验来看，关键是抓住了城乡融合发展的宝贵契机，将老房子改造为适合城里人休闲度假的景观建筑，从而发展起了乡村旅游，增加了居民的收入，村庄面貌得到了蝶变，成为难得的转型亮点。而进一步深究其变革取得成功的经验历程，可以发现博罗"六治"协同的治理机制在深刻影响着当地的基层治理格局，总结起来具有以下几点典型做法。一是党建思想引领，第一书记的努力作为，起到良好的带头作用，党员干部积极奉献，建立良好的党员形象。二是不断孕育乡村的自治力量，村委会发挥自治作用，运营村庄整体发展，引进资金助力产业兴旺，不断挖掘自身乡村所具有的独特资源优势，主动改造老旧房子，打造具有文化气息的休闲空间。三是强调法治的示范作用，为乡村号召力提供法治保障，引导村民养成知法守法的生活观念。四是运用德治筑劳乡村情感根基，推动尊师重道、诚信经商、助老助残等优良品德，从而为乡村治理营造了风清气正的良好村庄氛围。五是利用智治为乡村注入智慧力量，提高社会治安的安全防范能力，做到有效将社会矛盾化解在基层，构建安定和谐的乡村环境。六是发挥美治作用，齐心协力美化乡村景色，通过文化产业的发展，保留自身的文化传统以及田园风光，同时又将老旧房子改造为古香古色的文化庭院，引进文化团体，活化乡村气氛，鼓励多元主体参与共建美丽乡村。

第六章　龙门县大坑村基层治理模式：“两规三联一法”推动乡村治理

一、龙门县大坑村基层治理探索的背景

地派镇大坑村位于龙门县北部，地派镇西北部，距离镇中心 8 公里，面积约 1 843 公顷，Y285 乡道线贯通全村，人口共有 2 135 人；党支部成员 3 人（书记由镇干部代职），村委会干部 5 人（主任 1 人、副主任 1 人、委员 3 人），村务监督委员会 3 人，村民代表 37 人，党员 33 名。全村共有 18 个村民小组，分为上、中、下三片，分别是上片（大坑）：新塘村民小组、赤泥塘村民小组、贞祥派村民小组、新连围村民小组、茅围村民小组、南围村民小组、黄巷村民小组、倒庄村民小组、老围村民小组；中片（痕头）：万上村民小组、万下村民小组、水坑村民小组、黄屋村民小组；下片（麻地头片）：麻上村民小组、麻下村民小组、下村村民小组、乌石径村民小组、山子下村民小组。18 个村民小组分布在乡道 Y285 线周边，村内地貌大部分为山地，全村总耕地面积约 1 380 亩，其中水田约 1 300 亩，旱地约 80 亩，林地约 2.7 万亩。村民经济收入来源主要以耕山种植杉树、果树、种田以及外出打工为主。村人均年收入 5 000 元，共有低保户 24 户，五保户 7 户（8 人），孤儿 1 户。大坑村现状建设用地主要为村民住宅用地、村庄公共服务用地和村庄基础设施用地等。其中，村庄住宅用地 21.35 公顷；村庄公共服务用地 0.55 公顷，包括村委会、小学和文化广场；村庄基础设施用地为村庄道路用地，用地面积 7.75 公顷。非建设用地主要是水域和农林用地，其中，水域面积 17.06 公顷；农林用地包括耕地和林地，用地面积 1 796.5 公顷。

由于地处山区，交通不便，经济发展较为缓慢，所以村中许多年轻人都选择外出打工，成为典型的空心村。加之，该村主要经济收入为种植杉木，收入单一，并且部分居民对于山地种植和经营的范围存在争议。十几年前，部分村民开采陶瓷泥，对生态环境造成了一些影响，同时引发了村民之间经济纠纷。在此基础上，大坑村展开了基层治理的探索和实践，积累了许多经验做法，形成了卓有成效的实践摸索。

二、龙门县大坑村基层治理模式的实践做法

惠州市探索政治、法治、德治、自治、智治、美治“六治”基层治理模式，以和美网格（全科网格）为实体抓手，加快推进基层社会治理体系和能力现代化，切实解决人民群众最关心最直接最现实的利益问题，不断提升人民群众的获得

感、幸福感、安全感，打造具有惠州特色的基层社会治理模式，努力把惠州建设成为安全稳定、公平正义、法治环境最好的地区。近年来，龙门县创新推出“两规三联一法”(就是以基层党组织建设为抓手，以村规民约、家规族训为核心，以“党员联系农民户、乡贤联系创业户、律师联系法律需求户”为依托，以“四民主工作法”为基础，打造一批“德治、法治、自治”三位一体的共建共治共享现代化新农村。)基层治理新模式，构建起共建共治共享基层治理格局，促进农村基层社会走向文明、和谐、繁荣。2018 年年底，龙门县“两规三联一法”基层治理模式获得全国第四届加强和创新社会治理典型案例，龙门县荣膺“2018 年全国社会治理创新示范县”。大坑村作为典型的山区基层村落，能否落实好“六治”协同基层治理关乎龙门县乃至整个惠州市基层治理的成败，因此，以“六治”模式作为分析框架系统检视龙门县大坑村的探索与实践能为惠州市的基层治理提供宝贵的经验。

(一) 党组织引领基层治理

从调研的情况来看，大坑村总体的党建情况良好，以村书记带头的党委领导班子在人民群众中具有很好的威信，村民对于村干部的总体评价很高。这为大坑村进一步发动群众进行更好地乡村治理打下了较为良好的政治根基。据统计，所调研居民对党组织表示非常满意的达到 95%以上，对村委会非常满意的达到 90%，可见，居民对党组织和村委会的基层治理工作总体非常满意。党组织拥有较好的形象，特别是对村书记的评价很高，说明村书记帮助村里办了许多实事。对群众的访谈中，部分群众表示大坑村党组织能够在群众工作、化解矛盾纠纷、处置突发事件上发挥主导作用。2019 年 6 月 13 日，地派镇大坑村遭遇了百年不遇的山洪灾害，大坑村在村书记的带领下，及时转移隐患点群众，尽全力确保人民群众生命财产安全。全村共转移受灾群众 23 人，无人员伤亡。此外，村内党组织拿出党建经费慰问村内困难群体，看望老兵，修建道路以及组织文化娱乐活动，村民对村委党员的评价非常高。“幸亏有村主任把大家带了出来，不然困在屋子里都不敢想后果会怎样。”被转移出来的群众表示。调研发现，以村主任为代表的党员同志深受人民群众爱戴，无论是走街串巷还是深入田间地头都有群众向党员同志问好，或者驻足进行亲切攀谈。党在人民群众中的执政基础十分牢固，做到了哪里有群众，哪里就有党组织的身影，服务就跟进到哪里，凝聚了群众，激发了村民活力，促进了乡村经济发展。

(二) 激发基层社会活力

农村社会工作成效明显。大坑村所在的地派镇已经有禁毒社工和双百社工的驻点，已经开展了许多的公益服务。调研组与地派镇的社工进行了访谈，社工也希望能够透过村委会等基层组织进入村里为居民开展服务。同时，村内广场舞等兴趣爱好组织，为进一步培育社会公益服务组织提供了良好的社会基础。社会工作者通过开展形式多样的个案、小组、活动等专业服务，改善了政府与人民群众的关系，较好地推动了社区发展。部分居民表示："社工在我们这里做了许多工作，他们更贴近群众，更能了解群众的内心想法，开展一些居民教育的活动，宣传党的政策，能够更好地改善政府和群众的关系。特别是能够帮助到弱势人群，有利于维护社会稳定。"村民的社会参与意识强烈。调研组走访发现，绝大多数被调查者表示愿意参与公共事务的服务工作，并且为有机会参与其中感到非常的荣幸，社会协同具备良好的群众基础。若村民能够有效地整合联动起来，将会释放巨大的村民自我满足、自我服务的社会力量。大坑村民民风淳朴，村风村貌积极向上。据统计，92%的村民非常愿意参与公共事务，89%愿意在不直接对自己有利的情况下参与公共事务。乡贤发挥积极作用。乡贤对村里考上一本的大学生奖励 3 000 元。热心乡贤 3 人：一是大坑村的名人——惠州市驻北京市经办主任的廖志华主任；二是龙门县首富刘鉴芬，做陶瓷起家，16 万直接用于村里修桥补路，还有带动部分村民就业；三是番禺美味源调味厂刘锦洪，在家乡盖了一栋房子给父母居住，拉动 30 名村民就业。社会治安状况良好。在调研过程中，调研组与村干部、普通村民进行了深入访谈，所调研对象反映本村的社会治安状况良好，没有发生重大的、恶性的社会治安事件。村内在多个重要的交通路口都安装了摄像头，进一步保障了大坑村的治安状况。良好的社会治安状况，为做好大坑村的基层社会治理打下来了良好的治安环境，有利于村民的安居乐业。矛盾化解机制初见成效。经调研组访谈发现，大坑村村干部已经处理了多起社会矛盾问题，积累了很多的社会矛盾化解经验，有助于其利用自身的人缘和生活经验，调解村民日常生产、生活中出现的各类社会矛盾问题。居民对于党组织和村干部也非常信任。例如，大坑村干部成功化解了一个多年遗留的山林土地纠纷问题。大坑村通过找到当年分配土地的当事人，当面解释清楚具体的划分方法，接触双方心中的疑虑。进而让双发换位思考，提出双发认可的协议方案，有效防止了事态的扩大，解决了多年积压的土地问题，改善了村民关系。客观公正，依法平衡双方利益。大坑村干部认为必须深入基层、深入群众，讲究工作方法和技巧，找准病根，对症下药，把依法调解与道德教育有机结合起来，做到情、理、法的统一。在调研中，大坑村主任特别强调，做群众工作，最重要就是要公正，没有公正就无法获得群众的信任，那么所有的工作都将难以开展。而一旦获得群众的支持好拥护，解决基层矛盾就会轻而易举。

（三）推进基层依法治理

调研组通过访谈居民和村干部了解到，大坑村法治工作主要体现在村居法制副主任的设置以及普法宣传工作。大坑村的“法制副主任”是广东惠泰律师事务所姚望。姚律师每月驻村服务至少8小时，主要为村民提供法律咨询、普法宣传、合同审查等。法制副主任的职责不多，但基本都与民生息息相关。他们为村（社区）治理提供法律意见，协助起草、审核、修订村规民约和其他管理规定，为村（社区）重大项目谈判、签订重要经济合同和其他重大决策提供法律意见，协助村（社区）处理换届选举中的法律问题；为群众提供法律咨询和法律援助，解答日常生产生活中遇到的法律问题，提供法律意见，为符合法律援助条件的群众提供必要的法律帮助，接受群众委托代为起草、修改有关法律文书和接受村（居、渔）委会或群众委托参与诉讼活动并酌情减免服务费用，维护群众合法权益；开展法制宣传，定期举办法制讲座，普及日常生产生活涉及的法律知识，增强基层干部群众的法律意识，帮助树立正确的权利义务观念，依法办事、依法维权；参与人民调解工作，为调处医患、交通事故、征地拆迁、劳资、环境保护等引发的矛盾纠纷提供法律意见。大坑村定期与镇司法所等相关部门开展普法宣传活动，将宪法、扫黑除恶、禁毒工作等宣传到村，送进百姓的心坎里，不断创新普法工作模式，开展了丰富多彩的普法宣传活动，打造了普法盛宴，不断满足人民群众多层次、多领域、个性化、体现公平正义的公共法律服务需求。村居法制副主任的驻村确确实实帮助了村干部处理各种村内的基层矛盾，包括土地纠纷、邻里矛盾、婚姻问题等，给予了村干部专业的法律指导。法制副主任制度落实情况良好。调研组了解到，法制副主任一职设立以来，驻村律师充分利用自身优势，重点围绕基层群众关注的村居选举、劳动争议、婚姻家庭、土地矛盾等热点难点问题，采用集中培训、法治讲座、法律咨询和案例讲解等多种形式，有针对性地开展法治宣传教育，传播法律知识和法治理念，疏导居民群众、化解民间纠纷，促进了群众最关心、最直接、最现实利益问题的解决。法制副主任还积极开展法律援助活动。对符合法律援助条件的村居民，设立代理法律援助案件的“绿色通道”，帮助他们解决婚姻继承、劳动争议、赡养、人身损害等方面的法律问题，引导他们依法维权。极大提升了村民的法律意识，在面临一些村民调解无法处理的社会矛盾时，村居法制副主任能够通过法律途径予以解决，让村民的矛盾纠纷问题变得有法可依。部分村民表示：以前遇到有矛盾的问题，小则吵吵闹闹，大则大打出手，因为村民都不愿意采用法律的手段解决问题。现在在村里面有驻村律师，非常方便大家咨询，相当于一个公正的第三方为大家提供调解平台。

（四）引导群众形成好道德风气

大坑村作为龙门的一个基层村落，近年来也在不断探索龙门提出形成的“两规三联一法”基层治理模式，就是以基层党组织建设为抓手，以村规民约、家规族训为核心,以“党员联系农民户、乡贤联系创业户、律师联系法律需求户”为依托,以“四民主工作法”为基础,打造一批“德治、法治、自治”三位一体的共建共治共享现代化新农村。该模式在大坑村发挥了重要的作用,主要体现在用活“四民主工作法”传家宝。“四民主工作法”发源于龙门,在全省各地成功实践多年,对规范村级组织运作、化解农村社会矛盾、维护农村和谐稳定起到了积极作用。“两规三联一法”基层治理模式,继续发挥这一“传家宝”作用,进一步规范运用“民主提事、民主决事、民主理事、民主监事”讨论决定村中大事:一是开门纳谏,确保议事内容“接地气”。党组织加强与老年人协会、农业合作社、妇联、团委等社会组织的沟通联系,问政于民,确保“民主提事”内容契合本地实际。二是科学引导,确保决定事项“落实地”。把“四民主工作法”情景模拟演习列入“三会一课”主题学习月菜单,以更接地气的方式引导村党组织正确运用“四民主工作法”,确保大事要事落到实地。三是巡查问责,确保执行效果“有保障”。充分发挥“家门口的纪检委”村监会的职责,对村中决定事项进行民主监事,确保各项程序按规范落实到位。同时,把“四民主工作法”执行落实情况列为《基层党建工作巡查考核问责制度》“必查项”,党建巡察专员、专项巡查工作组定期不定点巡查,巡查结果直接与村“两委”班子年度绩效考核挂钩,通过层层压实施行“四民主工作法”工作责任,有效形成基层民主自治体系。

设立村规民约,乡村文明建设良好。围绕爱国情怀、宗亲关系、为人处世、个人修养、生活作风、尊师尚学等六个维度,大坑村建立了属于自己的村规民约。没有建立家规族训的,在讨论过程中找到居民一起认同值得推崇遵循的族训。有家规族训的,重点检查有没有“排外”或与法律不相符的内容,去其糟粕,取之精华。与此同时,大坑村党支部书记正与党员代表、村民代表一起商量如何打造和保护好具有300多年历史的老围屋。部分村民表示,这是给老祖宗、给我们大坑村留下来的宝贵财富,老祖宗的家训就是我们要弘扬的、要遵循的,好家风也要传承下去。大坑村两委、村民围绕家风家训建设、村规民约修订、红白事操办标准制定、“三乱”(乱扔、乱倒、乱吐)陋习根治、“三美”(美村、美院、美居)改造,创新工作举措,弘扬社会主义核心价值观,摒弃封建糟粕,培育健康、清新、向上的新习俗。走进大坑村,村道干净整洁,居民生活细节别具岭南特色,客家围屋元素随处可见。通过全民发动、全民参与,以文明创建为抓手,龙门县大坑村的硬件和软件得到了大幅度提升,有了令人欣喜的变化。

村规民约“1+5”约出村风。“1”即《龙门县村规民约“十要十不要”》标准模板,涵盖生产生活、村容村貌、村风民风三个方面,由农村党组织牵头组织村民代表、党员群众制定表决“个性化”的村规民约实施细则。在标准模板的基础上,一些村加入了新旧“两委”班子团结共事、种植党员林、奖学助教等内容,村规民约从“共同制定”到“共同遵守”再到“共同监督”，形成村民“共同维护”的行为规范。“5”即打造幸福村居“十个一”(一条美化绿化亮化主干道、一座完整宗祠、一间农村广播室、一个文体广场、一个乡村卫生站、一个(以上)垃圾收集点、一个污水处理系统、一个主题小公园、一间农村淘宝店、一个理事会)，实施“十个名”行动计划(名树、名花、名址、名景、名菜、名特产、名手艺、名家训、名故事、名物质(非物质)文化)，发布一首村规民约主题歌曲《生活乐融融》，评选一批星级党支部、文明示范户和荣誉村民，实施一系列村居“穿衣戴帽”工程等，逐步健全完善“契约信守精神”体系，带动形成德业相劝、过失相规、守望相助、患难相恤的社会风尚，引领社会主义新农村的新村风新家风新民风。

家规族训“1＋3”约出门风：“1”即制定《龙门县家规族训六维“三字经”》口诀模板，围绕“爱国情怀、宗亲关系、为人处世、个人修养、生活作风、尊师尚学”等6个“维度”，指导各村各族制定符合家族实际的“家规族训”。“3”即建立健全宗祠文化机构，设立乡村民俗文化奖教专项基金和民族文化研究会、深度打造全县648个宗祠并评出“十大最美宗祠”，把宗祠建设成为宣传党的声音、弘扬好的传统、传承优秀文化的意识形态宣传阵地，激发广大群众爱党爱国爱家乡的热情，最终实现乡村以德善治。多年来，龙门持续深化社会主义核心价值观教育，用道德滋养群众心灵，为社会正能量的凝聚奠定了根基。作为龙门县委、县政府打造新时代“好人之城”的重要组成部分，龙门好人馆主要用于全面展示“好人成果”，引领和带动广大市民以龙门身边好人为榜样，培育和践行社会主义核心价值观。龙门好人馆通过图片、实物、视频等形式，集中展示了近年来龙门全县涌现出的各类好人模范。目前，大坑村所在龙门县已涌现出3名“中国好人”、4名“广东好人”和48名“惠州好人”。接下来，龙门县大坑村还将继续发挥文化育人的功能，持续深入推进各项创建活动，探索建立文明创建新机制，打造文明城市升级版，让“好人之花”遍开龙门，为龙门的发展凝聚起道德力量。

(五)提高基层治理智能化水平

在智能化管理方面，调研组发现大坑村的主要做法体现在以下几个方面。一是建立村民微信群和各类管理群，及时向村民发布村里的各项通知，同时联络村民的情感，交流村内和村外居民的感情；二是在村内的各个重要的交通路口设置摄像头监控器，让村内居住更加安全；三是在村委会设置便民的职能服务系统，利用该系统办理各项村民实务，村民也可以借助该系统简单、方便地查询村内相关资讯以及办理相关业务。在问卷调研的过程中，有13%的村民会通过网络平台向村委会反映村内出现的各种情况。目前，大坑村也有“一村一网店”的项目在运作，主要销售一些农产品。智能化管理方便居民沟通联络，能够帮助村委会更好地为居民服务。龙门县强化“中心＋网格化＋信息化”运作,大力推进智能化建设,积极运用科技手段,依托市、县、乡镇(街道)、村(社区)四级综治中心,建立多级信息资源共享平台,推动社会治理的精细化和智能化。实行网格化精细管理,科学设定网格划分标准,按“全科网格”标准划分网格、配齐配强网格管理员,构建“横向到边、纵向到底、村(居)不漏户、户不漏人”的基层社会治理“一张网”。以“智慧新警务”为抓手,加快推进“雪亮工程”建设,扩大公共安全视频监控联网应用范围,提高社会治安防范信息化水平。以“小事不出村,大事不出镇”为目标,进一步落实“三三一”法治模式,构建和谐安定的基层治理局面。

(六)做好生态保护促产业发展

调研组在与村民的访谈中得知,以前村民经常挖陶泥,导致水土流失。现在大坑村定期封山育林,为保护生态环境,将有害的开采转变为有利的开采,砍伐杉木设置周期性,砍伐林木需要走严格的程序。以前开采后形成的大水潭无人管理,村民经常电鱼与打鸟,导致鱼的多样性减少,现在大坑村的溪水里很少见到鱼。在设置一系列生态环境保护措施与提升村民的保护意识后,大坑村鸟的种类多了,偷猎、偷砍的现象基本没有了。大坑村上片的环境卫生状况良好,调研组了解到,该村配备有专门的环境清洁员,定期清洁村内杂草和垃圾,并设置有固定的垃圾投放点等,居民的环境卫生意识良好。基本上所有的被调查者都对乡村的卫生状况表示满意。中片、下片居住区环境卫生条件较好,道旁绿化较为系统。大坑村强化村庄内日常保洁,加强保洁人员的配备,全村共配备保洁员 15 名,配齐保洁装备,努力做到生活垃圾日产日清。农民画是龙门最闪亮的一张名片,它深深扎根于民间,取材于日常生活、劳动生产和传统节庆等民间场景,在出身于阡陌之间的农民画家妙笔之下,一幅幅生动活泼、充满情趣的场景跃然纸上。在创建全国县级文明城市的过程中,龙门深入挖掘本土民间艺术特色资源,以色彩绚丽、雅俗共赏的农民画为切入点,树立了独具一格的品牌。从 2013 年开始,龙门已有 485 幅农民画作品被制作成“讲文明树新风”公益广告。在龙门的街道、公园、高速、广场等地带,一幅幅色彩绚丽的农民画公益广告吸人眼球,以农民画诠释文明创建更加贴近生活,亲切易懂。社会主义核心价值观以农民画为载体深入城乡,润物细无声地提升着龙门的整体精神风貌。龙门县大坑村的优势在于生态,出路也在于生态,这已成为龙门人的共识。2018 年,龙门县荣获“中国天然氧吧”“中国最美县域”等称号,这是对龙门走高质量绿色发展之路的最好回报。坐落于南昆山的十字水生态度假村就是龙门坚持绿色发展的最好例证。在这里,传统客家夯土墙与竹子融合而成的建筑工艺使自然与文化和谐共生。以“全球本地化”为设计理念的南昆山十字水生态度假村曾获得“全球景观设计大奖”“全球生态度假村 TOP50”等美誉。在这场世界级的同台竞技中，龙门让世界见证了中国传统文化的优势和魅力。每个发展战略的制定，归根到底都是为了人民的幸福安康。龙门努力把守护生态、留住乡愁、惠及民生的发展理念落到实处，通过“美丽乡村 · 三大行动”，采取污水治理、堤岸整治、疏河清淤和植树绿化等措施，打造更加洁净便利的民居环境，进一步推进基层治理中的文明建设。

三、龙门县大坑村基层治理模式的启示及借鉴意义

（一）“契约精神”为基调，“两规”引领德治新风

文化建设是构建和谐社会的重要保证和必然要求。龙门县自 2017 年以来，陆续出台村规民约“十要十不要”行为规范、家规族训“六维三字经”等标准模板，由基层党组织牵头组织村民代表、党员群众参与制定符合本地实际的村规民约、家规族训，逐步健全完善“契约信守精神”体系，弘扬传承优秀传统文化，引领社会主义新农村的新村风新家风新民风。县里统一一个符合社会主义核心价值观、弘扬传统美德、与法律不相抵触的村规民约模板，画出模范村民应该要做到的十条准则和必须禁止的十条红线。各村只要在模板里面做“加法”，融入村里达成共识的一些尊师重教奖励办法就行了，好的传统要尊重，坏的毛病要改掉，大家都遵循一起约定的村规，人心才能更齐，美丽乡村的路子才能走得更远。村民小组在党总支带领下，召集村民代表、户代表、党员群众一起研究制定了“属于自己的村规民约”。龙门县 156 个行政村、1 900 多个村民小组相继制定了新村规民约，遵守“契约精神”的氛围逐渐形成。围绕爱国情怀、宗亲关系、为人处世、个人修养、生活作风、尊师尚学等 6 个维度，没有建立家规族训的，可以在这个模板里找到大家伙认为值得推崇遵循的族训。有家规族训的，就要重点检查有没有“排外”或与法律不相符的内容，去其糟粕，取之精华。与此同时，党支部书记廖灿林正与党员代表、村民代表一起商量如何打造列入省级文物保护范围的“五宅宗祠”，参加全县“十大最美宗祠”的评选活动。采用“以奖代补”的形式，龙门计划用 3 年时间对全县 648 个宗祠进行深度挖掘打造并评出“十大最美宗祠”，把宗祠建设成为宣传党的声音、弘扬好的传统、传承优秀文化的意识形态宣传阵地，激发广大群众爱党爱国爱家乡的参与热情，最终实现乡村以德善治。

大坑村在全村开展“好家风好家训”评选活动，通过规范村规民约和家规族训引领基层社会风气、家庭风气。自 2017 年以来，龙门县陆续出台村规民约“十要十不要”行为规范、家规族训“六维三字经”等标准模板，由基层党组织牵头组织村民代表、党员群众参与制定符合本地实际的村规民约、家规族训，逐步健全完善“契约信守精神”体系，弘扬传承优秀传统文化，引领社会主义新农村

的新村风新家风新民风。“契约约束”就是龙门县结合乡村治理实际制定的《龙门县村规民约“十要十不要”》,这既是“模版”亦是“最低标准”。全县所有的村、村民小组都要在此“模版”基础上结合本村(村小组)的实际制定“个性化”的村规民约细则,通过村民代表讨论修订、村民大会表决通过,从“共同制定”到“共同遵守”再到“共同监督”,形成村民“共同维护”的“行为规范”。

(二)“群众路线”为主线,“三联”践行法治制度

“三联”模式,就是践行群众路线,以“党员联系困难户、乡贤联系创业户、律师联系法律需求户”,精准对接、精准服务、精准扶贫,进一步密切党群干群关系。全县156个村以“组织选任+自愿报名”为原则,根据党员队伍专业特长情况,组建一支由党员和热心群众参与的党群志愿者服务队。结合“每周三”驻点联系群众活动日,村党组织收集整理村民“生产生活、身体健康、子女教育、劳动就业”等基本情况,形成困难需求户动态信息库,与党群志愿服务队提供的服务清单进行“配对”,精准服务。党员的服务内容、服务质量都是公开评定的,党群志愿者根据自己的时间安排去做一些力所能及的好事。村两委班子队伍、党员队伍的模范形象树立起来了,村中事务推进起来比以前顺畅多了。同时,党组织对党员进行分类,定期跟踪评星并给予张榜公示,不断提升党组织的凝聚力和党员的荣誉感。组织外出乡贤成立了乡贤理事会,与村中创业农民结对子,有效促进资源整合、政策共享和创业互帮。此外,龙门统筹整合乡镇司法所、“法制副主任”和律师协会党支部的团队力量,定期开展“农村常见法律问题”普法宣传讲座、建立涉法涉诉信访户“1+1”重点联系制度,有针对性地对农村法律需求户进行精准普法宣传和法律援助服务,有效引导群众依法表达诉求、依法维护权益。

(三)“民主协商”为原则,“一法”推动自治理事

大坑村积极践行“四民主工作法”,该方法是龙门自2005年探索推行以来的农村民主自治一大法宝,随着乡村振兴战略的不断深化,涉农项目、涉农资金不断增多,用好“四民主工作法”,规范运用民主提事、民主决事、民主理事、民主监事,能有效防范农村腐败。进一步明确党是领导一切的,发挥党组织总揽全局、协调各方的领导核心作用,通过完善党对各基层组织的领导机制,常态化开展基层党建巡察问责,健全村民监督委员会的操作规程,切实发挥村监会“家门口的纪检委”作用,把民主自治牢牢把握在制度的“牢笼”里。例如,大坑村的扶贫专项资金、社会扶助资金累计达到5 000万元,为确保每一分钱都用在实处、惠及群众,村党总支始终坚持支委提议、党群协商、一事一议,所有涉及村中的事务都必须由党组织综合各方意见建议后,研究决定提出“议事主题”,由党员、村民代表共同表决决定。农村党组织在基层组织和一切工作的领导地位必须

不断巩固，惠民政策、惠民服务、惠民举措都要在党组织带领下去宣传、推动、落实。目前，各村陆续推出“荣誉村民”“文明示范户”“好家风”等评比活动，村民参与乡村治理的热情不断高涨，乡贤会、老人会、知青会、青商会、姐妹互助会等社会组织的社会参与度不断提高。针对“两规三联一法”执行情况和文明村、示范户的评比结果，龙门将政府资源奖励补贴与之挂钩，在村道硬底化指标、农业小公园建设、水利基础设施、文化体育等方面给予政策倾斜和优先考虑，激励村民弘扬良好村风，积极参与共建共治共享工作。社会治理模式实现“单一”向“多元”转变，基层党组织战斗堡垒作用得到不断强化，文明新村风逐渐形成。通过探索与实践，德治、法治、自治“三位一体”的乡村治理模式已经基本形成。接下来，龙门将牢牢抓住基层治理的关键点，从工作思路拓展、工作布局优化、工作资源盘活、工作方法创新、工作责任压实等方面，继续对“两规三联一法”乡村治理模式方面进行更为深入探索实践。农村稳则天下安。龙门是一个农业大县，农业人口占全县总人口的60.7%，营造共建共治共享的社会治理格局，关键在乡村治理。龙门突出党的领导核心，把德治、法治、自治的活动抓手有机融合，探索基层治理模式的推陈出新，不断提高人民群众的幸福感和满意度。客观公正，依法平衡双方利益。大坑村干部认为必须深入基层、深入群众，必须讲究工作方法和技巧，找准病根，对症下药，把依法调解与道德教育有机结合起来，做到情、理、法的统一。

（四）加强党委领导，落实好群众路线

龙门县大坑村坚持突出党组织在基层一切工作中的领导核心地位，以党的建设引领基层治理、保障基层治理、贯穿基层治理，使基层党组织作用发挥与基层治理有机衔接、良性互动，做到协商议题由党组织把关，协商过程由党组织牵头，协商结果由党组织督办。龙门县积极引领村民理事会、乡贤、律师等其他社会力量积极参与共建共治，构建对基层社会力量的全面领导，切实解决一些农村基层党组织弱化的问题。党组织的坚实领导为基层治理提供了强有力的组织保障。龙门县大坑村一直围绕群众所需所盼去做好各项服务。龙门县地派镇大坑村建立党群服务队伍、困难需求户动态信息库，安排志愿者对困难需求户进行帮扶，并把服务对象的综合评价作为优秀共产党员、文明示范户等评比活动的重要参考指标。同时，通过乡贤搭建互动创业平台，为自主创业的村民提供经验借鉴；驻村“法制副主任”为村民提供法律咨询服务，有效确保矛盾隐患消除在“萌芽”状态。这些都是龙门县大坑村在基层乡村治理模式中的重要举措。大坑村的扶贫专项资金、社会扶助资金通过民主协商，确保每一分钱都用在实处、惠及群众。大坑村党总支始终坚持支委提议、党群协商、一事一议，所有涉及村中的事务都必须由党组织综合各方意见建议后，研究决定提出“议事主题”,由党员、村民代表共同表决决定。通过“四民主工作法”使得党组织的服务在居民中获得了拥戴,惠民政策、惠民服务、惠民举措在实践中得到了很好的宣传、推动、落实。“四民主工作法”是龙门自2005年探索推行以来的农村民主自治一大法宝,随着乡村振兴战略的不断深化,涉农项目、涉农资金不断增多,用好“四民主工作法”,规范运用民主提事、民主决事、民主理事、民主监事,能有效防范农村腐败。龙门县发挥党组织总揽全局、协调各方的领导核心作用,通过完善党对各基层组织的领导机制,常态化开展基层党建巡察问责,健全村民监督委员会的操作规程,切实发挥村监会“家门口的纪检委”作用,把民主自治牢牢把握在制度的“牢笼”里。

(五)山区乡村的生态保护治理

龙门县大坑村地处惠州市的山区片地带,主要发展的是大山经济,也就是利用得天独厚的自然资源来发展乡村产业,但与此同时也会面临生态资源破坏,矿产资源过度开发,容易引发泥石流、山体滑坡等自然灾害。如何避免自然资源的过度开发,实现人与自然的和谐发展,是龙门基层治理需要平衡好的利害关系。在经历了前期的无序管理以及野蛮开发之后,龙门县逐渐寻找到了自身的管理经验和办法,形成了独具特色的山区乡村生态保护治理道路。一是通过走高质量的绿色产业发展道路,来保护生态环境,转化过于粗放式的经济增长方式,大力发展乡村生态旅游经济,发展度假村、农家乐、亲子田园、红色旅游经济等,避免对于第一产业的过度依赖,采取一二三产业融合发展的路子,让生态资源得以保护和开发利用中平衡发展。二是坚持传统文化与生态资源优势的结合,利用当地传统的客家土房子与竹子融合而成的建筑使自然与文化和谐共生,吸引大量的游客参观,见证现代和传统中国文化的魅力,助推文化产业优势。三是大力普及生态保护的重要性,改变种植杉木和开发杉木的方法,发展温泉经济,引导村民自发自觉维护好生态环境,对于自然生态不能竭泽而渔,而是在保护中开发,在开发中保护,不过度开采矿产资源,让整个乡村形成合力,共同维护好生活生产的生态基础,从而获得生态宜居和产业兴旺的农村发展环境。加强林业生态修复的力度,改善生态环境,提升生态效益。林业除了具有经济效益外,还有生态效益和社会效益,在实际利用过程中,人们片面追求经济利益的增长,忽视对林业生态的管理和修复,由此导致环境逐步恶化,自然灾害频发。为了实现生态效益和经济效益的双赢,必须对林业生态进行修复,改善自然生态环境,做到人与自然和谐相处。

四、龙门县大坑村基层治理模式的典型经验:“两规三联一法”推动乡村治理

龙门县大坑村基层治理的亮点即是形成“两规三联一法”的基层治理模式,通过将村规民约、家规族训进行重塑,让村民都能学习并遵守规则,通过“党员联系农民户、乡贤联系创业户、律师联系法律需求户”，让基层治理的各主体之间形成良好的互动网络，资源可以顺畅进行流通，通过“四民主工作法”，使用民主提事、民主决事、民主理事、民主监事的方法来规范村组织运作，化解村级矛盾，让村民能够参与到基层治理工作中来，确保村中事务在阳光、民主的氛围中进行，形成有效的基层民主体系。该治理模式自提出来，就在龙门镇的各个村落深入开展执行，并取得了良好的社会治理成效，其具体效果体现在以下几方面。一是村规民约和家规族训的修订和执行，有效改善了村庄的生产生活方式、村容村貌以及村风民风，宣扬道德模范，用道德净化村民的心灵，为社会正能量的凝聚和传播打下了坚实的社会根基。二是党组织坚强有力的领导，做到村民有所求，党员同志就有所为，以劳动人民的美好希望作为自己的奋斗目标，有效地凝聚了民心。三是村居“法治副主任”制度的全面铺开，有助于基层治理事务能够在法律的框架和轨道下运行，增强群众的法律知识，并且为化解基层矛盾提供相应的法律依据。四是通过调动广泛的社会力量解决村民的多元需求问题，例如，乡贤捐资助学行为，有效激发了社会的活力，将村中能人、社工、律师、社区领袖等整合成一个深入群众、了解群众，讲究工作方法和技巧的服务队伍。五是通过民主的运作方式，使得村中大事都能有效得到商议和解决，让村民的意见和想法都能够有效地反映到具体的工作中来，从而促进村民、干部之前能够和谐相处，共商共议，共同推动乡村发展。

第七章　惠东县范和村基层治理模式:传统文化筑牢社会治理根基

一、惠东县范和村基层治理探索的背景

范和村位于稔山圩镇的东南部,地处大亚湾畔、稔平半岛西北端,背靠莲花山脉狮头岭,总面积 22 平方公里,村委会下辖 11 个村小组,分别为水磨、尚德围、坝仔、水仙爷、新厝、妈前、范港、庙仔、大路街、三角市、南门。范和村现有户籍人口 2 612 户、12 867 人,是惠州市首个人口超万人的行政大村。有祖籍本村的香港同胞 2 500 人,澳门同胞 60 人,华人华侨 120 人,主要分布于英国、澳洲。村民均为汉族,包含广府、潮汕、客家民系,使用客家方言、闽南话(占人口的 98%)。范和村隶属广东省惠州市惠东县稔山镇,地处珠江三角洲与潮汕平原的连接点,是惠东稔平半岛的重要组成部分。范和村始建于元末,是国家非物质文化遗产"惠东渔歌"的诞生地,岭南多元民俗文化中绝无仅有的"活标本",惠邑历史悠久、丰饶富庶、人气旺盛的聚居所,先后被评为"中国古村落""全国民主法治示范村""广东十大最美古村落"等。近年来,惠东县在基层治理方面下大功夫,将基层党建与基层治理有机融合。

二、惠东县范和村基层社会治理模式的实践做法

(一)弘扬传统文化,增强村民文化认同感

范和村多种信仰并存,和谐相处,故村内多庙宇,大的有城隍祖庙、谭公祖庙、妈祖庙(凤凰池妈宫、妈前烈圣宫、市场天后宫、大路街妈庙)、玄帝宫、文昌宫、水仙宫等,还有道路旁边近 50 个福德祠。村民大多信仰本土神明,有道教(谭公)、城隍、北极真武大帝、妈祖、仙姑、关爷、水仙爷、文昌帝君等,不仅本土信仰和谐相处,外来宗教也能融合。范和村也有部分村民信仰天主教。此外,范和村一年有 24 个传统文化日,每逢这些特定的日子,村民常衣装干净整洁,进庙祈福。在一些更为特殊的周年纪念等年份,范和村公益理事会号召村民捐款,甚至会举全村之力,力求把一些文化盛事办得尽善尽美,如谭公醮会等。这些特色文化的传承,一方面有利于团结村民;另一方面,有利于培养村民乐善好施、心态向善的品性。范和村基本家家户户都挂着红灯,写着诸如丁财两旺、合家平安的对联。咨询当地老人得知,系出自妈祖信仰。妈祖大爱惠泽山海,挂红灯保佑渔民出海平安,保佑大家一年风调雨顺,给人以安静祥和之感。此外,范和村充分发掘本村文化,每 10 年举行一次范和传统民俗文化节,目前已经进

行第四届了，场面宏大壮观，不仅弘扬了本土文化，也增加了村民的文化认同感。

（二）大力推进智慧党建，着力提升治理效能

惠东县范和村近年来积极通过大力推进智慧信息化等技术融入党建的工作创新中来，从一核多元的思路出发，为着力提升基层社会的治理效能发挥积极作用。范和村通过积极探索形成了“1＋N”的管理模式：“1”即突出党建引领这一核心，推行“一网多元”，织密基层党建服务网络，形成“乡镇网格管理中心—村级党组织—村级党组织网格工作站”的三级管理架构，按照“一格三员”原则配备乡镇、村两级党建指导员和网格员，由网格党员具体负责处理责任网格内群众联系服务事项，以及协同村干部参与基层治理综合事务等，做好现场处置或上报上一级网格进行转办处理，将后续处理结果反馈至服务对象。同时，将党员教育、业务培训等党建工作延伸到村级党组织，实现“三级联动”，延伸到“两新”组织党支部中，有效拓宽了党员集中教育培训的覆盖面。“N”即结合“多网合一”的网格化管理模式，由党员带头，带动安全生产监管、社会救助、流动人口管理、应急处置、便民服务等多个基层治理领域实现举措创新、成效提升，大幅降低人力排查监管成本，推动基层治理更加精细化、精准化。范和村利用“互联网＋社会治理”，先行推进了一个大数据管理平台以及多个信息管理系统建设，并创新融合了人像识别、视频会议、“雪亮工程”等智能应用，利用多种物联网设备和配套手机 App，实现预警智能化，有效提升事前防范能力，实现管理方式从被动应付向主动掌控转变。目前，范和村“互联网＋社会治理”服务中心一楼便民服务窗口，设有党员服务示范岗，通过整合党务、计生、民政、税费委托代征等业务，为办事群众提供“一站式”服务。

（三）推进公益理事工作，发挥宗族治理力量

范和村以公益理事会为协调机构，以宗教活动为契机，向村民募捐，村民们亦乐善好施。传统乡贤大多德高望重，在推动乡村移风易俗、遵守村规民约等方面举足轻重。范和村充分发挥理事会这一重要民间协调载体，村中诸多姓氏中德高望重者以及当地贤达如小学校长等都加入其中，如原范和小学校长陈祥益和年逾七十的高周兴等人；不少乡贤长期在外经商就业，具备一定经济实力，且回报家乡的强烈意愿。调研发现，捐助名单中捐款最多的是王金壁。他本不是范和人，但发家于范和，不忘范和之恩，故大力支持范和的发展。

（四）挖掘历史文化资源，推动乡村振兴

惠东县范和村作为美丽古村落，村“两委”积极作为带领村民充分挖掘历史文化资源，并将这些宝贵的文化资源转化为经济资源，从而推动了乡村经济的振兴发展。行走在惠东县稔山镇范和村，可以感受到两个时代氛围：一是在范

和古村落不宽的巷子里,巷道用花岗岩石板或鹅卵石铺砌,老房子排列整齐有序,让人仿佛置身于明朝时代,有一种时空穿越的恍惚感。二是作为广东十大最美古村落之一,范和村近年来修建的猪山公园设置了步行道和栈道,公园旁设有现代化的游客服务中心,在美化绿化亮化等工程衬托下,到处呈现出社会主义新农村气象。村党委引导村民以“渔歌唱晚,醉美古围”为主题,大力发展旅游业。同时,通过推出当地特色小吃,使得村里的旅游业不断升温,成为乡村旅游打卡地,当地村民增收明显。范和古村落文化底蕴比较深厚,至今仍保留渔歌传承队伍和白字戏传承队伍等,节日期间在村里演出。该村几百年前的古戏台还发挥着重要作用,到了10年一次的谭公醮会,村里宾客云集。目前,范和村已与社会资本合作搞一年一度的“迎妈祖旅游文化节”,吸引了众多游客和村民一起坐船出海,体验海上人家、渔村民俗的乐趣。范和村依托本土文化资源,把社会主义核心价值观、中华传统美德、古村文化融入村民的生产生活中。以“渔歌唱晚,醉美古围”为主题,重点推进范和古村落建设,着力抓好古围屋、古祠堂、古庙宇、古戏台等古迹保护以及民间戏剧、醮会、渔歌、舞狮、舞龙等传统文化的传承发扬工作,保障传统文化得到有效传承,为古色文化旅游开发奠定坚实基础,助力乡村振兴。除了引进高水位养虾产业和深入推进“水稻+马铃薯”现代农业外,范和村结合实际引导村民大力发展旅游业,通过与旅游公司合作,确保客源稳定,有效推动传统文化的开发保护与传承、农业由一产向三产转变、生态资源变成旅游资源,为村民提供更多就业机会,增加农产品、海产品销售渠道,拓宽增收途径,使村民直接收入明显增加。

(五)创新“三议两评”,发挥人大代表主体作用

惠东县范和村通过积极创新“三议两评”的方式,充分发挥人大代表反映群众心声的主体作用,让基层的矛盾和声音能够及时地被上一级部门所了解和采纳,从而有效化解基层矛盾积压导致的问题激化。乡镇治则郡县治,郡县治则天下安。做好新时代乡镇人大工作,关键在于更好服务代表、做好代表工作,支持和保障代表履职,尤其要在闭会期间充分发挥人大代表主体作用。然而,长期以来,县乡人大(尤其是乡镇人大)闭会期间的代表活动由于缺少有效的履职载体和平台,呈现无序、不规范状态,无法调动代表履职的主动性、积极性。加上缺少有力的组织保障和因地制宜的机制创新,导致代表活动的针对性、实效性不强,使监督浮于表面、流于形式,未能走向常态化、规范化轨道。为此,范和村所在惠东县人大常委会认真总结实践经验,精心指导惠东人大创新推出了“三议两评”分组跟踪监督方法,以代表专业小组为载体,将进行满意度测评与创新议事形式相结合,组织人大代表对政府工作实行全面、全程、全员监督,探索出了一条全面系统推进闭会期间乡镇人大代表监督工作规范化、流程化、长

效化、制度化的新路子。2017年11月，中共惠东县委转发《惠东县人大常委会党组关于在镇人大开展"三议两评"分组跟踪监督方法的意见》，自2018年起，"三议两评"分组跟踪监督方法开始在惠东全县推广实施。2021年年初，惠州市委、市人大常委会党组决定，"三议两评"分组跟踪监督方法在惠州全市各镇推广。"三议两评"分组跟踪监督方法是以代表专业小组为主体、以代表议事会为平台、以满意度测评为核心的工作机制。该方法将政府工作报告中列出的重要工作、重点项目及重点督办的议案建议归类分解给代表专业小组，采取视察、调研、检查、约见、询问、测评等方式监督和推动政府相关工作的落实，做到年初参与决策论证，平时主动介入监督，年中掌握动态进展，年末总结问效的全程跟踪监督。以一年为一个周期，举办三场人大代表"议事会"，对政府相关工作进行两次测评。该机制将镇人代会、镇人大主席团、代表联络站、议事会、代表专业小组活动等人大监督和代表工作的一系列平台和环节有机串联起来，形成了一环套一环、一年套一年的乡镇人大跟踪监督工作机制，在当地开创了整体性、系统性、全流程推进闭会期间人大代表工作规范化的先河，形成了专业化推进规范化、规范化带动专业化的制度化模式，具有较强的科学性、操作性和实效性。"三议两评"分组跟踪监督方法按照代表职业、兴趣、专业将人大代表划分为一个个联系紧密的代表专业小组，突出"专业性"拧成履职合力，较好地解决了传统代表小组视而不专、察而不透、审而不深、议而不力的问题。例如，稔山镇将该镇人大代表分为科教文卫、城建环保、农业农村、财政经济四个专业小组，根据政府重点工作的特点和代表专业小组的实际，把各项议题分解到各代表专业小组，启动"一对一"全程监督。各代表专业小组分别制定本组全年监督计划，综合采取各种监督形式，及时掌握联系重点工作的进展情况，跟踪监督重点工作的推进落实。"三议两评"分组跟踪监督方法将"代表议事会"作为闭会期间代表专业小组依法履职的重要载体，分别在"年初人代会闭会后""年中人代会前"和"次年初人代会前"三个时间节点召开三场"代表议事会"，年初人代会后将镇政府工作报告中的重要工作、重点项目和重点督办议案建议办理归类分解给对应的代表专业小组进行跟踪推动，于年中和次年初召开的议事会上听取镇政府有关工作情况汇报并开展满意度测评。在召开第三场议事会时，代表还将参与讨论镇政府拟列入新一年政府工作报告的重点工作和项目。这种代表与政府相关负责人之间，代表与代表之间"面对面"开展的深入交流和探讨，对于切实解决工作中出现的问题起到很好的推动作用。范和村也在"三议两评"的大力推动下，透过人大代表的积极反馈和沟通，将许多基层矛盾及时向上反映，并得到了重视和解决。

(六) 探索“123 工作法”,提升村民小组长执行力

惠东县范和村近年来有一个特色亮点,即探索出“123 工作法”,发挥了村民小组长的积极作用,提高了小组长执行能力,从而促进了基层事务的快速高效解决。党的十九大提出“加强农村基层基础工作,健全自治、法治、德治相结合的乡村治理体系”的具体要求,为振兴乡村指明了方向。范和村所在惠东县立足本地实际,经过多年的总结、提炼,形成系统完整的村民小组管理“123 工作法”,即“围绕一个中心目标,落实两项激励机制和三项规范措施”,充分调动党支部书记和村民小组长的工作主动性、积极性,进一步优化和巩固基层党组织力量,助推乡村振兴。随着近年来城市化进程和城乡统筹发展的加快推进,村民小组已成为基层组织的重要力量。村民小组的治理状况直接影响村级治理,进而影响到乡镇的治理,甚至整个乡村社会治理。加强村民小组管理,是激活农村发展潜力、推动乡村振兴战略全面贯彻落实的重要抓手。在惠东县委、县政府的部署领导下,以问题为导向,以加强村民小组管理为载体,展开了村民小组管理“123 工作法”的有益探索。“123 工作法”的一个中心目标是优化农村基层党组织架构,把符合条件的村党支部升格为村党委或党总支,把党支部建在村民小组上,以党支部为基础,加强党对基层工作的领导,巩固党的执政基础,确保上级各项政令畅通无阻。充分发挥党支部教育管理党员和服务群众的主体作用,树立党的一切工作到支部的鲜明导向,切实把基层党支部建设成为战斗堡垒和坚强阵地。党支部书记和村民小组长的工作主动性被激活,由原来的被动推进转变为主动开展,各村民小组党员自觉亮出党员身份,主动认领工作任务,发挥党员表率作用,同时也激活了村民小组干部主动参与村民小组事务的积极性,起到了互促互进的作用。在新冠肺炎疫情防控期间,各村民小组党支部充分展现了基层党组织“走在前、作表率”的风向标作用,积极按照街道办的部署要求,采取以村民小组为战区,包组联户、责任到人,每个组“1 名村(社区)干部+1 名小组党支部书记+3～5 名党员”,组成防控队,严格做到宣传家喻户晓、排查精准到人,通过强有力的举措,有效抑制疫情向农村地区蔓延。工作职责的进一步明确,有助于推动政策的落地见效。在推进“三清三拆三整治”、乡村振兴战略实施等工作过程中,党支部书记和村民小组长积极发挥在村民中的号召力和工作优势,主动向村民做好政策宣传和动员工作,及时将群众诉求反馈给上级党委政府,架起了党委政府与村民群众沟通的桥梁,为各项工作的有序推进筑牢群众基础。党支部书记和村民小组长是连接村两委与村民之间的桥梁和纽带,是加快新农村建设和乡村振兴的骨干力量。有一部分基层干部忙于家庭生计,把村民小组的事当成“副业”。究其原因,是部分党支部书记和村民小

组长觉得工资低、没奔头、缺保障。针对这一现实问题，惠东县制订两项激励机制，作为“123 工作法”的重要内容，在政治上拓宽了党支部书记和村民小组长的上升空间，在经济上提高他们的补贴待遇，充分调动了党支部书记和村民小组长的工作积极性。奖优罚懒，待遇得到保障，干事更有动力。只要年终评为“称职”及以上的等次，就能一次性领取 6 000 元补贴，待遇有盼头，干事也更有劲。牵头做好集体公益事业，发动外出乡贤和村民捐资助学，定期到村里检查整改人居环境。原来“要我干”的念头已逐渐被“我要干”的思维所替换，被动执行上级任务悄然转化为主动服务民生发展。所有村民小组长每月补贴由原来的 300 元提高至 500 元，各村党支部书记同样给予每月 500 元的补贴。根据年度考核，被评为“称职”及以上等次的，一次性下拨到村民小组集体经济组织专用资金账户，由党支部书记和村民小组长统筹安排；“不称职”的不发放。在此基础上，实行考核优秀奖励，每年年终对各党支部书记和村民小组长年度工作进行量化考评，对考核等次为“优秀”的党支部书记和村民小组长，给予每人每年 2 000 元奖励。财务管理有漏洞、组务管理不规范、基层治理不依法，是滋生贪污腐败的温床。“123 工作法”的 3 项规范措施，便是有针对性地规范财务开支、组务管理和依法治村。实行以来，原来草率决定事项、无记录开支、随意盖章等现象得到了很好改善，村民小组运作越来越规范。范和村在惠东“123 工作法”的引导下各方面工作进展获得了突破，村小组的工作模式得以高效运转，小组长与村民的关系日渐融洽。

三、惠东县范和村基层治理模式的启示及借鉴意义

（一）厚植历史文化，构筑乡村共同体

惠东县范和村最令人印象深刻的即是悠久的历史文化资源，并善于利用这些文化资源融入基层治理的实践当中去。文化与治理的结合成为社会发展的必然趋势，这既体现了文化的功能特性，也表达了治理的发展方向。农村是乡土文化和传统文化的主要阵地。社会治理指当地政府主导和广泛动员各民间组织、社会团体和个人以平等、协商的机制积极参与社会事务，共同推进社会运行。而文化治理是为文化发展确定方向的公共部门、私营机构和非营利团体组成的复杂网络。其中包括来自公共部门、私营企业、非营利团体等各种性质的机构和个人，涵盖文化、经济、社会等各个政策领域，涉及跨国、民族国家、地区、地方等不同地理和行政运作层面。进入新时代，随着社会各方面的快速发展，基层社会的矛盾复杂程度也逐步攀升，群众利益诉求日趋多样化，农村基层治理面临许多新问题、新挑战。在技术进步和现代化的冲击下，基于人情网络和传统文化的村落共同体逐渐向基于行政单元的社区共同体发生转变。在当前情势下，以往政府大包大揽、依靠行政命令处调

矛盾的“家长式”管理模式越来越难收到满意成效,因此只有加快实现从“一元”治理向“多元”治理转变。

(二)推行“智慧党建”,赋能基层治理

惠东县范和村实践基层“智慧党建”,以数据治理驱动包括政务治理和社会治理在内的市域治理,积极主动作为,重点在本村开展了需求调研、项目实施、政企合作等工作,形成“智慧党建”模式。一是构建“智慧党建”一张网,为村务党建工作决策部署提供全面强大的大数据支撑,成为党建工作的“指挥中枢”;二是将“智慧党建”理念和构想转化为“看得见,摸得着,用得上”的综合服务平台,实现党务、村务、服务互联互通,助推智慧农村建设,推动脱贫攻坚同乡村振兴有效衔接,助推本村产业发展。专注实用管用,探索数字化治理新模式。一是探索党建工作数据化。创建村党组织体系图,明晰党组织架构、党员队伍结构比例及四类组织活动阵地建设情况,使党建工作数据一图尽握。二是探索党建工作分析智能化。以近期开展的工作为主线,比如对村党支部规范化建设和党建示范点进行科学分析,以数据作为依据。三是探索党员教育管理信息化。部署建设双向视频会议系统、党员教育直播平台将把会议直播延伸至党员个体,使之能实现快速便捷的交流互动。

四、惠东县范和村基层治理模式的典型经验:传统文化筑牢社会治理根基

惠东县范和村作为惠州传统文化保留较为完好的地区,具有中国古村落等美誉,是岭南多元民俗文化的代表,当地的宗族组织对于基层治理产生了深远影响。如何利用这些产生于农耕文明的宗族力量,引导它们在现代乡村治理中积极作为,成为当地村委需予以回应的问题;同时,要利用好传统文化,从而有效整合乡村共同体,增强村民的文化认同感。惠东县范和村充分挖掘并利用文化资本这一重要的社会治理资源,使范和村的治理取得了积极的成效,具体表现在以下方面。一是通过弘扬传统文化,鼓励多种文化之间的包容,促进村民团结。发挥传统文化中乐施好善的村民品格,让村庄的互帮互助的氛围在乡村治理中蔚然成风。二是保护好传统民俗文化,形成特色鲜明的本地文化。举办传统民俗文化节,充分挖掘和保护自身的文化特色,在对外宣传文化名片的同时,进一步增强了村民的集体认同感。三是引导乡村公益理事会的积极参与,在扶危济困等方面积极发挥作用,发动村民捐款捐物,为困难的村民提供帮助。同时,利用乡村德高望重的长者来推动乡村移风易俗,制定村规民约以及推进乡村振兴。引导长期在外经商的乡贤回乡反哺乡村,支持乡村发展。四是善于挖掘和利用优良的历史文化资源,从而推动本村的乡村产业发展。惠东范和村具有古香古色的村落风貌,为发展乡村旅游奠定了基础。同时,当地党支部引导村民保留和发展惠东渔歌、乡村文化资源展览等,形成惠东县范和村独特的文化软实力。发挥古戏台的作用，让游客可以体验渔家的文化节目。此外，惠东县范和村开发了出海游玩、古围屋参观等传统文化节目，大力发展了当地的旅游业，让生态资源、文化资源都能转变为更好的经济资源，带领村民在乡村治理中实现共同富裕。

第八章　乡村旅游对基层社会治理的影响及应对策略研究

——以惠阳区霞角村为例

《中共中央国务院关于实施乡村振兴战略的意见》指出："实施休闲农业和乡村旅游精品工程，建设一批设施完备、功能多样的休闲观光园区、森林人家、康养基地、乡村民宿、特色小镇"①。实施乡村振兴以来，我国特别是广东珠三角地区乡村旅游发展迅猛，成为推动乡村经济发展与产业升级转型的重要引擎，对乡村基层社会治理体系和能力现代化产生巨大的影响。乡村有效治理是实施乡村振兴的基础，有效的乡村治理进一步促进乡村旅游健康发展，推动乡村振兴。十九届四中全会指出："完善党委领导、政府负责、民主协商、社会协同、公众参与、法治保障、科技支撑的社会治理体系，建设人人有责、人人尽责、人人享有的社会治理共同体，要完善正确处理新形势下人民内部矛盾有效机制，完善社会治安防控体系，健全公共安全体制机制，构建基层社会治理新格局"②。惠阳区霞角村以独特的围屋文化作为乡村旅游发展的核心，以乡村旅游带动村庄的经济社会发展，促进基层社会治理体系和能力现代化，为实现乡村振兴夯实基础。本章通过对霞角村的实地调研，探讨乡村旅游对乡村基层社会治理的影响及挑战，探讨乡村旅游下促进基层社会治理体系和能力现代化的策略。

本次调研主要以定性研究为主、定量研究为辅。驻村一个月，实地走访霞角村的电商服务中心、村民议事亭、文化古迹（祠堂、客家围屋）、党史长廊、文化公园、卫生站等地，深入访谈了10名不同阶层的调研对象，包括村书记、村两委委员、大队队长、退休干部、普通村民、回归乡贤等，从不同角度了解霞角村的治理情况。霞角村共有16个村民小组320户、2 530人，发放问卷100份，回收有效问卷93份，运用SPSS软件进行统计分析，信度是95.8%，效度是93.9%，符合统计分析的要求，调查结果真实可信。

---

① 中共中央国务院关于实施乡村振兴战略意见[N]. 人民日报，2018-02-05(1)；中国共产党第十九届中央委员会第四次全体会议公报[N]. 人民日报，2019-11-02(5).

② 中国共产党第十九届中央委员会第四次全体会议公报[N]. 人民日报，2019-11-02(5).

一、惠阳区霞角村发展乡村旅游的背景

霞角村是惠阳区良井镇下辖村，临近城市，交通便利，辖区面积为 3.5 平方公里。以马路为界，北边居住为主，南边则是水塘和农田，全村总耕地面积约 1 200 多亩。霞角村具有 500 多年历史，是一个历史悠久的省级古村落，崇文重教，被称为“文化之乡”“书法之乡”，客家围屋是霞角村独特的历史文化资源，杨氏先祖不同时期修建了各种特色风格的围屋，村内现存 9 座客家大围屋，其中 4 座是市级文物保护单位。这些客家古围屋多数建造于清代，规模宏大，具有客家风情，将自然景观和人文景观融为一体，最为出名的是“城内十三家祠堂”“大福地客家围屋”“水尾仔客家围屋”“杨氏和铃公祖祠”“乌洋客家福围屋”“中心屋客家围屋”。这些客家围屋历经百年，承载了一代代先贤名人的奋斗历史，形成美丽乡村的特色。

在没有发展乡村旅游前，霞角村交通不便、通信网络技术滞后、基础设施落后、生态环境恶劣，招商引资上也多次碰壁。霞角村庄整体地势低洼，村内水塘众多，地理环境限制了村庄的产业经济发展。为了发展乡村旅游，霞角村干部和村民举全村之力整治与修复生态环境。全村通水及自来水入户率 100%，全村通电率达 100%；全村有线电视入户率达 100%，基站天线建设完善，手机通话信号良好，上网方便。霞角村通过重塑围屋文化，挖掘古围屋的建筑特色和历史故事，盘活村内围屋资源，开发客家围屋文化价值，打造古屋韵味的精品旅游项目。霞角村加强村内基础设施建设，修村道、建公园、清污水，使村容村貌焕然一新。目前，霞角村乡村公路总里程为 14.2 公里，居民交通环境得到很大的改善。基础设施的完善促进了乡村旅游发展，为村民搭建了与世界沟通的桥梁，让村内特色农产品远销各地，助力乡村打造旅游产品的名片。

霞角村制定了区域发展规划，将整个村区规划为 5 个区域，分别是未来发展区、农业观光区、湿地公园区、城市发展区、客家围屋体验区。在产业形态中，霞角村充分发挥其客家围屋及田园风光优势，规划发展现代农业、文化旅游、农村电商、康养中心、旅游式工业、休闲农业、乡村旅游和家庭农场。2018 年 4 月，农村电商服务中心的建设加快了霞角村乡村旅游发展的步伐，通过对自然资源、农产品、历史、宗教和传统文化资源、农副业资源的整合，霞角村从农村旅游向生态旅游进行升级，主打“保健生态园，乡村慢生活”的城市庄园，努力构建生态旅游全产业链条。目前，霞角村电商服务中心依托网络平台，设计“玩转古村攻略”，游客可在网络平台中搜索“吃喝攻略”“玩乐攻略”“采摘攻略”“观光拍照攻略”，并配套共享单车，使游客体验乡村慢生活，已形成生态农业观光园的雏形。霞角村将杨氏后人读书室改建为民宿，在保留读书室的历史痕迹中注入时代的潮流元素，打造特色民宿。霞角村还引进旅游企业打造精品酒店、文学家

艺术家创作基地等，这些举措不仅带动霞角村当地旅游业发展，还促进古村落文化进一步发展。

二、乡村旅游对霞角村基层社会治理的积极影响

霞角村选择乡村旅游作为转型发展和乡村振兴的突破口，本身就体现了共建共治共享这一核心的基层社会治理理念。为了确定乡村振兴的发展方向和道路，村委会组织党员代表、村民代表和乡贤深入台湾、香港、上海、江苏、北京等地调研学习，经过多次的交流讨论后，最后全体村民投票决定走乡村旅游的道路，体现了“人人有责、人人尽责、人人享有的社会治理共同体”的基本精神。乡村旅游推动了乡村基层社会治理体系现代化，有效的乡村基层社会治理又进一步推进了乡村旅游的发展。

（一）乡村旅游完善党的领导

党员是乡村振兴的一支重要力量。党的领导对于推动新时代乡村全面振兴，全面建成小康社会具有重要的意义。霞角村党总支部党员 72 人，正式党员 71 人，预备党员 1 人，男性党员 55 人，占比 76.39%，女性党员 17 人，占比 23.61%。35 岁以下党员 22 人，占比 30.56%；36 岁至 59 岁党员 29 人，占比 40.28%；60 岁以上党员 21 人，占比 29.16%。乡村旅游打破村庄封闭格局，不仅能吸引大量外来游客观光，促进乡村经济发展，还推动优秀党员回流和引进，改善了霞角村党员的学历、年龄结构，建立了一支结构合理、素质优良的党员队伍，提升了基层党组织能力，巩固和提升了党在霞角村村民中的领导地位和权威。传统的乡村邻里关系犹如差序格局，农村原住民对家乡有种与生俱来的感情，这种“家乡情结”萦绕着远在他乡原住民的思绪。霞角村乡村旅游发展吸引原住民返乡，带动以家族或血缘为纽带的抱团式发展。霞角村党总支书记、村委会主任杨书记曾是一名企业家，放弃高薪待遇，回乡支援乡村建设。以杨书记为班子的两委干部坚持以身作则，党员干部主动带头，争得村民理事会外出乡贤支持，村民投工投劳、让地、捐资，积极参与，推动了乡村旅游的发展。村委密切联系群众，努力构建服务型党组织，每年开展“群众点题，书记承诺”项目，落地民生实事，建立“掌上村务”微信群，方便村民及时掌握村务信息；定期举办喜闻乐见的“百姓欢乐舞台”文艺汇演、“象棋大赛”“古驿道定向比赛”“书画交流会”等文体活动，促进乡村旅游经济的发展，受到村民一致好评。

（二）乡村旅游落实政府负责和科技支撑

乡村旅游发展是一项系统工程，涉及农村的方方面面，要求政府履行好经济调节、市场监管、社会治理、公共服务、生态环境保护等职能，给政府提出更高更全面更复杂的要求。乡村旅游促使政府提升治理效能，提高政府干部综合素质能力，提升霞角村的基层社会治理水平，构建了“政府负责和科技支撑”的社

会治理体制。乡村旅游拓展霞角村发展空间，引入先进技术、先进管理理念、人力资源。良井镇在霞角村初步建设电子政务信息网络工程，实现了政府各职能部门之间的电子化、网络化和信息化，实现了各部门和协作单位的信息互通。为了确保游客的安全，霞角村已完成“天网工程”第一期，在村里主要地段安装摄像头，实行“网格化管理”，充分运用信息化手段，构建一个基础网格，培养一支专业队伍，组建一个信息系统。霞角村党总支统领，村“两委”干部、小组长、镇巡查员共计 30 人组成网格员队伍，对治安秩序、两违整治、涉毒涉黑、环保整治进行日常巡查全覆盖，村内的治安状况良好，近年都没有发生恶性治安事件。

（三）乡村旅游促进民主协商和公众参与

村民是基层治理中的主体，促进居民自治发展是基层治理中的重中之重。乡村旅游是霞角村发展的重要事宜，涉及村民的根本利益，是村民关注的头等大事。霞角村借助“村民议事厅”的平台，让党员干部和基层群众共同商量大事小事，为村里的旅游业发展献计献策。霞角村依托“互联网＋”模式，通过“掌上村务微信群”等信息化载体，推出了“掌上村务平台 2.0 版本”，建立微信公众号和微信工作群，落实村务财务公开，增强信息公开透明，促进民主协商，创新便利条件让村民了解村内旅游业发展进度，谋划下一步发展策略，实现“民众有呼声，政府有回应”的良好局面。乡村旅游推动村民参与，促进村民民主协商，提升村民自治的意识与参与能力。

（四）乡村旅游进一步推动法治建设和德治建设

为营造有利于乡村旅游的法治环境，加强霞角村的法治建设和德治建设，霞角村建立了“法制副主任”制度。针对乡村旅游发展所带来的一系列矛盾，政府聘请专业律师提供法律服务，霞角村充分发挥基层司法所桥梁纽带作用，引导“法制副主任”根据乡村旅游和村民需求有针对性开展法律咨询、法律援助，增强村民法律意识，培养法治思维，从源头上预防和化解矛盾纠纷。针对乡村旅游所产生的土地产权纠纷、经济合同审查、土地补偿款使用、民事诉讼、劳资纠纷等，法制副主任都会提供专业的法律咨询服务，妥善解决矛盾纠纷，确保乡村旅游法治化发展。乡村旅游促进德治建设。霞角村党史文化长廊，将社会主义核心价值观融于日常所见，潜移默化地影响村民，内化村民的心灵，提高村民的思想道德建设。

（五）乡村旅游完善文化和旅游融合发展

十九届四中全会提出要“完善文化和旅游融合发展体制机制”。霞角村大力推行乡风文明建设，制定村规民约，为旅游业发展营造良好的文化氛围，而乡村旅游又进一步推动了乡村文化建设。霞角村是一个历史悠久的省级古村落，具有独特的历史优势。霞角村重塑围屋文化，挖掘古围屋的建筑特色，注重对旧民宅、古旧祠堂、名木古树、古遗迹、民俗文化、文化遗产等的发掘、保护和规划设计，把民族民间文化元素融入乡村旅游建设中，建设一批凸显岭南文化特色的历史景观；灵活运用当地历史、名人典故、民俗文化，盘活村内围屋资源，开发客家围屋文化价值，打造古屋韵味的精品旅游项目，增加对游客吸引力，也让村民时时处处受到感染和熏陶。通过“心灵美”“指尖美”“掌中美”“解说美”“分享美”等内容丰富、形式多样的乡风文明营造活动，促进村民对本村传统习俗和文化的发扬传承，增强村民对霞角村的归属感，培育文明乡风、家风和民风。

（六）乡村旅游进一步促进社会协同

乡村旅游调动社会各方力量共同参与乡村振兴，通过共建共治乡村旅游实现共享乡村旅游成果。乡贤是乡村旅游发展的重要推动力量，是城市和乡村联系的重要桥梁，霞角村人杰地灵，古今衍生出许多著名的名人乡贤，如旭日集团董事长杨钊先生。这些乡贤尽管历经多年的离乡生活，但仍对家乡抱有着深厚的归属感和家乡情结。发展乡村旅游、传承传统文化，推动了乡贤对家乡的认同。乡贤给乡村旅游提供资本、人脉、知识、经验等资源，他们在发展乡村旅游、推动基层治理创新方面发挥了积极作用。

乡村旅游促进社区社会组织发展。杨氏理事会是杨氏宗祠组织，以杨氏促进会为名，注册成为社会组织。杨氏理事会对霞角村的历史相对比较了解，非常重视人才培养与社区教育，积极参加霞角村的公益事业。霞角村组建了乡村旅游协会，鼓励旅游企业、社区社会组织、村民和游客参与协会，倡导行业自律，积极参与霞角村旅游发展事业。霞角村还有效利用“三社联动”机制，组织党员工作者、社会工作者、志愿者三类人群联合开展惠民便民活动，举办形式多样、种类新颖的文化娱乐活动。专业社会工作服务团队进驻霞角村，充分整合各方资源，为霞角村村民及游客提供专业化、系统化和长效化综合服务。霞角村综合服务中心以项目运营模式推动开展各类服务项目，全面覆盖长者领域、家庭领域、青少年领域、残疾人领域、义工领域等，有效提升村民及游客的幸福感和获得感。

三、乡村旅游对霞角村基层社会治理的挑战

旅游业是多功能性发展的综合型产业，对乡村整体发展有着深远影响，一方面乡村旅游给乡村发展带来巨大的契机，另一方面乡村旅游也给乡村产业结构、利益格局、族群关系、文化传承等社会治理方面带来挑战。

（一）乡村发展过分依赖乡村旅游

乡村旅游亮点在乡村自然风光，但受季节变化的影响较大，融合现代农业的乡村旅游时节特征显著。当进入农闲时节，游客无可体验的活动，景区的吸引力会大幅下降，旅游业进入淡季，旅游资源与设施利用率低，经营成本上升，

可能出现恶性竞争现象。旅游旺季时游客集中出行，景点承载能力有限，部分经营者产生“旺季赚短钱”的心理，导致游客出行体验差。旅游淡旺季客流差异大，容易使旅游经营者陷入被动，影响市场主体的积极性，也影响产业可持续发展。霞角村将乡村旅游作为核心产业发展，农业和工业资源投入日益减少。乡村发展过分依赖乡村旅游，如何平衡客流，使淡季不淡，弥补发展缺陷是霞角村基层社会治理的一大挑战。

（二）乡村旅游加剧基层治理的压力

原来霞角村是以政府为主导的科层制治理，旅游大多是政府主导的公务接待，存在资源不清和职责分工不明等问题。一开始为了尽快实现发展目标，政府对旅游发展大包大揽，没有充分发挥企业和村民的作用，人为加剧了基层治理压力和服务供给压力。霞角村的森林、土地、湖泊、古建筑、公路等分属政府不同部门管理，霞角村没有资源开发权。此外，乡村旅游对政府提出更高的要求，政府职能由目前的行政服务职能往旅游公共服务职能转变，旅游管理部门的权威和地位得到较大提升。公共服务资源往旅游业倾斜，在交通、古村落维护、生态建设、停车场、公共厕所等基础设施配套上，政府要投入更多的精力与资源。乡村旅游发展使旅游事故、安全事故、公共卫生事件、公共安全事件等危机情况概率大大提高，政府需要加强公共应急预案与健全应急管理体制，完善安全管理和危机管理，这些基层治理的压力是霞角村乃至良井镇各级领导以前没有充分预计到的，他们疲于应对各种因乡村旅游产生的新矛盾与副作用。

（三）乡村旅游加剧族群冲突和利益分化

乡土社会是靠亲密和长期的共同生活来配合各个人的相互行为，社会的联系是长成的，是熟习的，到某种程度使人感觉到是自动的。① 乡村旅游迅速发展瓦解了霞角村的传统乡土社会，打破“熟人社会”的格局，改变村民阶层，以原住民为主的阶层结构随之发生变化，大量外地游客和企业家涌入霞角村，增加族群冲突危险。霞角村土地面积较小，零散地较多，旅游业发展需重新整合这些土地，这就涉及土地征用与补偿的问题。关于土地产权和利益分配的问题，政府、村民、发展商的利益博弈颇为激烈。企业资本强势介入后，原有农村利益格局被打破，不可避免会出现政府权力寻租、政企联合谋利的现象。土地是农民最重要生产资源，若土地被征收或征用，村民不得不改变传统的就业形式和农民角色，失地虽然获得一定经济补助，但弥补不了土地对农民的利益产值，解决不了村民的可持续生计和发展问题。受旅游开发的征地拆迁影响，原有的聚落

① 费孝通. 乡土中国[M]. 上海：三联书社. 1948：73.

形态被迫分散甚至瓦解，传统的血缘关系、宗亲关系和地缘关系被拆分和重组[①]。乡村旅游解构原有的农村社会经济，一方面带来更多的市场机遇，另一方面也产生级差地租，提高了农村生活成本。部分没有从乡村旅游获益的村民对旅游业产生抵触心理，同时乡村旅游加剧族群冲突和利益分化，一旦处理不当，乡村旅游发展有可能停滞不前，而且会衍生其他基层社会治理的问题。

（四）乡村旅游冲击原有的传统乡土文化

维系社区意识的核心基础就是认同感，主要包括共同的文化传统、民风民俗以及共同的命运感、归属感等对自己所属的社区有认同、喜爱和依恋的心理认同感[②]。霞角村具有较多的客家围屋文化遗产，其传统文化与农村村规民约、家规族训、乡风文明等构成一个完整的乡土文化，具有非常强的认同感和归属感。农村倡导的是一种娴静的慢生活，与城市讲求效率的快节奏不同，旅游业发展对农村乡土文化造成一定的冲击，农村文化与城市文化，传统文化与现代文化之间差距非常明显，在交流过程中的冲突日益突显。霞角村有自身区域的文化，以前在其自身的封闭体系中对城市文化有一定的隔离性，但乡村旅游所带来的人口流动、大众传媒打破了原来的封闭状态。在文化交流过程中，农村乡土文化发展往往处于弱势地位，农村乡土文化的建设与传承显得苍白无力。旅游业带来不同的城市文化、现代文化同化、侵蚀、瓦解农村传统乡土文化，破坏了部分村民的归属感和认同感。

四、进一步发展乡村旅游，推进基层社会治理创新的建议

乡村旅游发展是一项非常复杂的全面系统工程，要进一步加强党委领导，构建公共服务型政府；树立全域旅游理念，推进乡村旅游产业融合发展；加强法治和德治建设，为乡村旅游构建良好的社会环境；建立利益统筹共享机制，让村民共享乡村旅游发展的成果；强化社会协同，构建多元治理体制。

（一）进一步加强党委领导，构建公共服务型政府

要进一步加强党委领导，把基层治理同基层党建结合起来，构建有利于发展乡村旅游的治理体制，发挥党员的先锋模范作用，发挥其在旅游治理体系中的统筹作用。要完善出台政策制度，促使旅游业健康有序发展，避免旅游业过于商业化，而偏离发展乡村旅游的初衷。应将乡村旅游发展与乡村公共服务和社区建设紧密结合起来，避免出现不顾村民需求和乡村发展需求，过度追求旅游经济的现象。要建立公共服务型政府，改变以往单纯的以行政手段为主的管

① 张洪昌，舒伯阳．城市旅游社区的空间生产及治理路向[J]．学习与实践，2019(1)：108.

② 王翔．共建共享视野下旅游社区的协商治理研究：以鼓浪屿公共议事会为例[J]．旅游学刊，2017(10)：92.

理型政府治理模式。要按照《旅游景区质量等级的划分与评定》,特别是5A级旅游景区的评定标准,高规格高标准地打造霞角村旅游景区。政府建立健全乡村旅游管理体系,要加快旅游业公共服务和保障体系的构建,加快基础设施的建设,完善配套设施。要进一步推进电子政务,拓宽公众互动的途径,加强信息软环境建设。要加强社会治安综合治理的力度,完善"互联网+网格治理"治理模式,提升乡村治理智能化、精细化、专业化水平,加强智网工程建设,将网格化治理与信息化相结合,科学合理划分网格,有效整合内部资源,建立网格员专职制度,聘选村民为网格员,加强巡查力度,动态跟进辖区内的相关事宜,加强对重点人员的跟进管理,及时有效处理辖区内的旅游危机事件,减少旅游公共环境事故的发生。要完善危机预警和应急管理机制,及时发现与处理村民、游客的需求,建立旅游社区的调解人员队伍,力争将村庄打造成安全文明的旅游景区。

（二）树立全域旅游理念,推进乡村旅游产业融合发展

"全域旅游"是融合绿色发展理念的系统化、协作化的区域发展理念与模式。霞角村要以优质旅游行业为优势,构建全社会共同治理,全方位、全空间发展的"全域旅游+"模式。要依托电商平台,以"一组一特色,一户一就业"为发展原则,运用"农村电商+农事体验+乡村旅游"融合发展的模式,充分利用线上线下资源,借助"农村电商旅游综合服务平台",将各优质生态资源串珠成链,构建村庄的全域旅游发展模式。可融合村庄特点,围绕"3+3+X"、全域旅游、高新产业、产城融合理念,导入产业资源,提升村庄的造血功能,推动片区提档升级,使旅游可与多种产业、多种要素融合发展,如"乡村旅游+现代农业""乡村旅游+文化遗产""乡村旅游+农村电商"等一系列乡村旅游产业融合的发展道路。要建立需求收集机制,动态识别游客需求,建设"量身定制"智能化服务,提升旅游治理智能化水平。在大数据环境下,"旅游业+互联网"融合的趋势日渐受到青睐,要利用互联网宣传景区的特色,总结和推广"吃喝攻略""玩乐攻略""采摘攻略""观光拍照攻略",增强游客的获得感。

（三）加强法治和德治建设,为乡村旅游构建良好的社会环境

要坚持依法治国和依德治国并举,完善乡村旅游的政策体系,把社会主义核心价值观要求融入乡村旅游和社会治理中。要严格执法,完善和落实旅游行业的市场准入和退出机制,构建诚信信用体系,建立旅游黑名单机制,针对不遵守旅游政策的企业、商家、游客等,情节轻微的给予警告与教育;情节严重的列入黑名单,强制退出,以规范旅游行业有序发展。要将社会主义核心价值观落细落小落实,融入文明公约、村规民约、家规家训。大力开展文明村组、最美家庭、最美邻里、最美媳妇、最美少年等创建活动,开展乡风评议,弘扬道德新风,

让村民参与文明旅游景区建设中。要加强社区教育，加强中小学生的文明素质教育，培养村民、游客的文明意识。要加强旅游企业和从业人员职业道德建设，进一步发展社会工作和志愿服务，提高社区服务的质量，为乡村旅游构建良好的社会环境。

（四）建立利益统筹共享机制，让村民共享乡村旅游发展的成果

政府的旅游管理体制要与霞角村村民自治制度有机结合，构建社会治理共同体，应对乡村旅游发展过程中的各种治理挑战。要建立利益统筹共享机制，建立健全科学合理的利益分配与保障机制，协调好各方参与主体的利益，特别是要维护弱势群体和公共利益，防止因为利益分配不均导致基层治理机制失效。村民是农村的基层治理主体，要激活社区发展动力，让村民享受乡村旅游发展的成果。要限制过分商业化可能对部分村民的利益损害，可通过补贴或其他激励形式补偿利益失衡；要发挥村民“主人翁”意识，建设利益共同体，推动村民及其他利益主体共同参与旅游公共治理中，保障村民获得较为均衡合理的收益。要充分利用好“两微一端”（微信、微博和手机客户端），为村民提供便捷的沟通渠道；要发挥村民的主观能动性，避免过度消耗村民的热情，将乡村旅游发展转变为公众参与的动力，内化自觉行为，提升村民的自治效果。要建立村党员干部的激励机制，建立合理薪酬制度。在发展乡村旅游经济的同时，可以在集体经济中给村党员干部一定比例的绩效奖励。对那些在乡村旅游建设中有突出贡献和带头作用的党员干部，要有相应的晋升制度，以提高党员干部参与乡村旅游建设的积极性。

要着眼霞角村的长远可持续发展，避免过度旅游，建立生态补偿机制，完善自然资源产权制度；以生态保护成效为导向，建立重点区域绩效分配的激励约束机制，加大重点生态功能区与生态资源的保护，避免过度开发；建立可持续发展的生态保护机制，提高生态建设与保护的造血功能，用“以工代赈”代替“直接救济”方法，为村民提供生态保护公益岗位，构建人与自然和谐共生发展的新格局。

（五）强化社会协同，构建多元治理体制

目前霞角村是政府主导型乡村旅游开发模式，承担太多的责任和压力，基层治理体制已经无法适应旅游行业发展需要，必须要创新治理模式。政府应做好统筹规划和资源整合工作，强化社会协同，构建一个由政府、村民、村委会、旅游企业、旅游协会、游客等多方参与的协同治理模式，推动各个多元主体参与共建共治乡村旅游。这些主体不仅仅是政策制度的执行者，更应该是政策制度的制定者。要引进旅游服务满意度评估机制，拓宽游客的信息传递沟通渠道，开设投诉信箱、网上交流专栏、免费热线电话等，定期收集整理游客的需求和满意

度。制定科学的旅游服务评估标准，将旅游服务的第三方评估与旅游管理部门的考核机制相结合，提升旅游管理水平，构建旅游服务品牌。要促进社区社会组织发展，发挥社会工作服务机构、志愿服务组织的专业服务功能以及行业协会的共治共建作用。应完善行业协会的监督机制，强化游客主体地位，搭建政民、政社、政企互动平台，推动基层社会治理现代化，共同推动旅游发展。

五、结论

随着乡村振兴的进一步发展，乡村旅游将日益成为推动乡村经济发展与产业升级转型的重要引擎，对基层社会治理体系和能力现代化产生越来越大的影响。旅游业既带有很强文化性的经济事业，也带有很强经济性的文化事业，乡村旅游发展不能只追求经济增长，更要关注村民的幸福生活和农村社会的现代化。与传统农村基层治理不同，乡村旅游地区的基层治理要兼顾当地的经济属性、文化属性和社会属性，乡村治理不能只停留在政府治理，还要与村民自治、社会协同相结合，构建多元治理体制，要根据实际情况去完善党委领导、落实政府负责、推动民主协商、强化社会协同、促进公众参与、加强法治保障，提升科技支撑，推进新时代乡村旅游地区的基层治理体系和治理能力现代化。

第九章　山区基层治理实践探索:困境与路径

一、问题提出及文献回顾

习近平总书记指出,要鼓励基层大胆创新、大胆探索,及时对基层创造的行之有效的治理理念、治理方式、治理手段进行总结和提炼,不断推动各方面制度完善和发展①。基层治理是整个社会系统中最微观的层面,触碰到具体的社会肌理,直接面对个人、群体、组织以及他们的日常生活。与城市社区和其他农村地区相比较,山区有着自身的特殊性,其所具备的经济基础更为薄弱,交通更为闭塞,面临的农村"空心化"问题更为严重。那么,山区的基层治理是何现状,又面临着什么样的困境,如何改进和提高?这些系列问题的研究对于提升山区基层治理水平而言,显得极为重要。现有文献大多关注普通农村,还较少以山区作为样本的研究,鉴于现实需要,应该予以更多的关注。

梳理与主题相关的既有研究,可以概括为以下三方面:一是微观层面的研究。例如,新乡贤如何参与基层协商②,农村基层中坚干部如何在乡村治理中发挥作用③,能人治村与基层治理现代化的方向④等问题。从中可以看出,微观层面是指基层治理的具体个体,包括村民、返乡青年、村干部等。二是中观层面的研究。例如,宗族型村庄中的国家基层治理逻辑⑤,农村基层党组织在乡村治理中的能力建设⑥,社会工作⑦、乡村组织⑧参与基层治理等问题。由此可见,中观

---

① 习近平.坚持和完善中国特色社会主义制度　推进国家治理体系和治理能力现代化[J].求知,2020(2):4-9.

② 张兴宇,季中扬.新乡贤:基层协商民主的实践主体与身份界定[J].江苏社会科学,2020(2):156-165,243-244.

③ 贺雪峰.论乡村治理视域下的农村基层中坚干部[J].湖湘论坛,2018,31(5):43-50,2.

④ 贺雪峰.能人治村与基层治理现代化的方向:以苏州望亭镇调研为讨论起点[J].长白学刊,2018(3):57-61,2.

⑤ 吕萍,胡元瑞.人情式政策动员:宗族型村庄中的国家基层治理逻辑:基于江西省余江县宅改案例的分析[J].公共管理学报,2020,17(3):150-163,176.

⑥ 霍军亮,李嘉琪,王永杰.乡村治理视域下的农村基层党组织建设[J].学习与实践,2020(2):46-54.

⑦ 罗强强."嵌入式"发展中的"内卷化"——社会工作参与基层社会治理的个案分析[J].江西师范大学学报(哲学社会科学版),2018,51(4):49-56.

⑧ 李祖佩.混混、乡村组织与基层治理内卷化——乡村混混的力量表达及后果[J].青年研究,2011(3):55-67,95-96.

层面指基层治理的各类组织，包括村委会、社会组织、宗亲会等。三是宏观层面的研究。例如，农村集体经济①、乡村文化②、乡村管理体制③等促进基层治理创新的问题。因此，宏观层面指社会的政治、经济、生态及文化等因素。社会系统各要素之间只有相互构建、和谐共生，才能促进基层治理生态健康发展。以“微观—中观—宏观”作为分析脉络，观察各层次治理主体的现状及问题，有助于提出更为合理的对策和建议。

二、案例分析与研究方法

（一）案例分析

惠州市D村属于典型的山村基层村落。D村距离镇中心约8公里，面积约1 843公顷，Y乡道线贯通全村，人口共有2 135人，其中，低保户24户、五保户7户、孤儿1人；党支部成员3人，村委会干部5人，其中，主任1人、副主任1人、委员3人、村务监督委员会3人，村民代表37人，党员33名。全村共有18个村民小组，分为上、中、下3片。18个村民小组分布在乡道Y线周边，村内地貌大部分为山地，全村总耕地面积约1 380亩，其中，水田约1 300亩、旱地约80亩、林地约2.7万亩。村民主要经济收入来源以耕山、种植杉树和果树、种田以及外出打工为主。

村民大都忙于农务劳动，以种植杉木为主，也有部分特色农产品，如巴戟、蜂蜜等。大部分年轻人选择外出打工。目前，D村保存有5个客家围屋的历史文化建筑遗址，传统节日村民会聚集在围屋议事。由于年轻人外出，现在村中的小学仅有13名学生。整体民风较为淳朴，但也存在一些社会的问题，如山地界限纠纷。长期矿产开发破坏了环境，经济林开采造成山体滑坡。村中有一条单行道的水泥路，可以通行一辆小汽车。村中还未通自来水，主要依靠山腰的蓄水池供水，但是遇到天气干旱时容易断水，并且存在水质问题。D村多年来由市政法委牵头对点扶贫，第一书记驻点，为村中发展出谋划策，村居“法制副主任”给予民事纠纷方面的法律建议。该村的基层治理取得了一定成效，但还存在一些深层次的困境，因此，选取D村作为研究对象具有较好的代表性。

（二）研究方法

首先，运用文献研究法，查阅有关基层治理的文献资料，分析和归纳山村基层治理的现状和困境。其次，进入D村的具体场域，与镇领导、村主任、村各委

---

① 丁波. 乡村振兴背景下农村集体经济与乡村治理有效性：基于皖南四个村庄的实地调查[J]. 南京农业大学学报(社会科学版)，2020，20(3)：53-61.

② 司光冉. 乡村文化治理的实践与反思：以惠州市妈庙村为例[J]. 惠州学院学报，2020，40(2)：21-25，73.

③ 贺雪峰. 乡村治理现代化：村庄与体制[J]. 求索，2017(10)：4-10.

员、第一书记、村小组长、退休干部、普通村民、村居“法制副主任”、乡贤、返乡创业青年进行了深度访谈。再次,采取分层抽样的方法,对D村上、中、下3个片区的居民进行问卷调研,了解他们对基层治理现状的评价和意见。最后,对D村现状进行深入分析。

三、大坑村基层治理现状和困境

(一)微观系统现状和困境

第一,普通村民忙于农务,“无闲暇”参与基层治理。普通村民主要是指长期生活在村中的村民,他们是基层治理的核心对象。调研发现,70%的村民愿意参与公共事务的讨论,但仅有30%的村民表示愿意付诸实践;不愿意参与的原因,68%的村民表示平时要做农活,打理山地林木需要花费大量的时间,没有多余的空闲参与村中事务。参与意愿是基层治理的前提和条件,如果村民没有参与意愿,就不会参与到村中事务来。调查可知,村民表示无暇参与基层治理活动,主要原因是忙于生计,或者说基层治理的事务与他们的切身利益关系不大。根据村民参与意愿与自身利益的交互分析,与自身利益相关时,有87%的人愿意参与基层治理事务;而与自身利益无关时,受访者的参与意愿仅为13%。数据说明,参与意愿与自身利益直接相关。

第二,青年群体不了解村务,无机会参与基层治理。青年村民是山村基层治理的未来和希望,但调研发现大多数年轻人已到大城市工作。44名调研对象中,年龄为60岁以上者15人,占41%;46～60岁者15人,占34%;31～45岁者6人,占14%;18～30岁者1人,占2%;18岁以下者4人,占9%。调研对象在年龄上呈现出老龄化的特点,中老年人数的比例较高,青壮年人数的比例低,这与D村青壮年外出打工,老年人留守村中有关。缺乏年轻劳动力,繁重的农务劳动落到了中老年人身上,80多岁老人还在田间地头插秧。农村的“空心化”问题较为突出,而留下来的青年人又对村中事务了解不多。从这个角度看,青年群体无机会参与主要有三个方面原因:首先,长期外出导致他们对村庄陌生,想要融入,却不知道从何融入;其次,返乡青年很少再从事农业劳动,思想包袱比较重,认为干农活是没出息的表现,不愿意参与到最基础的乡村事务中来;最后,基层村委也未能调动青年人参与的积极性,导致他们对村中发展缺乏了解。

第三,弱势群体发展受限,无能力参与基层治理。弱势群体是基层治理的重点关注对象,除了要给他们提供完善的救助保障以外,还应当激发他们自立自强的精神状态,帮助他们参与基层治理。在救助保障方面,村委会还未能充分发挥兜底保障的作用。例如,为改善困难村民居住状况,采取政府补贴3万元,不足部分村民自行筹集的形式,D村总共帮助88户贫困村民进行了危房改造。村委会还安排困难村民从事清洁员,增加他们的经济收入。但仍有不少困难家庭未能把自家房屋建好，部分卧病长者、留守妇女、留守儿童等弱势群体没有得到相应的社会照顾，居住环境较差。在激发能力方面，村委会还未能积极为弱势群体赋权增能。受限于年龄较大、文化素质较低等主要因素，弱势群体没有能力参与基层治理。

（二）中观系统现状和问题

第一，村委会忙于行政事务，缺乏基层治理意识。从调研的情况来看，D 村总体的党建情况良好，以村书记为首的党委领导班子在人民群众中具有很好的威信，村民对于村干部的总体评价很高。为进一步发动群众，搞好地基层治理，打下良好的基础。据统计，所调研居民中对党组织表示非常满意的达到 95%以上，对村干部表示非常满意的达到 90%。但通过访谈发现，绝大部分村干部对基层治理缺乏系统性的认识，对于如何发动居民群众更好地参与基层治理，缺乏了解。出现社会矛盾和公共问题时，村民往往更倾向于向村委反映，但由于村委人手紧缺，能力不足，很难及时有效地处理问题，由此引发了部分居民的不满情绪。总体而言，村委会的主要任务在于完成上一级部门所交代的任务，受限于人手和文化水平等因素的制约，还缺乏主动作为的能力。

第二，社会组织初步发展，尚不具备基层治理能力。社会组织是基层治理治理的重要载体。经调研，D 村目前缺少社会组织，仅有村民自发的一些兴趣爱好组织。村委会觉得发展社会组织，耗费人力物力和财力，却没有很大的产出，除非上一级政府部门愿意买单；同时，希望通过社会组织开展普法宣传、居民教育等活动。而村民则希望能从社会组织中获得更为丰富的精神娱乐生活。无论双方的诉求如何，现有社会组织发展状况都难以满足基层治理的要求，更难以承接政府职能转移。

第三，宗族会专注于礼俗事务，难以调解社会矛盾。宗族会是基层治理不可忽视的传统组织力量。它以传统礼俗事务为主，能够在乡土感情、文化教育、互帮互助等方面，起到很大的维系作用，在村民心中存在较大的权威感。但宗族会威信在协助村委会调解社会矛盾时却显得力有不逮。一些社会矛盾比较尖锐，宗族会难以通过讲道理的形式解决问题。例如，村民申请危房改造没通过产生的不满情绪；村小组长做事但没有得到补贴产生的消极情绪；村民对村中富豪挖陶泥起家，破坏环境产生的怨恨情绪等。由于社会矛盾的复杂性和尖锐性，涉及经济利益、法律政策等问题，宗族会的调解作用难以有效发挥。

（三）宏观系统现状和障碍

第一，政府政策理念先进，但在基层发挥失效。D 村所在县推出“两规三联一法”，就是以基层党组织建设为抓手，以村规民约、家规族训为核心，以“党员联系农民户、乡贤联系创业户、律师联系法律需求户”为依托，以“四民主工作法”为基础，打造一批“德治、法治、自治”三位一体的共建共治共享现代化新农村。但具体落实到基层，没有发挥作用。例如，村民反映律师到访时间不固定，所提建议不够贴合乡村实际情况，乡规民约千篇一律，不能反映山村居民的真实想法，不能够起到应有的教化和引导作用。山区的路途遥远，律师进村不易，村民所反映的问题都是琐碎的民事纠纷，法律调解的作用不大，更多还是需要双方协商解决。“法制副主任”“第一书记”等制度受限于地方实际、政策和资源的支持力度等因素，没能发挥应用的作用。

第二，经济发展以林业为主，产业结构单一。按照该县发展规划分为“镇区—中心村—基层村”三级，其中基层村主要依靠耕种地资源发展旅游业、农业、种植业。该村 2018 年集体收入 16 万元，全部源于上级部门补助，村中产业发展滞后。所调研对象中，20％的居民月收入在 1 000～1 500 元之间；70％居民的月收入在 1 500～2 000 元之间；10％居民的月收入在 2 000～3 000 元之间。D 村民的经济收入主要有三个来源：一是农作物劳作的收成；二是外出务工的工钱收入；三是山林的种植收入。山林每 5 年收割一次，一般收成有 20 万～30 万元，大多数村民利用这笔收入进行新房的修建和装修，供孩子读书，看病就医等重要事情。总体而言，D 村的产业结构相对单一，除了种植杉木以外，还未能形成系统性的生态产业链。

第三，生态资源丰富，但面临环境破坏问题。自 20 世纪 90 年代以来，D 村矿场开采陶泥，现已停止运营，但部分废弃矿山地表裸露，约 170 亩，存在水土流失等隐患。每逢刮风下雨，山上砂石就会随着雨水冲刷而下，容易造成河道泥石淤积。村民将砂石打捞上来变卖，又增加了山体的滑坡风险。该村陶泥的开发不仅破坏了生态环境，还引发了村民之间的社会矛盾，大部分村民无法从中获取经济利益，却承受了生态破坏带来的风险和问题。2019 年，D 村遇到了山洪灾害，虽然没有造成人员伤亡，但是生态问题却始终困扰着村民。调研期间，许多山地正在开采杉木，要大量剥离山体表面植被，适逢天降大雨，部分山体出现轻微滑坡情况，有泥土滑落至路边。若开采处理不当极易造成水土流失，破坏土地资源。

四、山区基层治理的路径选择

利用“微观—中观—宏观”的综合视角，指导山村基层治理者有效解决生态、社会与经济的平衡问题，实现山村的可持续发展，促使基层治理的个体、组织和环境有机结合、互惠共生。

（一）微观层面，构建以能力提升为导向的增能系统

第一，为村民增能，把村民利益和治理相结合。山村基层治理者要结合村民的切身利益，主要从意识、知识、行动层面进行赋权增能。一是提升基层治理

意识。破除狭隘的个人私利观念,鼓励村民共同关注山村发展,积极为乡村建设建言献策。二是丰富基层治理的知识。引导村民学习新知识,增强对国家大政方针、地区政策、村务信息的了解和认识,从而能够学会理性地看待社会发展现状以及存在困难,并维护好自身的合法权益。三是增强参与治理的行动能力。每个个体都是基于"成本—收益"的理性经济人,只有将集体利益和个体利益相结合,才能有效调动他们的积极性。增强村民获得感,从而引导他们自发地参与治理过程,减少对村干部的依赖,积极对村务进行监督。

第二,为青年增能,拓宽社会参与渠道。面对农村空心化问题,山区基层治理者应当注重倾听青年人的声音,鼓励他们积极投身乡村建设。利用传统节假日,主动亲近和凝聚返乡青年;增强青年人的创业能力,吸引外出青年回乡创业,提供政策上的支持。对于不能返乡的青年,也尽量引导他们为村中发展建言献策,让青年人挑起家乡建设和基层治理的大梁。

第三,为弱势群体增能,提升自身发展能力。山村基层治理除了要给留守儿童、孤寡老人、贫困家庭、留守妇女等弱势群体提供帮扶外,还应当积极地提升他们自身的发展能力。提升弱势群体的自我照顾能力,激发其自力更生,自立自强的精神。村干部平时要多到弱势群体家中走访,及时帮助他们解决现实困难。增强山区弱势群体的社会支持网络,充分利用家庭、邻里、村委会、镇政府等资源,让在他们遇到困难时,能够从中获得相应帮助。

(二)中观层面,打造以相互合作为导向的联动系统

第一,坚持党委领导,提升村干部能力。山区基层治理者要发挥党员的先锋模范作用,强化党员的统筹协调能力。党员永远要站在基层治理的第一线,急群众所急,想群众所想。要增强村干部的基层治理能力,学习基层治理知识,掌握治理技巧,对于潜在风险要有预判和处理能力,从而更好地解决村中各类社会矛盾。要增强村干部带头致富能力,利用科学技术,大力发展乡村振兴产业,带领村民全面实现小康生活。

第二,引进社会工作机制,发展基层社会组织。山区基层治理者应当利用当前广东省全面推开双百社工的契机,引导社会工作者参与社会事务管理。社会工作是当前有效整合资源,化解社会矛盾的重要力量。引进社会工作者,解决弱势群体的服务问题,为山区的留守儿童、孤寡老人提供照顾服务。山区基层治理者应当积极培育社会组织,引导村民形成各种经济互助、兴趣爱好、志愿服务组织。通过多种多样的社会组织,丰富村中文化生活,开展公益服务,满足村民全方位、个性化的需求。

第三,发挥宗族向心力,有效化解社会矛盾。宗族是传统的基层治理力量,由乡贤和能人管理着礼俗事务。虽然宗族力量在现代社会已经日渐式微,但在

传统祭祀、文化习俗等方面仍然发挥作用，是维系村民的重要力量。引导宗族发挥向心力，增强村民的乡土情感，凝聚人心，团结村民解决实际问题。发挥宗族教化人心的作用，用德治的柔性手段，协助解决山林地界、邻里关系和资源分配纠纷等问题。

（三）宏观层面，完善以和谐共生为导向的支持系统

第一，充分利用政府政策，着力改善民生。要运用好政府政策，完善乡村基础设施建设，不断提高村民的生活水平。一方面，要利用好当前"美丽乡村建设"的政策，改善山区道路交通状况，满足山村的长远发展建设。道路建设要考虑山区的特点，预防山洪、山体滑坡等风险，要具备超前的发展观念，减少重复建设。另一方面，要利用好精英人才，推动乡村快速发展。将"第一书记"、村居"法制副主任"等制度优势转化成为基层治理的人才优势，借助他们的经验和技术，带领村民探索适合山村的发展路径，着力改善民生，提升村民的幸福感和满足感。

第二，优化山村产业结构，创建共享经济。山村治理不能和产业发展相分离，村干部必须想方设法解决与群众最息息相关的家庭增收问题。只有优化山村产业结构，创新经济形式，才能帮助村民实现"富起来"的愿望。随着粤港澳大湾区一体化建设的加速推进，城乡融合、产城融合是湾区时代推进城郊农村城乡和产业融合发展、实现乡村振兴的根本途径。山村经济要发挥产业优势，主动融入大湾区整体化建设，在乡村振兴中创新经济发展模式。要对传统的林业产业进行优化升级，推动林业资源的可持续发展和循环利用。利用互联网技术，改变传统的林业和农产品销售模式，实现线上线下的产业融合。完善山村经济生态链，发展配套产业，提高农产品附加值。培养农业技术人才，不断提升农村产业的专业化程度。

第三，增强生态保护意识，坚持走绿色发展道路。自然环境与村民的生产、生活紧密相关，山村基层治理一定要融入生态发展理念，才能实现人与自然、人与社会的和谐相处。若过度开发造成环境破坏，自然环境将要多年才能恢复。因此，在日常山区治理中，传播生态发展理念显得尤为重要。要坚定走绿色发展之路，避免片面追求经济效益的短视行为。要对山区生态进行管理和修复，实现产业发展和自然环境的互利共生。发展绿色旅游产业，利用传统围屋、山水景色等历史和自然优势，把生态和文物资源转变成实际的经济收益。

五、总结与反思

通过"微观—中观—宏观"的研究视角，从整体上把握了山村基层治理的全貌，将现实场域中一些碎片化、原子化的问题串联起来，寻找其内在的逻辑关系，还原了基层治理的真实情景。"微观－中观－宏观"三个系统关注的焦点各

不相同，但又环环相扣，彼此影响。微观的个体系统着重提升参与主体的参与能力，为基层治理提供人才保障；中观的组织系统着重构建村委会、社会组织和宗族会之间的联动网络，为基层治理提供组织保障；宏观的环境系统着重整合政治、经济和生态资源，为基层治理提供良好的外部环境。由于本章仅基于D村的个案来讨论，缺乏更大样本的素材和相关数据来支撑结论，因此研究中还有进一步完善的空间。

参考文献

[1] 陈荣卓,胡恩超.引领型治理:国家改革试点何以可能?:以广东省江海区“全国农村社区治理实验区”建设为例[J].中国农村观察,2022(4):2-20.

[2] 陈伟杰.基层社会治理的新方案[J].村委主任,2024(12):163-165.

[3] 葛天任.建国以来社区治理的三种逻辑及理论综合[J].社会政策研究,2019(1):49-59.

[4] 顾东辉.从“区而不社”到共同体:社区治理的多维审视[J].西北师大学报(社会科学版),2021,58(6):89-97.

[5] 郎友兴.中国乡村治理如何可能:可治能力、治理技术与总体性治理制度建构[J].当代中国政治研究报告,2016(0):49-69.

[6] 李春根,陈起风.完善矛盾化解机制开创基层社会治理新局面[J].中国行政管理,2019(4):14-15.

[7] 李连江,张静,刘守英,等.中国基层社会治理的变迁与脉络:李连江、张静、刘守英、应星对话录[J].中国社会科学评价,2018(3):5-11.

[8] 任文启,顾东辉.基层治理专业化视野下社会工作站建设的进程、困境与实践策略[J].社会工作与管理,2022,22(6):50-59.

[9] 王思斌.新中国70年国家治理格局下的社会治理和基层社会治理[J].青海社会科学,2019(6):1-8,253.

[10] 王宗礼,李连军.新中国70年来基层社会治理的演进逻辑与主要启示[J].青海社会科学,2019(6):9-15,23.

[11] 项继权,王明为.农村社区建设:发展态势与阶段特征[J].青海社会科学,2015(2):1-9.

[12] 项继权.要素市场化配置:县域共同富裕的基础性工程[J].国家治理,2022(10):33-38.

[13] 肖唐镖.基层治理亟待走向系统性改革[J].国家行政学院学报,2015(4):32-37.

[14] 肖唐镖,王鑫,尹利民."强建设弱治理":我国城市社区建设与治理的观察分析[J].江西行政学院学报,2018(2):17-28.

[15] 叶娟丽,韩瑞波.吸纳式合作机制在社区治理中为何失效?:基于H小区居委会与物业公司的个案分析[J].南京大学学报:哲学.人文科学.社会科

学，2019，56(2)：136-144，160.
[16] 张卫波.从党的初心使命看新中国成立70年来的农村基层社会治理[J].青海社会科学，2019(6)：16-23.
[17] 周庆智.改革与转型：中国基层治理四十年[J].政治学研究，2019(1)：43-52，126.

后 记

本书历经多年多次打磨，才得以呈现在读者面前。从调研的设计，到整体框架制定，到最后的撰写定稿，都经过了数次的修改和讨论，凝聚了惠州学院社会治理研究与评估中心这一团队最精华的知识和智慧。感谢惠州学院社会治理研究与评估中心全体同事的支持和帮助，感谢以下同事积极参与惠州市基层治理探索与实践的这一课题研究：蒋炜、李开、黄惠妍、黄笑玲（惠阳区霞角村、龙门县大坑村），郭平兴、李博强（惠东县范和村），柳春慈、王秋花（惠城区水北社区），张菊梅、申滢、杨云君（仲恺区陈江街道），曾平辉、宋作海教授（大亚湾区塘尾村），樊秋丽、陈澄（博罗镇观背村），钟柳青、董福基（博罗镇塘尾村），在田野调查的几年时间里，他们和我一起深入观察点，出色地完成了所承担的任务，毫无保留地给予了我中肯的意见和建议，为课题研究和本书的撰写作出大量贡献！特别感谢社会治理研究与评估中心副主任李开博士，协助我做了大量的工作，为本书的写成作出了极大的贡献！感谢惠州市政法委、惠州市民政局、惠州市农业农村局、惠州市社会科学联合会等部门领导，特别要感谢时任惠州市政法委的李箫副书记，社会治理科颜险峰科长、刘鹏副科长的支持和指导。在调研过程中，我访谈的对象都是活跃在惠州市基层治理的一线从业者，有的是从事基层治理的乡村干部，有的是地方的乡贤名人，有的是返乡创业的青年群体，有的是驻村的第一书记、村居法治副主任，还有的是仍旧忙碌在田间地头的普通农民。他们身上有着丰厚的基层治理实践经验，值得系统的总结、梳理、提炼。基层治理是一个方兴未艾的领域，我在田野之中始终都带着诸多疑问来向这些活跃在基层的行动主体们学习，并逐渐在研究中不断获得问题的答案。在与他们长期的互动交流中，在思想火花的碰撞中，我对惠州市基层治理模式、困境、路径等进行深入的反思，希望这本书能够带给社会各界一些借鉴和启发。

由于笔者水平有限，疏漏之处在所难免，欢迎广大同仁提出宝贵意见。非常感谢给予大力支持的惠州学院各级领导和中国矿业大学出版社。正是在他们细致的沟通和辛勤努力下，本书才能够顺利出版。再次向为此书付出的所有人致敬！

周　巍

2022 年 7 月于惠州学院